*Für meinen Jüngsten, Matthias, dem Chris
sein Leben verdankt*

Christa-Maria Zimmermann,
geboren in Wels/Oberösterreich, aufgewachsen in Düsseldorf,
studierte Kunstgeschichte und Geschichte in Wien und war Redakteurin
bei einer Düsseldorfer Zeitung.
Seit einigen Jahren arbeitet sie als freie Autorin und wurde vor allem
durch ihre historischen Kriminalromane für Erwachsene
und durch ihre historischen Kinder- und Jugendbücher bekannt.
Bei der Arbeit an allen Büchern sind ihre drei Töchter
und ihr Sohn Testpublikum.

Christa-Maria Zimmermann

Die Nacht, als die Titanic sank

Arena

Die in der Geschichte vorkommenden Ereignisse und Personen sind authentisch. Namen und persönliche Schicksale wurden aus dramaturgischen Gründen jedoch jeweils geändert.

In neuer Rechtschreibung

1. Auflage als Arena-Taschenbuch 2000
Lizenzausgabe des Loewe Verlags, Bindlach
© 1998 Loewe Verlag GmbH, Bindlach
Umschlagillustration: Thomas Thiemeyer
Umschlagtypographie: Agentur Hummel + Lang
Gesamtherstellung: Westermann Druck Zwickau GmbH
ISSN 0518-4002
ISBN 3-401-02139-7

Die Hauptpersonen

Ben Dickinson, 14 Jahre, Fischerjunge aus Southampton, fährt als Heizer auf der *Titanic*

Chris Harding, 15 Jahre, Bäckerlehrling aus einem Londoner Luxushotel, wird kurzfristig zum Dienst auf die *Titanic* versetzt

Tony Richards, 15 Jahre, Liftboy

Frankie Golding, 11 Jahre, Schüler aus London, wandert mit seinen Eltern nach Amerika aus

Alfred Russel, feiert auf der *Titanic* seinen sechzehnten Geburtstag und will in Amerika bei seinem Bruder George leben

Ruth Daniels, 16 Jahre, Missionarstochter aus Indien, begleitet ihre Stiefmutter und die beiden jüngeren Geschwister nach Amerika

Emmy Goodwin, 16 Jahre, Tochter eines Predigers, wandert mit ihren Eltern und vier jüngeren Geschwistern nach Amerika aus

Anna Sjoblom, 17 Jahre, aus Norwegen, folgt ihrem Onkel Peer nach Amerika, der dort sein Glück im Holzhandel gemacht hat

Olav Abelseth, 21 Jahre, aus Norwegen, wandert mit vier Freunden nach Kalifornien aus

Jack Singer, 20 Jahre, Millionärssohn aus Philadelphia, befindet sich mit seinen Eltern auf der Heimfahrt von einer Europareise

Kate Gilnagh, 18 Jahre, aus Irland, geht an Stelle ihrer Kusine Katherine an Bord der *Titanic*

Norman Willis, 19 Jahre, aus der Schweiz, will in Harvard studieren

1

Ben ging durch die engen, schmutzigen Gassen von Southampton. Seine Hände, seine Kleider, sogar seine Haare stanken nach Fisch, die Arme taten ihm weh und er war hundemüde. Seit dem Morgen, als die ersten Fischerboote zurückgekommen waren, hatte er geholfen die Netze zu leeren und die Fische zu sortieren. Dann waren die Händler erschienen, hatten geprüft und gekauft und er hatte Bottiche voller Fische zu den Marktständen geschleppt, bis er das Gefühl hatte, sein Rücken würde durchbrechen.

Jetzt war das Mittagsläuten schon lange vorbei und ihm war flau vor Hunger. Auf dem Markt hatte es köstlich nach frischem Backfisch geduftet, aber er hatte das Taschentuch, in das er sein verdientes Geld geknüpft hatte, nicht aufgeknotet. Keinen Penny hatte er ausgegeben. Unter dem Arm trug er ein großes Paket, in Zeitungspapier eingewickelte Fischköpfe und -schwänze. Eine freundliche Verkäuferin hatte ihm sogar ein paar Scheiben Kabeljau geschenkt und eine andere einen kleinen Hering. Mutter würde eine gute Fischsuppe daraus kochen. Bei dem Gedanken daran lief Ben das Wasser im Mund zusammen. Ein paar magere, räudige Katzen, die sich in der Gosse balgten, reckten die Nasen und liefen miauend hinter ihm her, aber Ben packte sein Paket fester und verscheuchte sie mit lautem Zischen. Er konnte nicht eine einzige Gräte entbehren.

Ein Zeitungsjunge kam ihm entgegen und schrie immer

wieder die Schlagzeile seines Blattes: »Kohlestreik beendet! Kohlestreik beendet!« Das war eine gute Nachricht. Jetzt würde es wieder mehr Arbeit geben im Hafen. Die Dampfschiffe lagen seit vielen Tagen fest, weil die Bergarbeiter streikten und keine Kohle angeliefert wurde. Wenn sein Stiefvater jetzt ordentlich anpackte, dann kam endlich wieder Geld ins Haus. Seit Tagen hatten sie nichts zu essen gehabt außer einer Suppe aus angefaulten Kartoffeln und einem alten Brot, von dem Mutter den Schimmel abgekratzt hatte.

Seinen Stiefvater kümmerte das nicht, denn er war am Samstagabend gar nicht nach Hause gekommen. Und jetzt war Montag. Wahrscheinlich war er wieder mit ein paar Kumpanen auf eine Sauftour gezogen und dabei versumpft. Und das würde bedeuten, dass er den kärglichen Wochenlohn vertrunken hatte. Also würde Mutter wieder nichts zu essen kaufen können. Das bisschen, was sie verdiente, würde für die Schulden draufgehen, die sie in den letzten Wochen für Lebensmittel gemacht hatte. Wenn er wenigstens heute früh pünktlich zur Arbeit erschienen war, damit es am nächsten Wochenende etwas gab!

Durch die Gasse drangen ein paar grölende Stimmen, die den Zeitungsjungen nachahmten. »Kohlestreik beendet! Die Bergarbeiter sollen leben! Hipp, hipp, hurra! Die Kohle soll leben! Hurra! Die Arbeit soll leben! Hurra!«

»Quatsch!«, schrie einer dagegen. »Nieder mit der Arbeit! Das Bier soll leben! Der Schnaps soll leben! Hipp, hipp, hurra!«

Ben fuhr zusammen, als er die Stimme erkannte, und drehte sich um. Fünf Arbeiter standen auf der Straße, alle leicht schwankend, alle mit gedunsenen, roten Gesichtern, alle durcheinander redend.

»Recht hast du, Jimmy! Nieder mit der Arbeit! Der Streik soll leben! Lass sie doch sehen, wo sie bleiben, diese reichen Blutsauger, wenn keiner ihnen die Kohle aus der Erde kratzt.«

»Haha, ich weiß, wo sie bleiben. An Ort und Stelle bleiben sie. Auf ihren fetten Hintern bleiben sie sitzen. Keine Eisenbahn fährt für sie und kein Schiff. Die Jungs in den Bergwerken könnten das ganze Land lahm legen, wenn sie nur die Ohren steif hielten. Das ist es, was ich immer sage: Die Arbeiter müssen zusammenhalten.«

»Ach, du mit deiner Politik. Hör auf damit! Das Bier soll leben! Der Schnaps soll leben! Hurra!«

»Recht hast du, Jimmy. Das Bier soll leben. Lasst uns zu Teddy Walker gehen und sein Gesöff probieren.«

Die fünf machten kehrt und schwankten die Gasse hinunter. Die Wut überflutete Ben wie eine heiße Welle. Er krampfte die Fäuste zusammen und hätte fast sein Paket fallen lassen. Am liebsten wäre er hinter seinem Stiefvater hergerannt und hätte ihn gepackt und geschüttelt und ihm ins Gesicht geschrien, dass Mutter sich die Finger blutig schrubbte, damit sie nicht verhungerten, und dass es seine verdammte Pflicht und Schuldigkeit war, sich um seine Familie zu kümmern, statt auf Sauftour zu gehen wie ein Junggeselle, der nur an sich denken musste.

Dann verebbte die Wut. Ben hatte sich schon oft eine ähnliche Szene ausgemalt, aber das war nur ein Traum und das wusste er. Jimmy Randall war sogar bei seinen Kumpanen als Schläger gefürchtet und niemand riskierte es, mit seinen Fäusten in Berührung zu kommen. Sie mussten einfach sehen, wie sie auch die nächste Woche überstanden, und dann musste Mutter sich den versoffenen Kerl schnappen, solange er noch Geld in der Tasche hatte.

Müde trottete Ben weiter. Das winzige Häuschen, in dem er wohnte, lag in einem der ärmsten Vororte von Southampton, der früher ein Fischerdorf gewesen war. Mrs Randall blickte gespannt zur Tür, als Ben eintrat, und als sie sah, dass nur ihr Ältester kam, ging ein Ausdruck von Erleichterung und gleichzeitig von Sorge über ihr Gesicht. Sie legte den Finger auf den Mund und wies mit dem Kopf in die Ecke. Ben trat leise an das kleine Bett, das er aus einem alten umgedrehten Tisch und vier Brettern gebastelt hatte. Die Zwillinge lagen darin und schliefen, beide mit hochroten Köpfen und schwer atmend.

»Mrs Dixon war heute Morgen bei ihnen, während ich weg war«, flüsterte die Mutter. »Sie sagt, die Bräune geht wieder um. In ihrer Straße sind schon sechs Kinder krank.«

Ben sah sie erschrocken an. Die Bräune war eine gefährliche Krankheit. Die Ärzte nannten sie eine Seuche und hatten einen anderen Namen dafür, doch den hatte Ben vergessen. Er klang wie ein Mädchenname, Angelina oder so ähnlich. Aber die Krankheit, die kannte er genau, denn sie hatte den ganzen Winter über in der Stadt gewütet und viele Kinder waren gestorben, auch Bens jüngste Schwester Sarah und sein Halbbruder Tom. Waren jetzt etwa die Zwillinge an der Reihe? Mrs Dixon hatte gesagt, dass es ein Wunder gewesen wäre, dass sie sich bei Sarah und Tom nicht angesteckt hätten, denn meistens starben die Kleinsten und Schwächsten am schnellsten und die Zwillinge waren erst zweieinhalb und so mager, dass sie fast durchsichtig wirkten.

»Aber der Winter ist doch vorbei«, sagte er leise. »Am Hafen war es heute so warm, dass ich die Jacke ausgezogen habe. Wie können sie da die Bräune kriegen?«

Die Mutter hob nur die Schultern und ließ sie sinken. Sie sah wieder rasch zur Tür, als draußen Schritte ertönten, aber die gingen an dem Häuschen vorbei.

»Er ist immer noch nicht da«, seufzte sie.

Ben nickte nur. Die Mutter sah ihn prüfend an.

»Hast du ihn gesehen?«

Ben nickte wieder.

»Ist er . . .?« Mrs Randall sprach den Satz nicht zu Ende.

»Im Schwarzen Anker«, sagte Ben kurz.

Die Mutter blickte eine Zeit lang reglos vor sich hin, dann wandte sie sich wieder ihrer Arbeit zu. Sie saß am Fenster, den großen Stopfkorb neben sich, und zog Wollfäden durch einen durchlöcherten Strumpf. Ihre Hände waren so rau und rissig, dass die ausgefransten Ränder daran hängen blieben.

Mrs Randall war Waschfrau. Jeden Morgen, außer am Sonntag, ging sie in den wohlhabenden Teil der Stadt, wo die Frauen es sich leisten konnten, die mühsame Arbeit des Wäschewaschens einer Waschfrau zu übertragen. Das Feuer unter dem großen Kessel anzuzünden, die Wäschestücke mit einer hölzernen Zange durch die kochende Lauge zu ziehen, die schweren nassen Teile herauszuheben, auf dem gerillten Waschbrett zu scheuern und dann in klarem Wasser zu spülen und auszuwringen und wieder zu spülen – das machte den Rücken krumm und fetzte die Haut von den Fingern und trieb das Reißen in die Glieder.

»Da, das ist für dich«, sagte Ben und legte das Taschentuch mit dem Geld auf den Stopfkorb. »Viel ist es nicht, aber vielleicht kriegst du doch ein Brot, wenn du sagst, dass der Kohlestreik vorbei ist und dass es jetzt wieder mehr Arbeit gibt. Ich hab auch Fisch für eine Suppe.«

Die Mutter schniefte und wischte mit der Hand über die

Augen. »Danke, Ben. Wenn ich dich nicht hätte, wäre ich schon verzweifelt.«

»Schon gut«, meinte Ben verlegen. Es lag ihm auf der Zunge zu sagen, wenn du ihn nicht hättest, brauchtest du nicht verzweifelt zu sein, aber er schluckte die Worte hinunter.

Er hatte gleich geahnt, dass alles schief gehen würde. Beim ersten Anblick von Jimmy Randall hatte er gewusst, dass es Ärger geben würde. Jimmy hatte zwar freundlich gelächelt und seine weißen Zähne blitzen lassen, aber seine Augen hatten nicht mitgelächelt, sondern hatten Ben so kalt gemustert wie zwei graue Steine.

»Na, da haben wir ja einen prächtigen jungen Mann«, hatte er gesagt und Ben dabei am Genick gepackt und geschüttelt, als ob er ein junger Hund wäre. Das hatte wohl sehr lustig ausgesehen, denn Mutter und die Kleinen hatten gelacht, aber Ben hatte Jimmys Fäuste wie Eisenklammern empfunden und dieses Gefühl hatte sich in den folgenden Monaten nicht geändert.

»Da ist ja unser prächtiger junger Mann.« Das sagte Jimmy immer, wenn ihm Ben über den Weg lief und wenn er ihn wie beim ersten Mal packte und schüttelte. Jedes Mal fuhr Ben der Schrecken durch die Glieder und er zappelte wie wild, um sich zu befreien, was natürlich alle noch mehr zum Lachen brachte und überhaupt nichts nutzte, denn aus diesem Griff konnte man sich nicht befreien. Wenn Jimmy ihn endlich losließ, dann klopfte Ben das Herz bis zum Hals und er machte, dass er aus seiner Reichweite kam, erfüllt von hilfloser Wut. Und dabei wuchs in ihm eine Angst vor dem, was kommen würde, die noch schlimmer war als die Wut.

Bens Vater war nach einer Sturmnacht nicht vom Fischen nach Hause gekommen, wie alle anderen in seinem Boot auch nicht, und aus dem kargen Leben, das sie bis dahin geführt hatten, war erst Armut und dann Not geworden. Seine Mutter hatte jede Arbeit getan, die sich finden ließ, und Ben, der damals ein Knirps von sieben Jahren war, hatte ihr geholfen so gut er konnte, aber es war immer mehr bergab gegangen mit ihnen. Als Jimmy Randall plötzlich auftauchte, weil er ein Zimmer suchte, hatte ihm Mutter sofort die Stube vermietet, obwohl das bedeutete, dass die drei Kleinen das große Bett verloren. Susan und Sarah mussten bei ihr schlafen und Teddy kam mit in Bens Bett. Nach einem Jahr hatte sie Jimmy Randall geheiratet. »Wer nimmt schon eine Frau mit vier Kindern?«, hatte sie den fassungslosen Ben gefragt. »Da kann man nicht wählerisch sein. Er will jedenfalls für uns alle sorgen, mehr kann man nicht verlangen. Und er ist immer so lustig.«

Das war jetzt sechs Jahre her und jeden Tag sehnte sich Ben nach der Zeit zurück, als es keinen Jimmy Randall in seinem Leben gegeben hatte. Er hatte geahnt, dass es schief gehen würde. Vier neue Geschwister hatte er bekommen, aber für die sorgte Jimmy genauso wenig wie für die Kinder seiner Frau. Er sorgte nur für sich und seinen ewigen Durst. »Du wirst dich noch zu Tode saufen«, hatte die Mutter früher oft gesagt und Ben wünschte sich heimlich, dass dieser Satz in Erfüllung gehen möge. Und wenn es hundertmal eine Sünde war, so etwas zu denken! Er sah, dass Jimmys Gesicht im Laufe der Jahre immer röter und verquollener und seine Augen immer wässriger wurden, aber seine Fäuste waren immer noch wie Eisenklammern, und wenn er betrunken war, und das war er häufiger als nüchtern, dann prügelte er jeden, der es wagte, ihm zu widersprechen oder auch nur den Mund aufzumachen. Deshalb sagte die Mutter nichts mehr und alle

Kinder duckten sich ängstlich und hielten den Mund, sogar die Zwillinge, aber trotzdem liefen sie ständig mit blauen Flecken herum.

Ben legte sein Fischpaket auf den Tisch, hockte sich vor den Herd, baute einen Kegel aus Reisig und Holzspänen darin auf, legte ein paar dickere Scheite obenauf und zündete geschickt das Feuer an. Dann leerte er das Paket in einen Eimer, nahm einen Kessel vom Bord und ein Messer aus der Schublade.

»Ich mach die Fische schon mal fertig«, sagte er.

Die Mutter nickte und legte das Stopfzeug zusammen. Ben sah, wie sie automatisch die Hand hob, um das Tuch mit dem Geld in die alte Zuckerdose auf dem Tellerbord zu legen, und wie sie dann die Hand sinken ließ und das Geld in ihre Rocktasche schob. »Ich reibe ein paar Kartoffeln. Dann können wir gleich essen, wenn Susan und Teddy aus der Schule kommen. Bring Marjorie mit rein! Sie ist im Schuppen beim Holz.«

Marjorie war erst fünf, aber sehr anstellig für ihr Alter. Sie hütete die Zwillinge, wenn Mutter waschen ging, sie stapelte das Holz, das Ben gehackt hatte, zu säuberlichen Reihen an der Schuppenwand, sie füllte die Körbe mit genau den Stücken, die man zum Feuern brauchte, nach unten die dicken, darüber die dünnen, und obenauf Späne und Reisig. Sie konnte sogar Kartoffeln schälen.

Ben hörte sie im Schuppen rumoren, als er zur Pumpe auf dem kleinen Hof hinterm Haus ging. Er fing an die Fische zu waschen und zu schruppen. Marjorie hörte den Pumpschwengel quietschen und erschien in der Schuppentür, in jeder Hand einen mit Holz gefüllten Korb, den sie kaum tragen konnte.

»Hi, Ben. Ich bin fertig mit dem Holz. Mmm, du hast ja Fische. Das ist gut, ich hab solchen Hunger.«

Sie blieb neben ihm stehen und sah zu, wie er die fertigen Fische in den Kessel schichtete und Wasser darüber laufen ließ.

»Hast du Daddy gesehen?«

»Ist wieder besoffen«, sagte Ben. Die Mutter mochte nicht, wenn er derbe Ausdrücke verwandte, aber sie hörte es ja nicht und wie sollte man diesen Zustand sonst nennen. Etwa angesäuselt?

Marjorie zog geräuschvoll die Nase hoch. »Mrs Dixon sagt immer, er ist ein versoffenes Schwein und Mutter hätte besser die Finger von ihm gelassen.«

»Mrs Dixon hat Haare auf den Zähnen«, sagte Ben. Marjorie tat ihm Leid. Er litt ja auch unter Jimmy Randall, aber konnte sich wenigstens sagen, dass sein richtiger Vater kein Schläger und Säufer gewesen war.

»Hoffentlich kommt er erst, wenn wir alle im Bett sind. Oder wenigstens erst, wenn wir die Suppe aufgegessen haben. Sonst kriegt er wieder am meisten.«

Aber diese Wünsche würden nicht in Erfüllung gehen, das wurde ihnen klar, sobald Marjorie sie ausgesprochen hatte. Aus dem Haus drang die grölende Stimme von Jimmy Randall.

»Leise sein? Was fällt dir ein? Ich denke gar nicht daran! Die Bälger werden ja doch wach und schreien, wenn nicht jetzt, dann später. Na bitte! Schon geht's los. Man sollte ihnen die Hälse umdrehen. Man wird ja wahnsinnig bei dem Geplärre.«

Die Mutter antwortete etwas, was nicht zu verstehen war, weil die Zwillinge angefangen hatten zu weinen, aber Jimmy Randall schrie so laut, dass er beide übertönte.

»Hör auf zu flennen, du Heulsuse! Sei doch froh, wenn sie krepieren, dann hätten wir zwei Fresser weniger. Wär sowieso nichts Gescheites aus ihnen geworden. Schau sie doch an! Kümmerlinge sind sie, sonst nichts. Zwillinge taugen nichts, das hab ich dir gleich gesagt. Und jetzt bring Essen, ich habe Hunger!«

Jetzt sprach auch die Mutter lauter. »Es gibt kein Essen. Ich kann nichts kaufen, denn du gibst mir kein Geld.«

»Wieso immer ich? Gehst du etwa nicht mehr waschen, du faule Schlampe? Da kriegst du doch Geld. Ich habe einen Anspruch darauf, dass das Essen auf dem Tisch steht, wenn ich nach Hause komme. Also los, sonst mach ich dir Beine!«

Ben und Marjorie sahen sich beklommen an. Am liebsten wären sie weggelaufen, aber dann würde er seine Wut an Mutter auslassen, das wussten sie.

»Komm, gehen wir rein! Vielleicht beruhigt er sich, wenn er sieht, dass es bald eine Suppe gibt«, flüsterte Ben.

Marjorie nickte. Zögernd gingen sie auf die offene Haustür zu. Jimmy Randall stand mit dem Rücken zu ihnen dicht vor seiner Frau, die zitternd bis an die Wand zurückgewichen war.

»Das Geld von heute Morgen hab ich für die Schulden von letzter Woche gebraucht«, sagte sie. »Und es war lange nicht genug. Keiner hat mir was geben wollen. Hast du heute nichts gekriegt?«

»Heute ist blauer Montag. Ein Mann muss ja auch mal ein bisschen Spaß haben. Meinst du, es ist ein Vergnügen, nach Hause zu kommen zu einem alten Waschweib, das immer nur meckert, und zu einem Haufen plärrender Bälger? Der Teufel muss mich geritten haben, dass ich dich genommen habe! Ist das denn ein Leben für einen Kerl wie mich? Ein keifendes Weib und einen Stall voller Rotznasen, die einem die Haare vom Kopf fressen. Und nicht mal eine warme Suppe auf dem Tisch, wenn man hungrig nach Hause kommt. Hast wieder alles an deine Brut verfüttert, wie ich dich kenne. Wo steckt denn dein Mustersohn? Der hat dir doch bestimmt Geld gebracht am Samstag und heute.«

»Ben ist noch nicht da«, sagte die Mutter mit zitternder Stimme. »Und das Geld vom Samstag hab ich auch für die Schulden gebraucht.«

»Du lügst!«, brüllte Jimmy. »Ich seh's dir am Gesicht an.«

Er langte an ihrer Schulter vorbei nach der Zuckerdose auf dem Tellerbord, aber die war leer. »Wo ist das Geld? Gib es sofort her! Los, wird's bald?«

Er packte sie bei den Haaren und schlug ihren Kopf gegen die Wand. Die Mutter schrie auf.

»Schrei du nur! Du hast schon viel zu lange keine Prügel mehr gekriegt. Das Geld will ich haben, hast du verstanden?«

Wieder schlug er ihren Kopf gegen die Wand. Marjorie ließ die Körbe fallen und schlug die Hände vors Gesicht. Die Zwillinge, die einen Augenblick lang erschrocken geschwiegen hatten, weinten laut. Bens Hände zitterten so stark, dass ihm das Wasser aus dem Kessel über die Finger schwappte. Ich darf die Suppe nicht fallen lassen, dachte er mechanisch. Sonst haben wir gar nichts mehr. Er ging in die Hocke und setzte den Kessel auf den Boden. Auf den schmutzigen Dielenbrettern lagen die Holzscheite, die aus dem Korb gerollt waren.

»Lass sie los!«, schluchzte Marjorie. »Du bringst sie um!«

Ihr Vater schien sie nicht zu hören.

»Ich breche dir jeden Knochen im Leib, wenn du mir nicht das Geld gibst«, brüllte er.

Mutter gab keine Antwort. Sie hatte die Augen geschlossen. Über ihr Gesicht lief Blut.

Auf einmal spürte Ben ein dickes Holzscheit in seiner Hand. Er hatte gar nicht gemerkt, dass er sie ausgestreckt hatte. Er sprang auf, war mit zwei Sätzen hinter seinem Stiefvater, holte aus und ließ das Scheit auf dessen Hinterkopf sausen. Die Hände, die sich in Mutters Haaren verkrallt hatten, fielen herab. Mutter rutschte an der Wand hinunter und sank in sich zusammen.

Jimmy stand ganz still.

Jetzt dreht er sich um. Und dann sieht er mich, dachte Ben voller Angst. Noch einmal holte er aus und schlug zu. Jimmy begann zu schwanken. Auf einmal knickten seine Knie ein und er fiel schwer zu Boden. Ben wich zurück. Er hielt noch immer das Holzscheit umklammert. Als er sah, dass sein Stiefvater reglos liegen blieb, ließ er es los. Es polterte auf die Dielen.

Ben merkte, dass er an allen Gliedern zitterte. Die beiden Gestalten am Boden verschwammen zu einem undeutlichen Fleck, das helle Rechteck des Fensters bewegte sich hin und her, das Poltern des Holzscheites dröhnte in seinen Ohren wie ein Echo, seine Kehle wurde so eng, dass er nach Luft schnappte.

Ich werde ohnmächtig, dachte Ben verwundert.

»Ist er tot, Ben?«, fragte eine kleine Stimme neben ihm.

Ben riss sich zusammen. Er wurde nicht ohnmächtig! Es war ein Unsinn, so etwas auch nur zu denken. Er war schon vierzehn, beinahe fünfzehn, also fast erwachsen. Da wurde man nicht ohnmächtig! Das war bestimmt nur der Hunger, da hatte man oft so ein schwindeliges Gefühl. Er räusperte sich.

»Nein! Was redest du da?« Seine eigene Stimme klang ihm

fremd in den Ohren. »Natürlich ist er nicht tot!« Er versuchte überzeugend zu klingen, aber es gelang ihm nicht.

Lieber Gott, lass ihn nicht tot sein, betete er lautlos. Ich habe ihm oft den Tod gewünscht, das gebe ich zu, aber ich wollte ihn ganz gewiss nicht umbringen. Lieber Gott, lass mich bloß kein Mörder sein!

Die Vorstellung jagte ihm einen Schauer den Rücken hinunter. Er begann wieder zu zittern.

»Und was ist mit Mutter? Ist sie auch tot?«

Mutter? Mutter tot? Oh, Gott, wenn der Kerl sie umgebracht hat, dann will ich ruhig sein Mörder sein, dachte Ben wild. Wenn sie tot ist und er nicht, dann schlage ich so lange auf ihn ein, bis er hin ist.

Er räusperte sich wieder.

»Sie sind nur ohnmächtig«, sagte er heiser. »Nimm einen Krug und hol frisches Wasser von der Pumpe, damit machen wir sie wach.«

Marjorie betrachtete erst ihn, dann ihre Eltern zweifelnd, aber sie nahm tatsächlich einen Krug und ging hinaus. Sie ist wirklich tapfer, dachte Ben dankbar. Jedes andere kleine Mädchen hätte geheult und gezetert und sich gefürchtet oder wäre sogar schreiend weggerannt. Aber Marjorie tat ohne Widerrede, was man sagte.

Ben ging um seinen Stiefvater herum und beugte sich zu Mutter herunter. Er spürte ihren Atem an seiner Wange. Er hätte fast geweint vor Erleichterung. Sie war nicht tot!

Jimmy stöhnte leise. Kam er etwa schon zu sich? Ben betrachtete ihn ängstlich. Ob er ihm noch einmal eins mit dem Holzscheit überziehen sollte? Er überlegte und schüttelte dann den Kopf. Er würde es nicht fertig bringen, auf einen Bewusstlosen einzuschlagen. Es war ihm schon jetzt fast unbegreiflich, dass er überhaupt gewagt hatte ihn anzugreifen.

Es war irgendwie einfach über ihn gekommen. Er hatte Mutters Gesicht gesehen und ihr Stöhnen gehört und daneben die brutalen Worte seines Stiefvaters und etwas in seinem Inneren hatte Gewalt von ihm ergriffen und für ihn gehandelt, ohne dass er überhaupt Zeit gehabt hatte darüber nachzudenken. Das Holzscheit war in seiner Hand gewesen und war auf Jimmys Kopf niedergesaust, ohne dass Ben zu Bewusstsein gekommen war, dass er danach gegriffen und den Schlag geführt hatte. Er zuckte zusammen, als ihn etwas am Ellbogen berührte.

»Da!«, sagte Marjorie bloß und hielt ihm den Krug hin.

Ben tauchte ein Tuch hinein, wischte Mutter das Blut vom Gesicht und legte es dann zusammengefaltet auf ihre Stirn. Von den Rändern liefen Wassertropfen auf ihre Schläfen und in ihre Haare. Ihre Lider begannen zu zittern, dann schlug sie langsam die Augen auf. Einige Augenblicke lang starrte sie ihre Kinder an, als ob sie sie nicht erkennen würde. Dann drehte sie den Kopf, stöhnte dabei, weil die Bewegung schmerzte, und betrachtete benommen den Fußboden, auf dem sie lag. Das Tuch geriet ins Rutschen, sie fasste danach und sah das Blut daran.

»Was ist das?«, flüsterte sie. »Warum bin ich hier? Was ist geschehen? Oh, mein Kopf!«

Sie presste das Tuch gegen die Stirn und stöhnte leise. »Warum tut mein Kopf so weh?«

Ben wagte nicht auf ihre Fragen zu antworten.

»Komm, ich helfe dir auf«, sagte er. »Und Marjorie drückt das Tuch noch einmal aus, dann ist es kühler, das ist besser für deinen Kopf.«

Er zog sie in die Höhe und führte sie zu einem Schemel. Sie setzte sich schwerfällig. Marjorie wrang das Tuch im Krug aus und reichte es ihr. Die Mutter nahm es und verbarg ihr Gesicht darin. Eine Zeit lang saß sie so da, dann ließ sie das Tuch sinken.

»Ich weiß es jetzt wieder. Er wollte das Geld haben. Er hat mich geschlagen. Aber ich habe es ihm nicht gegeben. Und dann war auf einmal alles dunkel. Wo ist er?«

Die Kinder traten zur Seite und gaben den Blick auf den Ohnmächtigen frei.

»Oh mein Gott«, flüsterte die Mutter. »Ist er etwa...?«

»Nein, nein, er ist nur ohnmächtig«, sagte Ben hastig. »Eben hat er noch gestöhnt.«

Wie auf ein Stichwort bewegte Jimmy Randall den Kopf und grunzte.

»Aber... aber... ich verstehe das nicht. Wieso liegt er da? Warum ist er ohnmächtig?«

»Ich... ich wollte... ich habe...«, stotterte Ben.

Die Mutter sah ihn fassungslos an.

»Aber er hat dich fast totgeschlagen«, verteidigte er sich. »Ich musste doch etwas tun. Ich konnte ihn doch nicht weitermachen lassen.«

»Das stimmt«, sagte Marjorie nachdrücklich. »Es sah so schlimm aus. Ich konnte gar nicht mehr hingucken.«

»Und was hast du getan?«

Ben zeigte wortlos auf die Holzscheite am Boden.

»Oh mein Gott«, sagte die Mutter wieder. »Oh mein Gott.«

Sie rang die Hände, ohne zu merken, dass sie immer noch das nasse Tuch darin hielt und dass das Wasser ihr auf Ärmel und Rock tropfte. »Du hättest ihn umbringen können.«

»Hab ich aber nicht. Du hast ja selbst gehört, dass er noch lebt.«

»Aber das ist doch fast genauso schlimm. Oh mein Gott, was soll nur daraus werden? Er schlägt dich tot, wenn er merkt, was du getan hast.«

Daran hatte Ben noch gar nicht gedacht.

»Vielleicht merkt er es nicht«, sagte er etwas lahm.

»Hast du den Verstand verloren? Wie stellst du dir das vor?«

»Nun ja, er hat mich doch gar nicht gesehen. Du hast ihm gesagt, ich bin noch nicht da. Er weiß gar nicht, dass ich schon zu Hause war.«

Die Mutter sah ihn zweifelnd an. »Und was soll ich ihm sagen, warum er auf dem Boden liegt, wenn er gleich zu sich kommt?«

»Nun ja . . . hm . . .«

Ben kaute auf seiner Unterlippe herum, als ob ihm dadurch ein Einfall käme.

»Wir legen ihn ins Bett«, schlug Marjorie vor.

»Genau! Das tun wir. Das ist eine gute Idee. Du bist wirklich ein schlaues Kind, Marjorie, das habe ich immer gewusst«, sagte Ben erleichtert. »Er wird glauben, dass er so betrunken war, dass er gleich ins Bett gefallen ist.«

Die Mutter zögerte. »Aber er hat bestimmt eine riesige Beule am Hinterkopf. Wie soll ich ihm die erklären?«

»Das musst du gar nicht«, sagte Ben eifrig. »Du kannst doch nicht wissen, wo er sich das ganze Wochenende herumgetrieben hat und was ihm dabei passiert ist. Er wird glauben, er hätte sich geprügelt. Und wenn er sich nicht daran erinnern kann, dann liegt das eben an seiner Sauferei. Los, wir müssen uns beeilen, ehe er wach wird. Ich nehme die Schultern, du die Füße. Und du, Marjorie, du machst die Tür zur Stube auf und räumst das Holz weg. Und dann schiebst du den Kessel an den Herd, den setze ich gleich aufs Feuer.«

Die Mutter wirkte immer noch nicht völlig überzeugt, aber sie stand auf.

»Versteck dich, Junge! Er darf dich nicht sehen, falls er jetzt wach wird.«

Sie wartete, bis Ben sich hinter die offene Tür gestellt hatte, dann beugte sie sich über ihren bewusstlosen Mann und drehte ihn langsam und vorsichtig auf den Rücken, wobei sie »Oh weh, mein Kopf, oh weh, mein Kopf« murmelte. Sie schob seine Beine etwas auseinander und stellte sich dazwischen. Jimmy Randall grunzte wieder, kam aber nicht zu sich.

Ben wartete noch einen Moment, dann schlich er sich hinter ihn und schob ihm die Hände unter die Achseln. Die Mutter griff in die Kniekehlen und sie hoben den reglosen Körper in die Höhe.

Uff, war der schwer! Ben spürte, wie ihm vor Anstrengung das Blut ins Gesicht schoss. Einen Zentnersack Kohle zu tragen war ein Kinderspiel dagegen. Das hatte er schon einige Male getan, wenn die Kesselräume der Dampfschiffe beladen wurden, und das war ihm lange nicht so mühsam vorgekommen.

Langsam schleppten sie Jimmy in die Stube. Schon nach wenigen Schritten keuchten sie vor Anstrengung. Vor dem Bett sagte die Mutter plötzlich: »Ich kann nicht mehr.«

»Pass auf! Lass ihn nicht fallen! Ganz langsam!«, zischte Ben, aber die Mutter hatte die Beine schon losgelassen. Das volle Gewicht hing jetzt an Bens Händen. Mit zitternden Armmuskeln ließ er seinen Stiefvater auf den Boden gleiten.

»Ich dachte, gleich platzt mein Kopf«, flüsterte die Mutter.

»Ich kann ihn nicht noch einmal hochheben, Ben, es tut einfach zu weh.«

»Das macht ja nichts. Vielleicht ist es sogar besser so. Wenn er im Schlaf aus dem Bett gefallen wäre, hättest du ihn ja auch nicht allein wieder hineinheben können. Leg einfach die Decke über ihn, vielleicht schläft er noch ein paar Stunden und kann sich an nichts erinnern.«

»Meinst du wirklich?« Die Mutter seufzte. »Man kann ihm schwer etwas vormachen, das weißt du ja. Mir merkt er immer sofort an, wenn ich ihm etwas verheimlichen will.«

»Du brauchst doch nur zu sagen, dass er völlig betrunken war und gleich ins Bett gegangen ist.«

»Aber wenn du dich verplapperst oder Marjorie?«

»Bestimmt nicht. Wir sind beide erst gekommen, als er schon im Bett war, mehr brauchen wir uns gar nicht zu merken.«

Ben hob den Kessel mit den Fischstücken auf den Herd und legte Holz nach, damit er seine Mutter nicht ansehen musste. Er war keineswegs so sicher, wie er tat. Seit er Jimmy Randall kannte, hatte er Angst vor ihm gehabt. Und jetzt hatte er allen Grund dazu. Er hatte ihn so geschlagen, dass Jimmy zu Boden gegangen und ohnmächtig geworden war. Er konnte nur darauf hoffen, dass Jimmy sich an die letzten Minuten vor seiner Ohnmacht nicht erinnern konnte. Aber wenn er es doch tat?

»Ben Daddy totgemacht«, sagte ein weinerliches Stimmchen aus der Ecke.

»Ben Daddy totgemacht«, kam ein zweites wie ein Echo.

Die Zwillinge! Sie hatten die Zwillinge vergessen!

Ben und seine Mutter sahen sich schweigend an. Sie hatten die gleichen Gedanken: Auf Marjorie hätte man sich verlassen können. Sie hätte gewusst, was auf dem Spiel stand, und sie hätte nicht geredet. Aber die Zwillinge waren noch halbe Babys. Ihnen konnte man nicht begreiflich machen, was geschehen war und dass sie den Mund halten mussten.

»Du kannst nicht bleiben«, sagte Mutter. »Er bringt dich um. Du musst verschwinden, Ben.«

Ihr Gesicht sah alt und grau aus.

»Und was wird aus dir?«

Sie zuckte mit den Achseln. »Ich weiß nicht. Es wird schon irgendwie weitergehen.«

»Du musst weg von ihm!«

»Wo soll ich hin? Wir können von dem, was ich verdienen kann, nicht leben.«

»Vielleicht kann der Pfarrer dir helfen.«

Mutter verzog das Gesicht. »Bei dem war ich schon. Er hat gesagt, wenn alle Frauen ihren Männern weglaufen würden, denen manchmal die Hand ausrutscht, dann gäbe es bald keine Familien mehr.«

»Aber ihm rutscht nicht die Hand aus. Er prügelt dich«, sagte Ben wütend.

»Der Pfarrer hat gesagt, ich soll ihn nicht reizen. Männer wären nun mal empfindlich und die meisten Frauen nähmen darauf zu wenig Rücksicht. Außerdem soll die Frau dem Manne untertan sein, das ist Gottes Wille.«

»Auch wenn der Mann ein Säufer und ein Schläger ist?«

»Ja, wahrscheinlich auch dann. Was Gott verbunden hat, das soll der Mensch nicht trennen. Den Spruch kennst du doch?«

Ihre Stimme klang hoffnungslos. Ben wollte etwas sagen, etwas Zorniges oder Tröstliches, aber die Worte blieben ihm im Hals stecken. Sein Zorn würde ihr nichts nützen. Und es gab keinen Trost.

»Hauptsache, du bist weg und er kann dir nichts tun. Du darfst ihm vorläufig nicht unter die Augen kommen, Junge.«

Ben nickte. Er wusste, dass sie Recht hatte. Jimmy prügelte ihn wegen jeder Kleinigkeit. Jetzt, wo es wirklich einen Grund gab, würde er ihn totschlagen.

»Ich geh zu Eddie«, sagte er entschlossen. »Der hilft mir bestimmt.«

Eddie war der Sohn von Vaters ältestem Bruder. Der Onkel hatte sofort Streit mit Jimmy Randall gekriegt, als dieser aufgetaucht war, und nach der Heirat hatte Jimmy ihm das Haus verboten, aber Ben hatte sich oft zu seinem Onkel und vor allem zu Eddie geschlichen. Sein Vetter war fünf Jahre älter als er und Ben wünschte sich oft, dass er ihn als großen Bruder hätte.

Aus der Stube kam ein lautes Rülpsen. Die Mutter zuckte zusammen.

»Geh lieber gleich! Ich habe Angst, dass er wach wird. Schnell, ich helfe dir.«

Sie holte hastig seine dicke Jacke mit den vielen Flicken, ein fadenscheiniges Hemd, ein paar Strümpfe, etwas Wäsche und sein einziges Paar Schuhe aus dem Schrank und machte ein Bündel daraus. Ben stand etwas hilflos daneben. Auf einmal ging alles so schnell. Sie drückte ihm das Bündel in die Hand.

»Eins versprich mir, Ben. Geh nicht zu den Fischern. Ich will nicht, dass es dir ergeht wie deinem Vater.«

»Ist gut. Ich verspreche es. Ich suche mir etwas Ungefährliches. Und ich verdiene ganz viel Geld. Das bringe ich dir dann.«

Sie lächelte etwas mühsam. Ben blickte auf sie hinunter. Er

war einen guten Kopf größer als sie. Unbeholfen legte er den Arm um ihre Schulter und sie lehnte sich für einen Augenblick dagegen.

»Mach's gut, Mutter. Ich schick Eddie vorbei, damit du weißt, wo ich bin.«

»Gib auf dich Acht, Ben, hörst du?«

»Na klar. Mir passiert nichts, da kannst du ganz sicher sein. Ich weiß doch, dass du auf mich wartest.«

Er beugte sich zu Marjorie hinunter, die der Unterhaltung still und aufmerksam gefolgt war.

»Wenn Mutter nicht da ist, dann sagt Eddie dir Bescheid, ja?«

Marjorie nickte. »Ben? Verdienst du wirklich ganz viel Geld?«

»Vielleicht. Nicht sofort natürlich, aber später.«

»Kaufst du mir dann eine Puppe? Eine mit Zöpfen?«

Ben zögerte einen Moment. Eine Puppe mit Zöpfen war nur etwas für die Kinder von reichen Leuten. Sie kostete mehr, als Jimmy Randall in einem ganzen Monat verdienen konnte, wenn er nüchtern blieb und jeden Tag zur Arbeit ging. Und für Ben war sie ganz einfach unerschwinglich.

»Okay«, sagte er schließlich. »Das mach ich. Aber es kann noch etwas dauern.«

»Das ist egal. Ich warte, bis du kommst.«

Sie sah ihn so gläubig und vertrauensvoll an, dass Ben wusste, sie würde warten, und wenn es Jahre dauerte.

»Du kannst dir ja schon mal einen Namen überlegen«, sagte er und versuchte munter zu sprechen, obwohl sich seine Stimme ziemlich belegt anhörte.

»Ich weiß schon einen.« Marjorie lächelte. »Aber den verrate ich nicht.«

2

Während Ben durch die Gassen von Southampton zu seinem Vetter Eddie lief, presste sich Frankie Golding in eine Nische in der Eingangshalle seiner Schule. Sie stand in einer düsteren Straße in einem der ärmsten und schmutzigsten Stadtteile von London. Frankie wünschte, er könnte sich unsichtbar machen. Ganz klein hatte er sich zusammengekauert, noch kleiner, als er ohnehin schon war, und eine dunkle Mütze hatte er über seine fuchsroten Haare gezogen, sodass er fast im Schatten der dicken Säule verschwand, hinter die er sich gezwängt hatte. Er hielt sich mucksmäuschenstill und wagte kaum zu atmen.

Der Pedell hatte keine besonders scharfen Augen. Wenn er alleine kam, um das Schultor abzuschließen, dann würde er ihn nicht entdecken, davon war Frankie überzeugt. Und dann würde er einfach warten, bis Mr Phelps seinen Rundgang durch die Schule beendet hatte und in seinem Zimmerchen unter der Treppe verschwunden war. Und dann würde er in ein Klassenzimmer schleichen und leise ein Fenster öffnen und auf die Straße springen und nach Hause laufen. Er musste nur die Nerven behalten und so lange warten, bis er sicher sein konnte, dass seine Verfolger ihm nicht mehr auflauerten.

Seine Hände waren schweißnass vor Aufregung und der kleine Zettel darin hatte sich in einen feuchten Klumpen verwandelt. Aber er brauchte ihn nicht mehr zu lesen, er wusste auswendig, was darauf stand: *Du krigst noch einen Dengzettel, damit du uns nicht vergist.*

Er wusste auch, wer den Zettel geschrieben hatte, obwohl keine Unterschrift darunter stand. In einem einzigen Satz vier Fehler zu machen, das brachte nur Arthur fertig. Nicht dass Frankie die Fehler gebraucht hatte, um das zu wissen. Es war immer Arthur, der ihm auflauerte, der große dicke Arthur, der schon zweimal sitzen geblieben war, und seine Freunde Walter und Bert, beide genauso dumm und stark wie er.

Sie waren seine Feinde gewesen, seit sie zu Beginn des Schuljahres in die Klasse gekommen waren. Was konnte Frankie dafür, dass er rote Haare hatte? Und dass er der Kleinste und Schwächste war? Und dass er immer gute Noten hatte? Er lernte gar nicht mehr als die anderen, er hatte einfach ein gutes Gedächtnis. Wenn er eine Seite gelesen hatte, dann konnte er sie auswendig. Dass der Lehrer ihn ständig als Beispiel hinstellte, brachte die anderen natürlich in Wut, besonders die drei Faulpelze, die die Schule nur als Gelegenheit zum Unfugmachen ansahen.

Sie hatten ihm Tinte über die Hefte gekippt. Sie hatten große schwarze Spinnen in seiner Schultasche versteckt. Sie hatten die Knöpfe von seiner Jacke abgeschnitten. Sie hatten ihm einen nassen Schwamm und Reißnägel und Hundedreck auf den Sitz gelegt. Sie hatten Regenwürmer in seine Schulbrote geschmuggelt. Und sie hatten ihn immer wieder verprügelt. Unzählige Male hatten sie ihm auf dem Heimweg aufgelauert, ihn in eine Straßenecke oder einen Torweg gedrängt, und während zwei eine Mauer bildeten, die ihn am Weglaufen und die Vorübergehenden am Zusehen hinderten, hatte ihn der Dritte mit Fäusten und Füßen bearbeitet.

»Wenn du petzt, schlagen wir dich tot«, hatten sie ihm gedroht. »Und deine Leiche schmeißen wir in die Themse, dann findet dich niemand mehr.«

Frankie hatte nicht gewagt etwas zu sagen. Wenn seine Mutter sich über seine blauen Flecken und Beulen und Schrammen wunderte, hatte er Geschichten von Stürzen beim Turnen, beim Bäumeklettern, bei Angriffen von streunenden Hunden und Katzen erfunden. Jeden Morgen hatte er schon beim Aufwachen Bauchweh vor Angst, was die drei heute wieder mit ihm anstellen würden. Er wurde immer stiller, immer bedrückter und seine Eltern begannen sich Sorgen zu machen und brachten ihn zum Arzt. Der entdeckte eine Lungenschwäche, und das schien allen eine ausreichende Erklärung für Frankies Verhalten.

»Der Junge muss weg aus London«, hatte der Arzt schließlich gesagt. »Der dauernde Smog ist Gift für ihn. Und Ihre Frau ist auch nicht gesund, Mr Golding. Für beide wäre es das Beste, wenn Sie in den Bergen lebten. Warum ziehen Sie nicht zu Ihren Schwiegereltern nach Amerika, in die Rocky Mountains?«

»Wir haben das schon oft überlegt«, hatte Mr Golding geantwortet. »Und im Grunde ginge ich lieber heute als morgen. Aber ich kann weder meiner Frau noch dem Jungen eine Überfahrt im Zwischendeck zumuten und mehr kann ich mir nicht leisten. Als meine Schwiegereltern ausgewandert sind, haben sie geschrieben, dass die Reise ein einziger Alptraum gewesen wäre und dass das Vieh in den Ställen es besser hätte als die Auswanderer im Zwischendeck.«

»Das war einmal, Mr Golding, das war einmal! Sie wissen ja, dass ich mich schon immer für die christliche Seefahrt interessiert habe und besonders für die Entwicklung bei den

Dampfschiffen. Hier, schauen Sie sich dieses Heft an. Das ist die jüngste Ausgabe von »The Shipbuilder«. Und da, wissen Sie, was das ist? Das ist der neueste Dampfer der White Star Line, das Schwesternschiff der *Olympic*. *Titanic* heißt es und sticht im April in See. So etwas hat die Welt noch nicht gesehen. Ein schwimmendes Luxushotel ist es, so schön und so groß wie ... wie ... ja, fast wie der Buckingham-Palast.« Der Arzt hatte sich richtig in Begeisterung geredet.

»So sieht es tatsächlich aus, Herr Doktor. Wie ein Palast. Und da kommt unsereiner nicht hinein.«

»Jetzt lassen Sie mich doch ausreden, Mann! Auch in diesem Palast gibt es ein Zwischendeck. Sie nennen es zwar nicht mehr Zwischendeck, und das zu Recht, sondern dritte Klasse, aber die ist so komfortabel wie auf anderen Schiffen die zweite oder sogar die erste. Hier, sehen Sie, da stehen die Preise. Die billigste Passage kostet noch nicht einmal 10 Pfund. Na, was sagen Sie nun?«

Und so war es gekommen, dass die Goldings sich zur Auswanderung nach Amerika entschlossen. Und heute war Frankies letzter Schultag. Er war so lange krank gewesen, dass er erst in der letzten Woche wieder zur Schule gehen durfte, und zu seiner Verwunderung hatte seine Mutter ihn immer gebracht und geholt, wenn sie auch taktvoll genug war, an der letzten Ecke stehen zu bleiben. Sie hatte keine Erklärung abgegeben und Frankie hatte den Verdacht, dass er sich während seiner Krankheit verplappert hatte. Das Fieber war manchmal so hoch gewesen, dass er sich später nicht mehr erinnern konnte, was er geredet hatte. Jedenfalls hatten Arthur, Walter und Bert keine Gelegenheit mehr bekommen, ihn zu verprügeln. Doch heute wollten die Goldings mit allen Freunden und Verwandten den Abschied von England feiern und Mrs Golding war schon seit dem Morgengrauen mit Vorbereitungen beschäftigt und hatte keine Zeit, Frankie zu begleiten.

Außerdem wurde Alfred Russel erwartet, dessen Bruder ein Nachbar von Frankies Großeltern in Amerika war. Als George Russel gehört hatte, dass die Goldings auswandern würden, hatte er sie gebeten seinen Bruder Alfred mitzunehmen, der noch bei seiner Mutter in Kent lebte. Die fand es viel zu gefährlich, dass ihr Jüngster alleine über den Atlantik und quer durch Amerika fahren sollte. Aber als sie gehört hatte, dass Frankies Eltern bereit waren auf ihn aufzupassen, hatte sie ihre Zustimmung gegeben. Heute Morgen wollte sie kommen und ihn bei den Goldings abliefern.

Vor der Schule hatte Frankie seinen Feinden ein Schnippchen geschlagen. Er war lange vor der üblichen Zeit eingetroffen, hatte sich im Klo versteckt und war erst unmittelbar vor dem Lehrer in die Klasse gewitscht. In der Pause war er dadurch gerettet worden, dass der Lehrer ihn sehr freundlich über die Reise befragt hatte. Als er fertig war und Frankie zögernd seine Jacke anzog, um auf den Hof zu gehen, hatte er den Zettel in der Tasche gefunden. Der Schreck war ihm in alle Glieder gefahren. Und er hatte ihm offensichtlich auch den Verstand gelähmt, denn ihm war kein Ausweg eingefallen.

Frankie hätte beinahe laut geseufzt, dachte aber an Mr Phelps, der vielleicht schon in seiner Nähe war, und unterdrückte den Seufzer. Jetzt kauerte er hier, im Schatten der Säule, und hätte sich ohrfeigen mögen vor Wut über seine Dummheit. Warum hatte er nicht gesagt, dass er sich wieder krank fühlte und nach Hause müsste? Aber Arthur wäre dazu im Stande gewesen, sich als Begleiter anzubieten. Warum war er nicht einfach nach der vorletzten Stunde verschwunden? Aber die drei hätten wahrscheinlich auch die letzte Stunde geschwänzt und wären hinter ihm hergekommen. Warum hatte er sich nicht gleich nach der Pause davongemacht? Weil da das Schultor noch verschlossen war.

Also war er doch nicht so dumm. Ihm fiel auch jetzt kein Ausweg ein außer dem, sich hier zu verstecken und darauf zu hoffen, dass Mr Phelps seinen Rundgang ohne seinen Dackel Leo machen würde. Leo, der im Allgemeinen nicht viel von Schuljungen hielt, hatte eine ausdauernde Zuneigung zu Frankie gefasst, weil der immer seine Pausenbrote an ihn verfütterte.

»Gibst du dem Jungen auch genug zu essen? Er sieht so klein und mager aus, als ob er hungern müsste.«

Mit keiner Bemerkung konnte man Mrs Golding so erzürnen wie mit dieser. Es gab bestimmt keine Mutter weit und breit, die sich so viel Mühe mit dem Kochen gab und noch mehr Mühe, jede Mahlzeit mit Worten schmackhaft zu machen, ganz abgesehen von dem Lebertran und der Eisentinktur, die sie ihrem Sohn täglich eintrichterte. Aber Frankies Appetitlosigkeit besserte sich nicht und man konnte seine Rippen zählen, während Leo von Mrs Goldings riesigen Pausenbroten so rund wurde wie eine Sofarolle.

Frankie hielt den Atem an. Von oben ertönten Schritte. Das bedeutete, dass Mr Phelps seinen Rundgang durch den ersten Stock beendet hatte und jetzt die Treppe herunterkommen würde, um das Schultor abzuschließen. Er brummte irgendetwas vor sich hin, aber das musste nichts bedeuten, denn er sprach nicht nur mit Leo, sondern auch mit sich selbst. Die Schritte kamen näher.

»Lausebengels sind das, wahre Lausebengels! Wenn ich

den erwische, der die Tafel mit Öl eingerieben hat, dann verpass ich ihm eine Tracht Prügel, dass er drei Tage lang nicht sitzen kann.«

Bei dem Wort Prügel spürte Frankie eine Gänsehaut über seinen Rücken laufen. Und wenige Sekunden später spürte er noch etwas: Eine feuchte Schnauze an seinem Knie, zwei Pfoten, die an ihm hochsprangen, eine Zunge, die seine Finger leckte. Sein Plan war missglückt. Leo hatte ihn entdeckt und bellte und jaulte vor Freude, dass sein lange vermisster Freund wieder da war. Und dass er aus seinem Ranzen höchst verführerisch duftete.

»Hast du ihn erwischt, den Mistkerl? Fass, Leo, fass! Lass ihn nicht laufen!«

Mr Phelps polterte die Treppe herunter und zerrte Frankie derb hinter der Säule hervor.

»Na warte, du Lauser, jetzt wirst du was erleben.«

»Aber Mr Phelps, ich bin's doch, Frankie Golding.«

Mr Phelps, der schon ausgeholt hatte, ließ verwirrt seine Hand sinken.

»Du? Was machst du denn hier? Die Schule ist doch längst aus. Wieso versteckst du dich hier?«

»Ich . . . ich wollte mich noch von Leo verabschieden. Ich habe ihm mein Brot aufbewahrt, aber ich bin in der Pause nicht dazu gekommen, es ihm zu bringen. Wir wandern nämlich nach Amerika aus und morgen sind wir schon auf dem Schiff.«

»Na, besonders froh scheinst du ja nicht zu sein.«

Frankie hatte selbst gehört, dass seine Stimme ziemlich kläglich geklungen hatte. Seine ganze Vorfreude auf die Reise war verschwunden. Er konnte nur an die nächste halbe Stunde denken. Er bückte sich und holte seine Pausenbrote aus dem Ranzen, die Leo schwanzwedelnd verschlang. Die drei würden ihn grün und blau schlagen. Sie würden ihm Haare ausreißen. Sie würden ...

»Ich habe solche Angst, Mr Phelps«, brach es auf einmal aus ihm heraus. »Da draußen warten drei, die wollen mich verprügeln. Kann ich nicht hier bleiben?«

Sie hatten zwar gedroht, dass sie ihn umbringen würden, wenn er sie verriete, aber das war ihm egal. Morgen war er für immer aus ihrer Reichweite. Und jetzt brauchte er Hilfe. Er würde alles tun, um nicht auf die Straße zu müssen. Vielleicht ließ Mr Phelps ihn noch ein bisschen bleiben, wenn er irgendeine Arbeit für ihn erledigte.

»Ich könnte die Türklinken polieren«, schlug er schüchtern vor. »Oder die Waschbecken schrubben. Oder soll ich Leo bürsten?«

Mr Phelps seufzte ungeduldig. Es war höchste Zeit für seinen Nachmittagstee und diese Stunde war ihm heilig. Der Herr Direktor hatte ihn schon aufgehalten, der immer noch in seinem Zimmer saß, und jetzt dieser Junge. Mr Phelps hielt von Schülern noch weniger als Leo. Die meisten waren schmutzig, laut, unverschämt, machten nur Arbeit, hielten einen womöglich noch davon ab und ärgerten den Hund. Obwohl das kleine Kerlchen hier eine rühmliche Ausnahme war.

»Das ist nicht erlaubt«, sagte er brummig. »Alle Schüler haben sofort nach dem Unterricht das Gebäude zu verlassen. Und ich kann mir kaum denken, dass draußen noch jemand ist. Alle Jungs wollen doch nach der Schule bloß möglichst schnell verschwinden. Wenn sie es morgens genauso eilig hätten wie nachmittags, dann käme nie jemand zu spät. Aber wir können ja mal nachschauen.«

Er ging zum Portal, öffnete die große, schwere Türe und schaute hinaus.

»Da drüben steht einer. Ist das einer von den dreien?«

Frankie klemmte seinen Ranzen unter den Arm und trat zögernd neben Mr Phelps. Auf der anderen Straßenseite stand eine alte, schäbige Droschke ohne Kutscher, das Pferd war an einem Baum festgebunden, dahinter lehnte ein Junge gegen eine Hauswand, dessen Haare noch röter waren als seine eigenen.

»Nein, den habe ich noch nie gesehen.«

Mr Phelps schaute noch einmal die Straße hinauf und hinunter. »Und sonst ist niemand da. Also kannst du ganz beruhigt nach Hause gehen. Mach's gut! Und viel Glück in Amerika. Komm, Leo!«

Die schwere Tür donnerte ins Schloss. Frankie sah sich unsicher um. Irgendwie traute er dem Frieden nicht. Es war nicht die Art der drei, einen Plan aufzugeben, den sie in einem Drohbrief angekündigt hatten. Heute hatten sie die letzte Möglichkeit, ihn zu quälen, und die würden sie sich nicht entgehen lassen, das wusste er auf einmal ganz sicher.

Die Droschke schwankte leicht. Also war sie doch nicht leer? Es musste jemand auf der Seite, die er nicht sehen konnte, ausgestiegen sein. Und da kamen sie schon quer über die Straße auf ihn zu, Arthur, Walter und Bert, alle mit dem gleichen widerlichen Grinsen auf dem Gesicht, alle mit dem gleichen festen Tritt. Ihre Absätze knallten bedrohlich auf das Pflaster. Frankie stand starr. Es hatte keinen Sinn, wegzulaufen. Da standen sie schon vor ihm.

»Na, ist die Mami nicht da, um auf ihren Bubi aufzupassen?«

»Da ist der Bubi aber traurig, was? Da wird er bestimmt gleich weinen.«

»Er scheißt sich ja schon in die Hosen vor Angst, der Schwächling.«

Sie rückten noch näher heran. Frankie umklammerte seinen Ranzen und starrte in ihre grinsenden, fetten, schwitzenden Gesichter.

»Das hast du nicht gedacht, du Hosenscheißer, dass wir dich doch noch erwischen würden?«

»Hast geglaubt, wir verlieren die Lust an der Warterei, was?«

»Wir haben ganz gemütlich in der Droschke gesessen und Karten gespielt. Der Kutscher war froh, dass er Zeit hatte für ein Bier.«

Sie freuten sich darauf, ihn zu prügeln, das sah man ihnen deutlich an. Und dieser gierige, gemeine Ausdruck, den sie alle hatten, konnte einem noch mehr Angst machen als ihre Fäuste und ihre schweren Schuhe. Frankie begann zu zittern. Er konnte einfach nichts dagegen tun. Da kam schon der erste Schlag. Und noch einer. Seine Backen brannten.

»Du hast den Phelps alarmiert, du miese kleine Ratte. Das hatten wir dir doch verboten oder etwa nicht?«

Wieder zwei Schläge. Sein Kopf begann zu dröhnen.

»Und deshalb wird es dir heute schlecht ergehen!«

»Wer weiß, ob du überhaupt nach Amerika kommst.«

Dieser Satz gab Frankie auf einmal Kraft. Er wollte nach Amerika. Er wollte fort aus dieser riesigen, schmutzigen Stadt und vor allem weit fort von diesen drei brutalen Kerlen. Ein Ozean würde zwischen ihnen und ihm liegen und sie würden ihn nie mehr quälen können. Sein Vater hatte mehr als einen Monatslohn für jede Person bezahlt und sprach von nichts anderem mehr als dem Leben, das sie drüben führen würden. Und seine Mutter freute sich auch, vor allem auf das

Wiedersehen mit ihren Eltern. Frankie spürte die offene Schnalle seines Ranzens zwischen seinen Fingern. Er würde kämpfen für die Fahrt nach Amerika! Sie mussten ihn schon umbringen, ehe die *Titanic* morgen ohne ihn ablegte.

Er fasste die Schnalle so, dass der lange spitze Eisendorn, der durch die gelochte Lederschlaufe geschoben wurde, zwischen seinen Fingern hervorstand. Dann machte er einen Satz nach vorn und rammte Arthur den Eisendorn in den Bauch. Der stieß einen Schrei aus, der auch Frankie, der ihn erwartet hatte, durch Mark und Bein ging. Walter und Bert fuhren herum.

»Arthur! Was ist los?«

»Bist du irre? Was hast du?«

Aber Arthur krümmte sich zusammen, hielt sich seinen fetten Bauch und heulte und schrie wie ein Ferkel unter dem Messer des Metzgers. Diesen Augenblick nutzte Frankie. Er ließ den Ranzen fallen. Bücher, Hefte, Bleistifte ergossen sich über die Stufen. Er gab Arthur einen Stoß, dass der gegen Walter taumelte, und rannte.

Mit etwas Glück hätte er ihnen entkommen können. Aber auf der letzten Stufe rutschte er auf einem seiner eigenen Hefte aus und wäre fast gefallen. Zwar konnte er sich gerade noch fangen, aber er war gebremst worden und nach wenigen Schritten spürte er eine Hand, die ihn zurückriss.

»Du Heimtücker! Du Schwein! Du Drecksack!«, brüllte Arthur. »Ich breche dir jeden Knochen im Leibe, darauf kannst du dich verlassen.«

Frankie hielt schützend die Hände über seinen Kopf. Jetzt ist es aus, dachte er. Doch die befürchteten Schläge kamen nicht. Stattdessen löste sich der Griff von seinem Kragen, er sah Arthurs große Stiefel zwei unsichere Schritte rückwärts machen und dann brach sein Feind in die Knie und sackte auf den Pflaster zusammen. Er hatte die Augen geschlossen und rührte sich nicht.

Frankie merkte, dass er noch immer die Hände über seinen Kopf hielt. Er ließ die Arme sinken und sah sich um. Hinter ihm stand der rothaarige Junge, die Fäuste geballt, den Blick auf Walter und Bert gerichtet, die mit offenen Mündern auf der Schultreppe standen.

»Na, ihr Feiglinge«, sagte er herausfordernd. »Wollt ihr auch einen Kinnhaken haben? Ich wette, ihr traut euch nicht.«

Ein Wutschrei aus zwei Kehlen war die einzige Antwort. Die beiden hatten ihre Erstarrung überwunden und kamen die Stufen hinunter. Sie sahen so Furcht erregend aus, dass Frankie am liebsten fortgerannt wäre, so schnell er nur konnte. Aber der fremde Junge blieb ganz ruhig. »Ich nehm den rechten, du den linken«, sagte er bloß.

Frankie holte tief Luft. Der Rothaarige traute ihm tatsächlich zu, dass er sich gegen Bert zur Wehr setzte? Dann würde er das auch tun. Und da er viel kleiner und schwächer war, konnte er nur versuchen ihn zu Fall zu bringen. Er sah, dass Bert ihn überhaupt nicht beachtete, die Augen in dem wutverzerrten Gesicht waren starr auf den Jungen gerichtet. Frankie duckte sich so tief, dass er völlig außerhalb Berts Blickfeld war, und warf sich gegen dessen Knie. Bert ging zu Boden. Eine Sekunde später lag Walter neben ihm, genauso bleich und still wie Arthur.

Aber Bert war nicht durch einen Kinnhaken außer Gefecht gesetzt worden, sondern er konnte noch kämpfen und er wollte nicht anders. Er langte nach den Knöcheln des Rothaarigen und riss ihn um. Entsetzt sah Frankie, wie Bert seinen Retter noch im Fallen packte, ihn auf die Straße drückte und sich auf ihn wälzte, wobei er versuchte dessen Arme so gegen den Boden zu pressen, dass er sich nicht wehren konnte. Das gelang ihm nur für ein paar Augenblicke, dann war der andere oben, dann wieder Bert, dann wieder der andere. Sie rollten sich durch den Straßendreck, keuchend und verbissen, und Frankie fragte sich verzweifelt, wie er dem Jungen nur helfen könnte.

Da fiel sein Blick auf die Bleistifte, die über den Boden verstreut lagen. Er packte die drei, vier, die in seiner Nähe lagen, bündelte sie in seiner Faust zu einem Keil und bohrte sie Bert, als er oben lag, in die Kniekehle. Bert heulte auf, ließ seinen Gegner los und griff nach dem messerscharfen Spitzen in seinem Bein. Im selben Augenblick krachte eine Faust gegen seine Kinnspitze und er rollte zur Seite.

»Welche Strafe erwartet jeden, der eine Prügelei anzettelt oder sich daran beteiligt?«

Die Stimme zischte über ihre Köpfe wie eine Peitsche.

Frankie erschrak fast ebenso sehr wie vorhin, als er den Zettel gefunden hatte. Er kannte die Stimme. Jeder Schüler kannte sie und es gab keinen, der sie nicht fürchtete. Der Herr Direktor sah aus wie eine Bulldogge mit rot unterlaufenen Triefaugen und fetten, glatt rasierten Hängebacken über einem feisten Hals und einem mächtigen Körper, der in einem engen Gehrock steckte wie die Blutwurst in der Pelle. Aber es war nicht sein Aussehen, das die Schüler in Angst und Schrecken versetzte. Mr Ballard hielt Prügel für die beste Erziehungsmethode, und wenn er seinen Rohrstock auf bloße Hände oder blanke Hintern sausen lassen konnte, dann hatte er das stolze Gefühl, dass niemand ein besserer Lehrer war als er. Diese neumodischen Allüren mit Ermahnungen und gutem Zureden führten nur zu Verweichlichung. Kinder brauchten Prügel, das stand schon in der Bibel und hatte sich in vielen Jahrhunderten bewahrheitet. Mr Ballard prügelte unnachsichtig und mit Methode. Kein Lehrer traf so wie er immer dieselbe Stelle, bis die Haut zu einem roten Striemen aufschwoll, der beim nächsten Schlag platzte und beim übernächsten zu bluten anfing. Selbst wenn man nur eine kleine Sünde begangen hatte, die mit einem einzigen Stockschlag bestraft wurde, war der Schmerz wie ein weiß glühendes Feuer und man spürte die Stelle noch tagelang.

»Zehn Stockschläge auf den bloßen Hintern«, erwiderte Frankie leise.

»So ist es. Also kommt her«, befahl Mr Ballard. »Euch werde ich eure Strafe sofort verpassen, die anderen sind später dran.«

»Das ist ja wohl nicht Ihr Ernst«, sagte der Junge empört. »Sie wollen den armen kleinen Kerl verprügeln, weil ihm diese drei Fettsäcke aufgelauert haben?«

Der Herr Direktor schnappte nach Luft. »Was fällt dir ein? In welchen Ton redest du mit mir? Wer bist du überhaupt?«

»Ich bin Alfred Russel. Und ich bin nicht auf Ihrer Schule, Gott sei Dank, kann ich nur sagen, und deshalb haben Sie gar kein Recht, mich zu bestrafen. Eine verflixt sonderbare Schule ist das, wo man den Kindern nicht mal beibringt, dass es unfair ist, zu dritt über einen Einzelnen herzufallen.«

Das Gesicht des Direktors lief rot an. Er fixierte Frankie mit hervorquellenden Augen. »Aber du bist auf meiner Schule, Bürschchen, dich kenne ich. Wie heißt du?«

»Frank Golding, 5. Klasse.«

»Sag gefälligst Sir, wenn du mit mir redest! Und komm sofort her!«

Alfred legte den Arm um Frankie und hielt ihn zurück. »Er kommt nicht. Er hat nichts Böses getan. Die drei haben ihm aufgelauert und ihn überfallen. Wenn jemand Prügel verdient hat, dann nur sie.«

Das Gesicht des Direktors wurde noch röter. »Wenn du nicht augenblicklich kommst, wirst du das bereuen«, bellte er. »Und morgen will ich deinen Vater sehen.«

»Das kann schon sein, dass Sie das wollen«, sagte Alfred ruhig. »Aber ich glaube fast, Franks Vater will das nicht. Ich bin sicher, er wird nicht kommen.«

Der Direktor bewegte die Lippen, aber er brachte keinen Ton heraus. Sein Gesicht war jetzt blauviolett.

»Er hat nämlich was Besseres vor, als mit Ihnen zu reden. Und dass Sie nicht mal wissen, was er vorhat, das zeigt bloß, was für eine miese Schule Sie haben.«

Das war zu viel! Mr Ballard ballte die Fäuste und setzte sich in Bewegung. Aber er kam nicht weit, denn ihm passierte dasselbe wie vorhin Frankie: Er rutschte auf einem Heft aus.

Allerdings brachte er es nicht fertig, sich zu fangen, dazu war er zu dick und zu steif, sondern er landete mit einem sehr schmerzhaften Plumps auf dem Hosenboden. Da saß er nun in seinem engen, schwarzen Anzug, mit seiner glänzenden Weste, über die die goldene Uhrkette sich spannte, mit seinem wütenden, roten Gesicht und sah so lächerlich aus, dass Alfred laut losprustete und sogar der schüchterne Frankie sich ein Grinsen nicht verkneifen konnte.

»Du fliegst von meiner Schule«, schrie Mr Ballard. »Ich schmeiße dich raus. Wage nicht mir noch einmal unter die Augen zu kommen. Ich werde dir einen Vermerk ins Zeugnis schreiben. Keine andere Schule wird dich nehmen und auch kein Lehrherr. Du wirst in der Gosse enden, da, wo du hingehörst.«

»Pah«, sagte Alfred, »das interessiert in Amerika keinen Menschen.«

»Amerika?«, wiederholte der Direktor fassungslos. »Amerika?« Er rappelte sich mühsam hoch und schüttelte beide Fäuste. »Ja, geht ihr nur nach Amerika. Da gehört ihr hin. Der Abschaum Europas trifft sich dort. Alle Halunken, denen hier der Boden zu heiß wird, die werden dort mit offenen Armen aufgenommen. Euch steht das Verbrechen schon heute im Gesicht geschrieben. Keine Achtung vor der Autorität habt ihr, keine Ehrfurcht vor grauen Haaren. Ihr Proleten! Ihr Revoluzzer! Ihr . . . ihr . . .«

»Ein echter Sir schreit nicht«, sagte Alfred von oben herab. »Und er gebraucht keine Schimpfwörter.«

»Hör auf!«, flüsterte Frankie. »Gleich trifft ihn der Schlag.«

»Okay. Wir gehen.«

Er hatte immer noch seinen Arm um Frankies Schulter gelegt. Einträchtig gingen sie zusammen die Straße hinunter. Alle paar Schritte kniff Frankie sich ins Bein, um sich zu vergewissern, dass er nicht träumte. Das war Alfred, der mit ihnen nach Amerika fahren würde und weiter bis in die Rocky Mountains, und dort würde er ganz in ihrer Nähe wohnen. Seine Mutter hatte ihn bei den Goldings abgeliefert und war schon wieder zurückgefahren nach Kent, wie er erzählte, und Mrs Golding hatte ihn gefragt, ob er Frankie wohl von der Schule abholen würde.

»›Er ist klein und mager und er hat fast so rote Haare wie du‹«, hat sie gesagt. Und da hab ich mir schon gedacht, dass du's vielleicht nicht einfach hast, denn man ist immer übel dran mit roten Haaren. Mich wollten sie früher auch fertig machen, aber ich hab gelernt, wie man sich wehrt. Wenn du willst, zeig ich dir ein paar Tricks, damit legst du jeden um.«

Frankie nickte begeistert, aber dann seufzte er. »Ja, du vielleicht, du bist ja auch groß und stark. Aber ich doch nicht. Schau mich doch bloß an!«

»Du musst einfach mehr essen, damit du etwas Fleisch auf die Rippen kriegst. Aber das ist nicht das Entscheidende. Die drei Kerle eben waren doppelt so breit wie ich und was hat ihnen das genutzt?«

Auf einmal lachte er. »Wenn das meine Mutter wüsste! Dass ich mich schon wieder geprügelt habe, meine ich. Mum ist in Ordnung, aber sie arbeitet im Schloss und deshalb hat sie etwas eigenartige Ansichten von Manieren und so. Sie findet jedenfalls, dass ein gut erzogener Junge sich nicht prügelt, und sie begreift einfach nicht, dass es manchmal einfach nicht anders geht. So wie eben zum Beispiel. Was hätte ich machen sollen? Mit den Kerlen konnte man nicht reden.«

Er dribbelte einen Stein vor sich her und schoss ihn dann so vor die Hauswand, dass er abprallte und Frankie vor die Füße rollte. Frankie trat ihn zurück, etwas ungeschickt zwar, aber er hatte ihn immerhin getroffen und in Alfreds Nähe gebracht. Eine Zeit lang spielten sie sich den Stein zu, bis Frankie ihn einem Mann vors Schienbein knallte.

»Das hier ist ein Bürgersteig, kein Fußballfeld, ihr Rowdys«, schrie der erbost, aber ehe er handgreiflich werden konnte, hatte Frankie Alfred auf die Straße gezogen, mitten in den Verkehr, und zwischen Handkarren, Kutschen und Fuhrwerken schlängelten sie sich auf die andere Straßenseite und aus seiner Reichweite.

»Mann, was ist das ein Gewühl hier. Und das an einem ganz normalen Wochentag. So viel Betrieb gibt's bei uns bloß, wenn Jahrmarkt ist.«

»Tatsächlich?« Frankie war in London aufgewachsen und den Verkehr gewöhnt. »Eigentlich ist das eine ruhige Straße. Du müsstest mal die großen Plätze sehen in der Innenstadt, da stehen Polizisten und regeln den Verkehr, sonst kämen die Fußgänger nie über die Straße.

»Das wäre nichts für mich. In einer Großstadt zu leben stelle ich mir schrecklich vor. Schon der Geruch ist grässlich. Die Luft ist richtig verpestet von Ruß und Rauch. Man kann ja kaum atmen. Ich bin froh, dass mein Bruder in den Rocky Mountains wohnt. Da gibt's bloß Natur und Einsamkeit.« Er grinste. »Deshalb lässt mich meine Mutter doch überhaupt nach Amerika. Sie hofft nämlich, dass ich da keine Möglichkeit finde, mich zu prügeln, und außerdem, dass George es mir verbietet. Sie hat Angst, dass ich ein Raufbold werde, weil mir die väterliche Hand fehlt. Dabei ist ihre Hand auch nicht ohne. Jedenfalls glaubt sie, dass George strenger mit mir sein wird als sie.«

»Und wird er das?«

»Bestimmt nicht. George ist toll. Er hat mich immer verteidigt. Ich brauchte früher bloß zu sagen, dass ich meinen großen Bruder hole, dann haben sie mich in Ruhe gelassen. Und bevor er nach Amerika gegangen ist, da hat er mir das Boxen beigebracht.«

»Dann hast du also nie vor jemandem Angst gehabt?«, fragte Frankie.

»Nö, eigentlich nicht. Höchstens vor Sir Duff Gordon, dem das Schloss gehört. Das ist ein unangenehmer Bursche. Der ist im Stande und zieht einem eins mit der Reitpeitsche über, bloß weil er schlechte Laune hat. Um den hab ich immer einen Bogen gemacht.«

Dann gab Alfred Frankie einen leichten Knuff in die Seite. »Du brauchst jetzt auch keine Angst mehr zu haben. Du hast jetzt mich.«

Frankie nickte nur. Er spürte auf einmal ein Kratzen in der Kehle, das ihm das Sprechen unmöglich machte. Er würde sich nie mehr vor irgendetwas fürchten müssen. Er würde nach Amerika fahren und auf eine neue Schule gehen und dann in eine Lehre und Alfred würde immer in seiner Nähe sein und ihn beschützen, bis Frankie genauso groß und stark und so gut im Boxen sein würde wie er selbst. Frankie räusperte sich und versuchte seine Stimme wieder zu finden. Es war fast so, als ob er endlich den großen Bruder bekommen hätte, den er sich immer gewünscht hatte. Er knuffte zurück.

»Okay. Find ich gut«, sagte er undeutlich.

Irgendwie hatte die Welt sich verwandelt. Er würde sich nie mehr fürchten. Sogar der große Fleischerhund vom Metzger an der Ecke, um den Frankie sonst immer einen weiten Bogen machte, knurrte nicht, als er mit Alfred dicht am Laden vorbeiging.

Am Abend, als sie zusammen um den Küchentisch saßen, traute Mrs Golding ihren Augen nicht. Frankie betrachtete eine Zeit lang seine heiße Milch, dann fischte er wortlos die Haut herunter und trank den Becher leer. Er aß auch die gebratenen Heringe, die er sonst verabscheute. Er protestierte nicht einmal, als Mrs Golding einen Eintopf aus sauren Bohnen, Kartoffeln und Hammelfleisch auf den Tisch stellte.

»Mmm. Irishstew, das ist meine Leibspeise.« Alfred glänzte.

»Das freut mich. Meine auch«, sagte Mr Golding lächelnd.

Frankie sagte nichts, aber er lud sich den Teller fast genauso voll wie Alfred und aß ihn tatsächlich leer.

Mrs Golding wunderte sich. Frankie war immer ein Sorgenkind gewesen, schon als Baby kränklich, ein lustloser Esser und auch während der Schulzeit anfällig und empfindlich. Sie sagte sich oft, dass sie ihn verzärtelte, aber er war der Einzige, der von ihren fünf Kindern am Leben geblieben war, und sie brachte es einfach nicht übers Herz, ihn zum Essen zu zwingen oder ihn streng zu behandeln. Er wusste, dass sie ihm einen Pfannkuchen oder einen Pudding machen würde, falls er sie darum bat, aber zum ersten Mal seit langem äußerte er keine Sonderwünsche. Falls das der Einfluss von Alfred Russel war, dann wollte sie allen Heiligen danken, dass er sie begleitete. Und dass er in Amerika ihr Nachbar sein würde.

3

Während Ben im Hafen von Southampton Fische schleppte und Frankie sich im Schulklo versteckte und Alfred mit seiner Mutter auf dem Weg zu den Goldings war, also am frühen Morgen des 9. April 1912, saß die sechzehnjährige Ruth Daniels mit ihrer Stiefmutter und ihren kleinen Geschwistern am Frühstückstisch. Sie versuchte gerade mit der einen Hand dem zweieinhalbjährigen Richard einen Löffel Porridge in den Mund zu schieben und mit der anderen die fünfjährige Marion daran zu hindern, einen Turm aus Zuckerdose, Salz- und Pfefferstreuer zu bauen.

Der Frühstückstisch stand in dem kleinen Aufenthaltsraum, der zu den beiden Zimmern gehörte, die Mrs Daniels im Hotel *Bertram* für die Zeit ihres Aufenthaltes in London gemietet hatte. Die meisten Gäste frühstückten im so genannten Gartenzimmer, dessen Flügeltüre in ein efeuüberwuchertes Gärtchen mit einer einsamen Trauerweide führte. Aber Mrs Daniels war der Ansicht, dass man die Tischmanieren von Richard und Marion anderen Leuten nicht zumuten konnte, und auf Manieren legte sie Wert. Also verzichtete sie schweren Herzens auf das Frühstück im Gartenzimmer.

»Kannst du dir eigentlich vorstellen, wie sehr ich mich danach sehne, wieder unter Leuten zu sein nach diesen schrecklichen, einsamen Jahren in Guntur?«, sagte sie anklagend so wie jeden Morgen im Hotel *Bertram*.

»Gewiss, Mama.«

»Und wie sehr ich die angenehme Gesellschaft auf unserer bisherigen Reise genossen habe?«

»Ja, Mama.«

»Nun ja, die Leute in diesem Hotel sind zwar nicht ganz so, wie ich das erwartet hätte, aber im Großen und Ganzen doch recht unterhaltsam. Man muss sich eben damit abfinden, dass man nicht von allen den eigenen Standard erwarten darf.«

»Ja, Mama.«

»Trotz allem würde ich natürlich gerne in Gesellschaft frühstücken. Aber das sind eben die Opfer, die man als Mutter bringen muss. Nichts ist schlimmer, als wenn Kinder einen unerzogenen Eindruck machen.«

»Gewiss, Mama.«

Mrs Daniels warf ihrer Stieftochter einen scharfen Blick zu. Die Antworten klangen verdächtig eintönig. Hörte ihr das Mädchen überhaupt zu?

»Das gilt auch für dich, liebe Ruth. Trotz meiner unablässigen Bemühungen lassen deine Manieren immer noch sehr zu wünschen übrig. Dass du zum Beispiel jetzt im Morgenmantel am Tisch sitzt statt so wie ich in einem hübschen Kleid, das sollte ich dir eigentlich nicht durchgehen lassen.«

Ruth hätte gerne darauf hingewiesen, dass sie sowohl Marion wie Richard gewaschen und angezogen hatte, aber sie verschluckte ihre Worte. Es hatte keinen Sinn, ihrer Stiefmutter zu widersprechen. Man zog immer den Kürzeren.

»Entschuldige bitte«, sagte sie nur. Aber auch mit Nachgiebigkeit konnte man Mrs Daniels nicht zum Schweigen bringen.

»Nicht einmal die Haare hast du dir gebürstet und hochgesteckt«, nörgelte sie weiter. »Jetzt habe ich mich schon dazu durchgerungen, auf das Erscheinen im Frühstückssaal zu verzichten, und du weißt, wie schwer mir das gefallen ist.«

Ruth nickte. Mrs Daniels tat nichts lieber als alle Leute an den Nachbartischen zu beobachten und über sie zu sticheln.

»Aber ich sehe keinen Grund, warum du mir einen solch unerfreulichen Anblick bietest.«

Ruth legte wortlos den Löffel an den Rand des Tellers und erhob sich.

»Wo willst du hin? Du kannst mich doch mit den beiden nicht alleine lassen.«

»Das muss ich aber, wenn ich dir einen erfreulicheren Anblick bieten soll.«

Ruth sah aus dem Augenwinkel, dass Richard nach dem Löffel grabschte und ihn so in den Teller fallen ließ, dass der Porridge über das Tischtuch spritzte, und dass Marion ihr Saftglas umdrehte, um einen besseren Unterbau für ihren Turm zu haben, aber sie ging unbeirrt in ihr Zimmer und machte die Tür energisch hinter sich zu. Die schrille Stimme und das Schimpfen ihrer Stiefmutter waren nur noch gedämpft zu hören.

Noch zwei Tage, dachte Ruth. Zwei Tage in diesem Hotel. Irgendwie war das Leben auf dem Schiff einfacher gewesen. Die Atmosphäre war gelöster, freundlicher, sogar Mrs Daniels hatte etwas von ihrer Steifheit und Selbstgerechtigkeit verloren. Die Fahrt hatte Wochen gedauert, über den Indischen Ozean, durch den Suezkanal und das Mittelmeer, dann um Gibraltar über den Atlantik nach England. Aber kaum hatte Mrs Daniels englischen Boden betreten, kehrte sie wieder die Dame heraus.

Das *Bertram* war keineswegs luxuriös, doch es war ein sehr honoriges Haus, in dem hauptsächlich Kleriker und Offiziere und Landadelige abstiegen, also Leute der guten Gesellschaft, und nur die interessierte Mrs Daniels. Ruth fand das Hotel düster und altmodisch und vor allem kalt. Obwohl in allen Räumen Kamine brannten, fror sie ständig und sehnte sich nach der indischen Sonne, unter der sie aufgewachsen war. Sie fand auch London hässlich und kalt, aber ihre Meinung interessierte niemanden. Ihre Stiefmutter fragte mindestens zehnmal am Tag: »Ist dieses Klima nicht eine Wohltat? Ist es nicht herrlich, wieder in einem kultivierten Land zu sein? Müssen wir Gott nicht von Herzen danken, dass wir nicht mehr in Indien sind?«

Ruth hätte auf diese Fragen am liebsten mit einem klaren und entschiedenen Nein geantwortet, aber sie kannte ihre Stiefmutter jetzt seit sechs Jahren, lange genug, um zu wissen, dass jede Diskussion über dieses Thema zwecklos war. Mary Daniels hasste Indien und war nicht bereit ihre Meinung zu ändern. Warum bloß hatte sie einen Missionar geheiratet, der ein Waisenhaus und eine Schule in Guntur leitete? Das hatte Ruth sich schon oft gefragt. Sie war schließlich zu dem Ergebnis gekommen, dass ihre Stiefmutter wahrscheinlich auch einen Missionar in Feuerland oder am Nordpol genommen hätte, wenn sich nicht zufällig John Daniels in sie verliebt hätte, als sie mit ihren Eltern eine Reise durch Indien zu den Missionsstationen machte.

Sie wollte unbedingt endlich heiraten. John Daniels war der erste Mann, der ihr einen Antrag machte, und sie hatte ihn genommen, obwohl sie Indien abstoßend fand. Sie ertrug die Hitze nicht. Sie jammerte über den Staub. Sie weigerte sich den in Guntur gesprochenen Dialekt zu lernen. Sie bezeichnete die Sitten der Eingeborenen als barbarisch und John Daniels' Umgang mit ihnen als zu nachgiebig. Sie fand die

Speisen Ekel erregend und ihre Zubereitung unhygienisch. Sie sah in jeder Spinne einen Skorpion, in jedem Schlänglein eine Kobra, in jedem Monsunregen einen Weltuntergang. Zum Glück für ihren Mann und ihre Stieftochter verbrachte sie die meiste Zeit in ihrer Hängematte und kümmerte sich um nichts.

Ruth widersprach ihr nie, aber sie hielt sich möglichst aus ihrer Reichweite und lebte ihr ungebundenes Leben wie bisher. Sie half ihrem Vater und suchte Zuflucht bei der Inderin und deren Familie, die sie nach dem Tod ihrer Mutter aufgezogen hatte, denn nur dort konnte sie einen Sari tragen und barfuß gehen, so wie sie das gewohnt war. Ruth liebte die kleine Kirche und das Waisenhaus und die Schule und alle Menschen, die auf der Station lebten, genauso wie ihr Vater. Und alle liebten sie und betrachteten sie als eine der ihren. Wenn Mrs Daniels von den Vorteilen einer englischen oder amerikanischen Internatserziehung sprach, überlief Ruth eine Gänsehaut.

Als der Arzt bei dem kleinen Richard einen Herzfehler feststellte und dringend eine Behandlung in Amerika und einen längeren Aufenthalt dort empfahl, war Mary Daniels zwar betroffen, aber auch erleichtert. Endlich hatte sie einen triftigen Grund, diesem grässlichen Indien den Rücken zu kehren und nach Hause zu fahren. Am liebsten hätte sie ihren Mann gleich mitgenommen, aber der weigerte sich entschieden seine zweite Heimat zu verlassen. Mrs Daniels redete und redete und dann gab sie es auf. Er würde schon nachkommen, da war sie sicher. Seine Gesundheit war nach fast zwanzig Jahren in Indien ebenfalls angeschlagen, und wenn ihm erst bewusst werden würde, dass er seine Arbeit ohne Ruth würde verrichten müssen, da würde er schon die Lust daran verlieren. Seine Älteste war immer noch sein Liebling, wie Mrs Daniels oft mit unchristlichem Zorn feststellte, obwohl die kleine Marion doch viel hübscher und jetzt schon viel besser erzogen war.

Allerdings musste sie zugeben, dass Ruth ungewöhnlich hilfsbereit und freundlich war. Und deshalb würde das Mädchen sie auch begleiten, das hatte Mrs Daniels ihrem Mann klargemacht. Es war völlig ausgeschlossen, dass sie ohne Ruths Unterstützung mit zwei kleinen Kindern fertig werden würde, deren Betreuung sie bisher ihrer Stieftochter und den Dienern überlassen hatte, von Marions Benimm-Unterricht einmal abgesehen.

»Aber ich will nicht weg von dir, Papa«, hatte Ruth entsetzt gesagt. »Und auch nicht weg von Guntur. Ich will in Indien bleiben. Was soll ich in Amerika?«

Natürlich hatte Mrs Daniels ihren Willen durchgesetzt und Ruth musste zugeben, dass sie tatsächlich unentbehrlich für ihre Stiefmutter war. Außerdem liebte sie ihre kleinen Geschwister und die hingen an ihr und folgten ihr auf Schritt und Tritt wie zwei Hündchen.

Noch zwei Tage, dachte Ruth wieder, während sie in ein Kleid schlüpfte, nach einem Kamm griff und ans Fenster trat. Sie brauchte keinen Spiegel, um sich zu frisieren. Ihre braunen Haare, in die Seeluft und Sonne helle Strähnen gebleicht hatten, waren so dick und schwer, dass kein Zopf und kein Knoten hielten, sie band sie einfach mit einer Schleife zusammen.

Sie zog den Kamm durch die Haare und sah aus dem Fenster. In zwei Tagen würden sie diese düstere Stadt verlassen und nach Southampton fahren und sich dort auf dem Dampfer *New York* nach Amerika einschiffen. Sie freute sich schon darauf, wieder an Deck stehen und das Meer betrachten zu können, obwohl es leider nicht der strahlende Indische Ozean, sondern der Nordatlantik sein würde. Wahrscheinlich war der genauso grau und kalt wie alles in England.

Am Ende der kurzen Straße hielt eine Droschke. Ein schwarz gekleideter Mann mit einem schwarzen Hut, eine schwarzen Aktenmappe unter den Arm geklemmt, stieg aus und sagte etwas zu dem Kutscher, der an seine Mütze tippte und die Zügel locker ließ. Offensichtlich sollte er warten. Ruth sah dem Mann nach, der auf ihr Hotel zuging, und wunderte sich wieder über die Vorliebe der Engländer für dunkle Farben. Braun, Grau und Schwarz, das gab es in allen Schattierungen, doch zu mehr konnte sich niemand aufraffen. Sie durfte gar nicht an all die wunderbaren Abstufungen von Rosa, Gelb, Blau, Orange und Grün denken, die man in Indien trug, und an die goldenen und silbernen Bordüren, die alle Farben noch viel stärker zum Leuchten brachten.

Sie zerrte so heftig an dem Kamm, dass ihr die Tränen in die Augen stiegen. Das Heimweh nach ihrem Vater und nach der Missionsstation und dem Leben dort wurde mit jedem Tag stärker. Aber zwischen ihr und Indien lagen viele tausend Meilen und es hatte keinen Zweck, darüber zu jammern. Oder ihrer Stiefmutter die Schuld daran zu geben, dass sie Guntur verlassen mussten. Richard brauchte den Arzt in Amerika und ohne Ruth würde er sich sehr einsam und verlassen fühlen.

Ein plötzlicher Regenschauer prasselte gegen die Scheiben. Ruth seufzte und dachte an Guntur. Dort flirrte jetzt die Hitze über den Straßen, die weiß waren vom Staub. An quietschenden Winden senkten sich Eimer in die Brunnen. Sittiche und Elstern und Papageien lärmten in den Bäumen oder schossen in bunten, schreienden Schwärmen zum Fluss. Vor den Garküchen mischte sich der scharfe, beißende Geruch der Feuer mit dem Duft von heißem Fett, gedünstetem Gemüse, schmelzendem Zucker und bratendem Fleisch. Pferde wieherten, Hunde bellten, übertönt von den ewig kreischenden Bremsen der überfüllten Straßenbahnen. Bettler und Mönche streckten die bittend geöffneten Hände oder die leere Almosenschale in die Höhe, bedankten sich mit halb gesungenen Dank- und Segenssprüchen oder mit schweigenden Verbeugungen. Zuckerwerkhändler, Kuchenbäcker, Bauersleute aus der Umgebung, Wasserverkäufer und Tabakhändler überschrien sich gegenseitig und boten ihre Waren an. Überall wurde gekauft und verkauft. Überall herrschte ein Durcheinander von lachenden, schreienden, streitenden, fluchenden, feilschenden Menschen. Überall war Leben.

»Was fällt dir eigentlich ein? Wieso kommst du nicht zurück? Bist du etwa immer noch nicht fertig?«

Ruth öffnete die Augen. Sie hatte gar nicht gehört, dass die Tür geöffnet worden war.

»Warum stehst du da und rührst dich nicht? Was ist eigentlich los mit dir?«

Im Nebenzimmer ertönte ein lautes Klirren, dann ein Poltern und nach einer kurzen Schrecksekunde ein ohrenbetäubendes zweistimmiges Gebrüll. Ruth und Mary Daniels stürzten an den Frühstückstisch. Marion hockte heulend auf dem Boden, neben sich ihren umgestürzten Stuhl und einen zerbrochenen Teller. Richard hielt mit beiden Fäustchen die Platte mit dem Schinken umklammert, die er wohl gegen den schwesterlichen Zugriff verteidigt hatte, und schrie entweder aus Triumph über seinen Sieg oder aus Schreck über ihren Sturz. Jedenfalls war ihm offensichtlich nichts passiert.

»Wenn ihr beide nicht sofort den Mund haltet, dann könnt ihr etwas erleben«, drohte Mrs Daniels, als ihre Kinder Atem holen mussten. Richard war nach dieser Warnung sofort still, aber Marion hätte bestimmt weitergeheult, wenn in diesem Augenblick nicht ein lautes Klopfen an der Tür zu hören gewesen wäre. Sie drehte neugierig den Kopf und vergaß ihren Schmerz.

»Herein!«, sagte Mrs Daniels unwirsch.

Das Stubenmädchen erfasste die Situation mit einem Blick.

»Verzeihen Sie bitte die Störung, Madam, aber da ist ein Herr von der White Star Line, der Sie unbedingt sprechen will. Er sagt, es ist sehr dringend, und er kann nicht warten, weil er noch in viele andere Hotels muss.«

Sie machte eine Geste zur Tür, um anzudeuten, dass der Herr schon draußen wartete, bückte sich dann und hatte mit wenigen Griffen den Stuhl aufgehoben, Marion darauf gesetzt, die Scherben eingesammelt und in den Papierkorb geworfen.

»Von der White Star Line? Dann muss es sich um unsere Reise handeln«, überlegte Mrs Daniels laut. »Wie eigenartig. Sie ist doch längst gebucht und bestätigt. Führen Sie ihn herein, bitte.«

Ruth erkannte den schwarz gekleideten Mann, der eben aus der Kutsche gestiegen war. Er war lang und dürr, sein Gesicht hager und von leichenhafter Blässe. Er hatte Hut und Mantel abgelegt. Sein knochiger Schädel glänzte vor Kahlheit und natürlich trug er eine schwarze Jacke und eine schwarze Weste. Er verzog den Mund zu einem breiten Lächeln, das alle seine Zähne sehen ließ und seinem Gesicht Ähnlichkeit mit einem Totenschädel verlieh. Dabei verneigte er sich tief. Er sah aus wie ein Skelett, das man in einen eleganten Anzug gesteckt hatte, und Ruth fühlte ein leises Frösteln zwischen den Schulterblättern.

»Jeremiah Heep, White Star Line, zu Ihren Diensten, Madam«, schnarrte er und verneigte sich gleich noch einmal. »Ich bin untröstlich, dass ich zu so unpassender Stunde Ihr trauliches Frühstück im Kreise Ihrer entzückenden Familie unterbrechen muss, aber meine Mission duldet keinen Aufschub. Darf ich mir erlauben Sie zu bitten mir einige Minuten Ihrer Aufmerksamkeit zu schenken? Ich hoffe sehr, Ihre süßen Kleinen werden nichts dagegen einzuwenden haben. Wirklich bezaubernde Kinder, wenn Sie mir die Bemerkung gestatten.«

Die bezaubernden Kinder hatten tränenverschmierte Gesichter und sahen ausgesprochen mürrisch aus, aber Mrs Daniels lächelte geschmeichelt.

»Meine Stieftochter wird sich um sie kümmern«, sagte sie gnädig und wandte sich zu der kleine Sitzecke. »Bitte, nehmen Sie doch Platz!«

»Ihre Stieftochter, aha, natürlich, das erklärt natürlich manches«, murmelte Mr Heep und gab damit zu verstehen, dass eine Dame von Mrs Daniels jugendlichem Aussehen unmöglich eine halb erwachsene Tochter haben konnte. Er wartete wohlerzogen, bis Mrs Daniels sich gesetzt hatte, und ließ sich dann auf der Kante des gegenüberliegenden Sessels nieder.

»Ich habe zwei Nachrichten für Sie, Madam, eine unangenehme oder sagen wir besser eine zunächst unangenehm scheinende, die aber durch die zweite Nachricht sofort aufgehoben, ja ins Gegenteil verkehrt wird.«

Er legte seine schwarze Aktenmappe auf die Knie und rieb seine mageren Hände so kräftig, dass die Gelenke knackten.

»Sie werden zweifellos während Ihres Aufenthaltes in London erfahren haben, Madam, dass die walisischen Bergarbeiter die Unverfrorenheit besaßen zu streiken, und das schon seit Wochen. Ich brauche Ihnen natürlich nicht darzulegen, was dieser Streik für den gesamten Verkehr, besonders aber für die Schifffahrt bedeutet. Unsere Gesellschaft, die White Star Line, hat mit allen ihr zur Verfügung gestellten Möglichkeiten versucht die Verhandlungen zu beschleunigen, aber ohne Erfolg. Uns sind die Hände gebunden. Wir sind abhängig von diesen... diesen... nun ich will in Gegenwart einer Dame kein Wort gebrauchen, das ihre Ohren beleidigen könnte, und deshalb will ich mich damit begnügen, die Bergarbeiter als verantwortungslose Gesellen zu bezeichnen, die uns großen Schaden zufügen.«

Warum sagt er nicht klipp und klar, was er will, dachte Ruth ungeduldig.

Sie hatte über die katastrophalen Arbeitsbedingungen in den Bergwerken gelesen und über die Hungerlöhne, die dort gezahlt wurden, und ärgerte sich über die herablassende Art des Mannes.

»Nun, das sind Tatsachen, die jedem Zeitungsleser bekannt sind. Aber...«, seine Stimme wurde lauter und knurrte wie eine rostige Wetterfahne im Wind – »aber der Streik hat Auswirkungen, die die White Star Line gewissermaßen ins Mark treffen. Sie hätten beinahe den seit Monaten auf den 10. April festgelegten Start zur Jungfernfahrt der *Titanic* in Gefahr gebracht. Ich darf wohl annehmen, dass die *Titanic* Ihnen ein Begriff ist, Madam? Alle Zeitungen sind ja voll davon.«

»Sie dürfen nicht vergessen, Mr – Mr –«.

»Heep«, half Mr Heep, wobei er seinen mageren Hintern lüpfte und sich verbeugte.

»Richtig. Wir sind ja erst vor einer Woche aus Indien eingetroffen, Mr Heep, wo man von allen interessanten Ereignissen völlig abgeschnitten ist. Und ich war derartig hingerissen von der Tatsache, endlich wieder Museen und Theater und Konzerte und vor allem wieder Gottesdienste in einer Kathedrale besuchen zu können, dass ich nicht allzu viel Zeit zum Zeitunglesen hatte.«

»Dann darf ich Ihnen vielleicht kurz erklären, Madam, dass die *Titanic* das jüngste Mitglied der White-Star-Flotte ist und außerdem das größte, schönste und luxuriöseste Schiff, das je gebaut worden ist. Sie übertrifft sogar ihre Schwester *Olympic*, die im vorigen Jahr vom Stapel lief. Diese beiden Schiffe werden die Atlantiküberquerung revolutionieren. Die Passagiere werden das Gefühl haben, dass sie eine Ferienwoche in einem Luxushotel verbringen, unbehelligt von den Gefahren und Unannehmlichkeiten des Meeres. Die *Titanic* bietet mehr als 3 000 Menschen Platz, knapp 900 Mann Besatzung und 2 600 Passagieren. Und wenn ich Platz sage, dann meine ich Platz. Man sollte denken, um so viele Menschen unterzubringen, müsste man sie zusammenquetschen wie in einer Sardinenbüchse. Aber weit gefehlt! Stellen Sie sich ein Schloss vor, Madam, ein Schloss, das erstens zehn Stockwerke hoch ist und außerdem 269 Meter lang. Sie erwähnten eben eine Kathedrale und ich darf wohl annehmen, dass Sie Westminster Abbey besucht haben, nicht wahr?«

Mrs Daniels nickte und wollte gerade etwas antworten, aber Mr Heeps Redestrom war nicht zu bremsen. Es war das erste Mal, dass Ruth ihre Stiefmutter nicht zu Wort kommen sah.

»Sie werden zweifellos das Gefühl gehabt haben, dass dieses Gebäude überwältigend groß und gewaltig ist, nicht wahr? Und jetzt halten Sie sich bitte vor Augen, dass die *Titanic* genauso breit ist, nämlich 28 Meter, dass Westminster Abbey aber nur 156 Meter lang ist, von der *Titanic* also um mehr als hundert Meter in der Länge übertroffen wird. Und jetzt ziehen Sie in diese riesige Ausdehnung noch zehn Stockwerke ein! Können Sie sich jetzt vorstellen, wie viel Platz dieses Schiff bietet? In jedem Stockwerk gibt es zig Kabinen und außerdem Speisesäle und Bibliotheken und Aufenthaltsräume und Cafés und eine Ladenstraße und sogar ein Schwimmbad und . . .«

Wenn in diesem Augenblick nicht die kleine Kaminuhr die volle Stunde geschlagen hätte, so wäre Mr Heep wohl noch eine geraume Zeit mit seiner begeisterten Schilderung beschäftigt gewesen. Jetzt aber sagte er erschrocken: »Schon neun Uhr? Wenn man ein volles Programm vor sich hat so wie ich heute, dann ist jede Minute kostbar. Ich hoffe, ich habe Ihnen wenigstens andeuten können, Madam, ein wie einzigartiges Erlebnis eine Fahrt auf der *Titanic* sein wird, und . . .«

Diesmal gelang es Mrs Daniels, ihren Besucher zu unterbrechen.

»Auf der *Titanic*? Aber wir haben unsere Passage auf der *New York* gebucht.«

»Gewiss, Madam, das weiß ich wohl. Deshalb bin ich ja hier. Ich muss Ihnen leider mitteilen, dass das Auslaufen der *New York* auf unbestimmte Zeit verschoben worden ist.«

»Verschoben? Was soll das heißen?«

Wieder ließ Mr Heep seine knochigen Finger knacken. »Sie werden sicher Verständnis dafür haben, Madam, dass die White Star Line die Jungfernfahrt der *Titanic* unter allen Umständen nach Plan ablaufen lassen muss. Bedenken Sie, die ganze zivilisierte Welt blickt nach Southampton. Es ist ausgeschlossen, dass ein Schiff, das als das schönste und modernste der Welt angepriesen wird, nicht pünktlich ablegt und dadurch mit Verspätung ankommt. Die reichsten und mächtigsten Männer der Erde sollen mit der *Titanic* fahren – und für diese Männer bedeutet Zeit Geld. Die White Star Line hat also von allen Dampfern, die in Southampton ankern, die Kohlen entladen und auf die *Titanic* schaffen lassen. Wir haben dutzende von zusätzlichen Heizern angestellt, die die ganze Nacht durchgearbeitet haben und auch heute noch weiterarbeiten werden, wenn nötig wieder die Nacht durch, damit die *Titanic* morgen planmäßig ablegen kann. Dadurch verzögert sich natürlich das Auslaufen der *New York*, die jetzt ohne Kohle da liegt. Da kein Mensch weiß, wann es wieder Kohle geben wird, können wir Ihnen leider noch kein Datum für die Abfahrt nennen. Das ist meine unangenehme Nachricht. Und jetzt kommt gleich die angenehme: Wir bieten Ihnen als Ersatz eine Kabine auf der *Titanic* an.«

»Auf der *Titanic*? Aber – aber das würde ja bedeuten, dass wir schon morgen fahren würden.«

»Ganz recht, Madam. Um 7 Uhr 30 geht Ihr Zug ab Waterloo Station. Er bringt Sie direkt an den Ankerplatz der *Titanic* im Hafen von Southampton.«

»Hm.« Mrs Daniels wiegte unentschlossen den Kopf. »Das kommt mir reichlich überstürzt vor.«

»Überstürzt würde ich das nicht nennen, Madam. Sie haben ja noch einen ganzen Tag. Ich bin gestern schon bei einer ganzen Reihe von Passagieren von anderen Schiffen gewesen mit demselben Vorschlag, den ich Ihnen jetzt mache, und es hat sich nicht ein einziger die einmalige Gelegenheit entgehen lassen, die Jungfernfahrt der *Titanic* mitzumachen.«

Es war ihm ganz offensichtlich viel daran gelegen, sie zu überzeugen.

»Wieso sind denn überhaupt noch so viele Kabinen frei, wenn diese Fahrt so etwas Einmaliges ist?«, wollte Ruth wissen.

Mr Heep räusperte sich mehrfach. Diese Frage rührte an einen wunden Punkt. Zwar war die dritte Klasse zu über 70 Prozent gebucht, aber die erste noch nicht einmal zur Hälfte und die zweite sogar unter 40 Prozent. Doch er hatte nicht die Absicht, das diesem vorlauten jungen Ding zu verraten, das sich in die Unterhaltung einmischte, ohne dazu aufgefordert zu sein. Er wandte sich betont an Mrs Daniels.

»Der außergewöhnliche Luxus des Schiffes hat natürlich seinen Preis. Wenn ich Ihnen sage, dass es in der ersten Klasse zwei Wohnungen mit Salon und Privatpromenadendeck gibt, die 950 Pfund kosten, und dass man für ein Erste-Klasse-Appartement, allerdings mit einer zusätzlichen Innenkabine für einen Diener, 435 Pfund zahlen muss, so kann man sich natürlich vorstellen, dass sich nicht allzu viele Leute so etwas leisten können.«

»Soll das etwa heißen, dass wir für unsere Kabinen mehr zahlen müssen als auf der *New York*?«, fragte Ruth beunruhigt.

Mr Heep betrachtete sie genervt. Das Mädchen ließ sich offensichtlich nicht leicht beeindrucken und kam sofort zum Kern der Sache.

»Das versteht sich doch wohl von selbst«, antwortete er.

»Die zweite Klasse der *Titanic* bietet mehr als die erste Klasse fast aller anderen Schiffe, mit denen Sie hätten fahren können. Wenn Sie auf der *New York* die erste Klasse gebucht hätten, dann könnten Sie lange nicht so viele Annehmlichkeiten erwarten wie in der zweiten Klasse der *Titanic*.«

»Aber wir haben nicht die erste Klasse gebucht. Wir sind bisher immer in der zweiten gefahren und wir waren sehr damit zufrieden«, sagte Ruth störrisch.

»Ich glaube, es ist nicht deine Aufgabe, dich dazu zu äußern, meine liebe Ruth.« Mrs Daniels warf ihrer Stieftochter einen strengen Blick zu. »Ich zum Beispiel bin mit meinen Eltern immer in der ersten Klasse gereist. Und wenn ich meinem guten Vater erzähle, dass ich an der Jungfernfahrt der *Titanic* teilgenommen habe, dann wird er mir den Mehrpreis sofort bezahlen. Er ist sicherlich der Ansicht, dass ich nach den trostlosen Jahren in Indien etwas Luxus verdient habe.«

»Aber das ist doch unnötige Geldverschwendung! Warum sollen wir . . .«

»Das genügt!«, unterbrach Mrs Daniels sie scharf. »*Ich* treffe hier die Entscheidungen, und zwar alleine. Hören Sie nicht auf sie, Mr Heep! Sie ist in der anspruchslosen Umgebung einer Missionsstation aufgewachsen und außerdem hat sie schottische Vorfahren.«

Mr Heep lächelte und öffnete seine Aktentasche. Er hatte das sichere Gefühl, dass er der *Titanic* vier weitere Passagiere gesichert hatte.

»Und den Schotten liegt die Sparsamkeit im Blut, das weiß man ja«, sagte er mitfühlend. »Das macht das Zusammenleben mit ihnen nicht gerade einfach, besonders wenn man eine großzügige Natur ist.«

Mrs Daniels nickte seufzend und fühlte sich verstanden.

4

Die sinkende Sonne färbte schon die Wolken rot, als Ben zum Haus seines Onkels trottete. Jetzt, wo er sich zunächst in Sicherheit wusste, ließ die Anspannung nach. Er war so müde und hungrig, dass er kaum noch klar denken konnte. Mechanisch setzte er einen Fuß vor den anderen.

Seine Tante stand am Herd und rührte in einem Suppentopf, sein Onkel saß am Tisch und brockte ein Stück Brot in seinen Teller. Von Eddi war nichts zu sehen. Beide musterten ihren Neffen, erst erstaunt, dann besorgt, als er sich in die Küche schob.

»Ben! Ist etwas passiert?«

»Hm, tja, das kann man wohl sagen.«

Ben trat unbehaglich von einem Fuß auf den anderen. Ihm kam auf einmal zu Bewusstsein, dass er etwas Unerhörtes getan hatte. Onkel und Tante waren zwar seine Verwandten, aber in erster Linie waren sie Erwachsene und außerdem selbst Eltern. Wie würden Eltern darauf reagieren, dass ein Junge einen Erwachsenen, der immerhin sein Stiefvater war, bewusstlos schlug?

»Wieder Ärger mit Jimmy?«, fragte sein Onkel.

Ben nickte. Dann gab er sich einen Ruck. Es hatte keinen Zweck, um den heißen Brei herumzureden.

»Ich bin weg von zu Hause. Ich hab ihm ein Holzstück auf den Kopf gehauen. Er hat . . . er wollte . . .«

»Schon gut. Ich kann's mir denken«, sagte der Onkel kurz.

Ben war dankbar, dass er die Szene nicht beschreiben musste. »Mutter meint, er bringt mich um, wenn er wieder nüchtern ist.«

Der Onkel rührte nachdenklich in seiner Suppe. »Da wird sie wohl Recht haben.«

»Sie hätte die Finger von dem Kerl lassen sollen, das haben wir ihr alle gesagt. Aber sie wollte ja nicht hören«, sagte die Tante vom Herd her.

»Es hat keinen Zweck, über verschüttete Milch zu weinen, Jane. Das weißt du so gut wie ich. Sie hat ihn nun mal genommen und muss damit fertig werden. Komm, Junge, setz dich erst mal hin und ruh dich aus! Gib ihm eine ordentliche Portion, Jane, er sieht ja ganz verhungert aus.«

»Hast du den ganzen Tag noch nichts gehabt, was? Dann iss langsam, sonst wird dir schlecht.«

»Danke«, sagte Ben. »Vielen Dank.«

Ein köstlicher Duft stieg aus dem Teller auf. Am liebsten hätte Ben ihn an die Lippen gehalten und einfach leer getrunken, aber er beherrschte sich und nahm nur einen großen Löffel voll. Hm, Kartoffelsuppe. Und es schwammen sogar Speckstückchen darin.

Er aß so langsam er konnte. Ein wunderbares Gefühl von Wärme und Zufriedenheit breitete sich erst in seinem Magen und dann im ganzen Körper aus. Die Tante füllte seinen Teller zum zweiten Mal. Ben schämte sich fast, dass er so ausgehungert wirkte.

»Habt ihr auch genug? Esse ich euch nichts weg?«

»Iss nur! Du hast es nötiger als wir, das sieht man.«

Sie warteten schweigend, bis er fertig war.

»Du kannst nicht hier bleiben, das ist klar, nicht wahr?« Der Onkel sprach ruhig und bedächtig. »Ich bin der Erste, bei dem er dich suchen würde, und dann müsstest du mit ihm gehen.«

»Ja, ich weiß. Ich habe gedacht, Eddie könnte mir helfen.« Ben sah den Onkel erschrocken an. »Ist er etwa nicht da?«

»Eigentlich wäre er jetzt unterwegs nach Amerika. Er hat nämlich als Heizer auf der *Oceanic* angeheuert, das weißt du noch gar nicht, oder? Die *Oceanic* sollte heute früh starten, aber wegen des Kohlestreiks ist alles verschoben worden. Seit vorgestern laden sie die *Oceanic* aus und bringen alle Kohlen auf die *Titanic* und seit gestern räumen sie auch die *New York* leer. Eddie hat die ganze letzte Nacht durchgearbeitet und heute Nacht geht er noch mal los, denn die *Titanic* soll morgen Mittag starten.«

»Und sie haben ihm angeboten, dass sie ihn auf die *Titanic* übernehmen«, ergänzte Tante Jane stolz.

»Donnerwetter«, sagte Ben beeindruckt.

Die *Titanic* war in ganz Southampton ein Begriff. Seit dem 3. April lag sie im Hafen. Ben hatte gesehen, wie sie am Hafeneingang aufgetaucht war, so schnittig und elegant wie eine Yacht, erst im Vergleich zu den anderen Schiffen erkannte man ihre riesenhaften Ausmaße. Täglich pilgerten die Schaulustigen bis an die Absperrungen, um sie zu bewundern und sie mit der *Olympic* zu vergleichen, die ebenfalls im vorigen Jahr von Southampton aus ihre Jungfernfahrt angetreten hatte. Einen Unterschied sah man kaum, wenn man ehrlich war, denn die 30 Zentimeter, die die *Titanic* länger war, waren unmöglich zu erkennen, und rein äußerlich glichen sich die beiden Giganten fast wie ein Ei dem anderen mit ihrem riesigen, schwarzen Leib, den weißen Deckaufbauten und den vier mächtigen gelben, schwarz umrandeten Schornsteinen.

»Und er wird wohl auch gehen«, fuhr Tante Jane fort,

»denn er sagt, es sind 'ne Menge Jungs aus Southampton an Bord und den Ersten und Zweiten Ingenieur kennt er auch schon, die sind von der *Oceanic* übernommen worden, und das sind anständige Kerls, nicht so Leuteschinder, wie's auf anderen Schiffen welche gibt.«

Bens Herz sank. Und was sollte aus ihm werden, wenn Eddie morgen nach Amerika fuhr? Bei dem Onkel konnte er nicht bleiben, das sah er ein. Hier würde man ihn sofort finden. Er kannte einen Fischer, der ihn mitnehmen würde. Aber er hatte Mutter versprochen, dass er sich nicht in dieselbe Gefahr begeben würde wie sein Vater. Sie vertraute darauf und sie wartete auf ihn. Er durfte sie nicht enttäuschen.

»Nun mach nicht so ein Gesicht, Junge!« Der Onkel zwinkerte ihm zu und langte nach seiner Pfeife. »Ich weiß schon einen Ausweg für dich, bloß ist es kein leichter und ich würd's mir gründlich überlegen, wenn ich du wäre.«

Ben atmete auf.

»Der Eddie sagt nämlich, dass sie die Besatzung auf der *Titanic* immer noch nicht komplett haben. Fast 900 Mann brauchen sie, kannst du dir das vorstellen? Heut früh hat er gehört, dass sie noch Hotel- und Küchenpersonal angefordert haben. Das ist natürlich nichts für dich, die kommen aus den großen Londoner Hotels so wie die meisten anderen auch. Aber es fehlen auch noch Heizer. Und vielleicht würden sie dich nehmen.«

Er stopfte die Pfeife und betrachtete Ben abwägend. »Du bist groß für dein Alter. Reichlich mager siehst du ja aus, aber das tun die Heizer alle, das ist kein Job, bei dem man fett wird. Und Kohlensäcke hast du schon geschleppt, das weiß ich, obwohl das ja nur ein Teil davon ist, und nicht der schwerste. Es ist 'ne richtige Knochenarbeit, darüber musst du dir klar sein, immer die Schlepperei und den ganzen Tag in Dreck und Hitze. Oder auch die ganze Nacht, denn sie arbeiten in Schichten rund um die Uhr.«

»Das ist mir egal«, sagte Ben. »Ich mach alles. Zu diesem ... diesem Dreckskerl kann ich nicht zurück. Ich würd sogar Kohlen ins Höllenfeuer schaufeln, wenn's sein müsste.«

»Nun versündige dich nicht, Junge«, sagte die Tante streng und bekreuzigte sich. Die ganze Familie war sehr fromm. Auch der Onkel schüttelte missbilligend den Kopf.

»Das würd deinem Vater nicht gefallen, wenn er dich so hörte, Ben! Schimpfwörter gab's bei dem nicht und so wie jetzt hättest du bei ihm nicht reden dürfen. Aber man muss dir wohl einiges nachsehen bei dem Umgang, den du hast.«

Er zog heftig an seiner Pfeife. »Ich hab ihn gestern gesehen, diesen Jimmy Randall, als wir aus der Kirche kamen. Schon am Morgen betrunken. Und das am heiligen Sonntag. Mit dem wird's mal ein schlimmes Ende nehmen. Es ist gut, dass du von ihm wegkommst. Mein Eddie wird ein Auge auf dich haben, das ist ein guter Junge, an den kannst du dich halten.«

»Wo ist er denn überhaupt?«

Tante Jane wies mit dem Kopf zur kleinen Stube. »Ein paar Mützen Schlaf holt er sich noch, ehe's wieder losgeht. Und das tätest du auch besser, wenn du mit ihm willst. Sonst machst du gleich in der ersten Nacht schlapp und dann werden sie dich nicht nehmen.«

Am liebsten hätte Ben einfach den Kopf auf die Tischplatte gelegt. Er konnte kaum noch die Augen offen halten.

»Kann ich hier auf der Bank bleiben? Hier ist es so schön warm. Und es riecht so gut nach Essen.«

Die Tante nickte. »Bevor du gehst, kriegst du noch einen Teller«, sagte sie und betrachtete kritisch das Bündel, das Ben sich unter den Kopf schob. »Ist das alles, was du hast?«

»Jaha«, sagte Ben undeutlich. Er schlief schon halb.

»Ich werd dir noch ein paar alte Sachen von Eddie raussuchen. Du brauchst leichtes Zeug, denn vor den Kesseln ist es heißer als im Urwald, sagt Eddie. Und etwas Warmes brauchst du auch, denn ihr fahrt rauf bis nach Neufundland, und da ist jetzt noch Schnee und Eis.«

Aber das hörte Ben schon nicht mehr. Er wurde erst wieder wach, als jemand ihm die Nase zuhielt.

»Wenn du in deiner Koje auch so schnarchst, wirst du's schwer haben«, sagte Eddie lachend. »Mir haben sie mal mitten in der Nacht die Hände in eiskaltes Wasser getaucht, da war ich kuriert.« Er zog seinen Vetter in die Höhe. »Find ich gut, dass du mitwillst, Ben! Ich werd dich schon auf der *Titanic* unterbringen, darauf kannst du dich verlassen. Sie warten noch auf ein gutes Dutzend Heizer, die sind bis heute nicht aufgetaucht, obwohl sie schon beim Stapellauf in Belfast hätten da sein müssen. Nun mach voran, iss deine Suppe, und dann gehen wir los. Ich bin nicht hungrig, Mutter, ich hab heute Morgen Frühstück auf der *Titanic* gekriegt, ich glaube, aus den Portionen hättest du das Essen für eine Woche gemacht. Sagenhaft! Wenn wir in zwei Wochen wieder da sind, werdet ihr Ben nicht mehr wieder erkennen, weil er dann so fett ist wie ein Ferkel. Na, das wirst du ja morgen alles sehen, Kleiner.« Eddie war einen guten Kopf größer als Ben und breit und muskulös. »Wir müssen an Bord bleiben, wenn wir jetzt kommen, und nach der Schicht in unserer Koje schlafen, denn wir legen morgen Mittag ab.«

Er zog sich seine schweren Schnürstiefel an und sah dabei

auf Bens ausgelatschte, löcherige Halbschuhe. »Hast du nicht noch ein paar Schuhe von mir, Mutter? Wenn Ben in den Kohlen arbeitet, braucht er was Ordentliches an den Füßen. Wie gut, dass du nichts wegwirfst! Probier sie mal an, Ben! Sie sind auch schon ziemlich mitgenommen, aber jedenfalls besser als deine. Am 26. April sind wir zurück, dann kaufst du dir von deiner ersten Heuer ein Paar Arbeitsschuhe.«

Ben schüttelte den Kopf. »Die hier passen prima. Darf ich sie behalten? Dann kann ich meine erste Heuer Mutter bringen. Und Marjorie wünscht sich eine Puppe mit Zöpfen.«

»Ist sie verrückt geworden? Das ist doch nur etwas für reiche Leute.«

»Na ja, sie will ja so lange warten, bis ich viel verdiene. Kannst du Mutter irgendwie Bescheid geben, Tante Jane?«

»Natürlich. Ich weiß ja, wo sie wäscht, da werd ich sie abpassen. Sie ist bestimmt sehr erleichtert, wenn sie hört, dass du auf der *Titanic* bist. Sie hatte ja immer Angst, dass du zu den Fischern gehst. Aber auf der *Titanic* kann dir nichts passieren, denn sie ist unsinkbar, da bist du so sicher wie in Abrahams Schoß.«

»Und deshalb machen wir auch jetzt keinen großen Abschied«, sagte Eddie und schwang seinen Seesack über die Schulter. »In gut zwei Wochen sind wir wieder da. Auf dem Reiseplan steht, dass wir am 26. April um sieben Uhr im Hafen von Southampton einlaufen, und es gibt nichts, was uns daran hindern könnte. Die *Titanic* wird genauso pünktlich sein wie die *Olympic*, die hat noch nie eine Verspätung gehabt.«

»Hat sie wohl, mein Junge. Gleich auf der ersten Fahrt, da ist ein kleines Schiff zu nahe an sie rangefahren und ist vom

Sog der *Olympic* förmlich in sie reingezogen worden. Es ist mit der Bugspitze in die Bordwand geknallt und hat sogar mehrere Lecks verursacht.«

»Na gut, aber das weiß man jetzt, so was passiert kein zweites Mal. Oder willst du mit mir wetten? Da wärst du nämlich der Erste, der das wollte. Sogar Tommy Elroy, der sonst auf alles wettet, was sich denken lässt, hat bei der *Titanic* gepasst. Er sagt, ihm fällt einfach nichts ein, was da schief laufen könnte.«

»Ich wette nie!«, sagte sein Vater streng. »Das ist fast eine Sünde. Und jedenfalls eine dumme Unsitte. Geh mit Gott, mein Junge!«

Er machte Eddie ein Kreuzzeichen auf die Stirn.

»Und du auch, Ben.«

Er wiederholte die Geste. Ben wurde etwas verlegen, aber als er sah, mit welcher Selbstverständlichkeit Eddie den Kopf neigte und auch den Segenswunsch seiner Mutter entgegennahm, schämte er sich nicht mehr. Irgendwie war es doch etwas anderes, als einfach »Mach's gut!« zu sagen. Wenn Gott mit einem ging, dann stand man unter seinem Schutz.

Es war längst dunkel, als sie zum Hafen kamen, aber am Kai der *Titanic* herrschte ein Getriebe wie am helllichten Tag. Scheinwerfer beleuchteten die offenen Ladeluken mit den Kränen darüber, die Decks und die Gangways, die in den Schiffsbauch führten. Auch von den hunderten von Fenstern waren viele erleuchtet und schimmerten durch die Dunkelheit. Zahllose Männer entluden Karren und Wagen, vertäuten unförmige Lasten und befestigten sie an den Kränen, wuchteten sich Säcke und Kisten auf die Schultern und liefen auf den Gangways hin und her. Die Kräne quietschten, die

Räder der Karren und Wagen holperten knarzend über das Kopfsteinpflaster, die Männer schrien sich Anweisungen und Warnungen zu, manchmal schrillte eine Pfeife.

»Das ist ein Offizier«, erklärte Eddie. »Wenn du einen pfeifen hörst, dann steh sofort stramm und tu, was er sagt. Siehst du, da zwischen dem ersten und dritten Schornstein, da sind die Kesselräume ganz unten im Schiff, da ist unser Platz.«

Ben stolperte hinter ihm her, etwas unsicher in den zu großen Schuhen, und sah sich staunend um. Die Menschen wirkten klein wie Ameisen neben dem riesigen Schiff und genau wie Ameisen wuselten sie auch durcheinander, jeder mit seiner Last auf dem Rücken, jeder einem bestimmten Plan folgend, der für Außenstehende nicht zu erkennen war, aber jeder ging zielstrebig und schnell und kannte offensichtlich sein Ziel.

»Zieht die Köpfe ein, Jungs, und betet, dass die Trossen halten!«, schrie ein Mann am Ladekran. »Das ist ein Rolls-Royce, wenn der runterkommt, seid ihr alle platt.«

»Und dich macht der Frachtmeister platt, da kannst du sicher sein«, schrie ein anderer zurück. »Der feine Pinkel, der sich 'nen Roll-Royce mit nach Amerika nimmt, der will ihn auspacken ohne einen Kratzer. Also spann noch 'ne Trosse ein, wenn du meinst, dass sie nicht halten, du Heini!«

Die Antwort des Ersten wurde vom Geschrei zweier Uniformierter übertönt: »Platz da für die Post! Platz da für die Post!«

»Passt doch auf, ihr Idioten!«, brüllte ein rußverschmierter Heizer. »Ihr habt mir fast die Zehen abgefahren. Nehmt euch nicht so wichtig mit euren dämlichen Postsäcken!«

»Selber Idiot«, gab der Postler zurück. »Was glaubst du wohl, warum ihr das RMS in eurem Namen habt? Ihr seid ein Royal Mail Ship, ein königliches Postschiff, und . . .«

»Lass ihn doch!«, sagte sein Kollege. »Diese Kerls haben doch keine Ahnung. Hier, lass den Zustellungsbescheid abstempeln! Damit sind 4 000 Säcke geliefert. Aber wir sind noch nicht fertig, es werden noch mehr werden.«

»Mann, Eddie, hast du das gehört? 4 000 Postsäcke!«

»Das ist noch gar nichts. Weißt du, wie viel Kohle wir bunkern müssen für die Fahrt nach Amerika und zurück? Über 5 000 Tonnen! Kannst du das in Kilo umrechnen? Oder in Zentner?«

»Nein«, sagte Ben ehrlich. »Im Rechnen bin ich ganz mies. Im Kopfrechnen sowieso.«

»Dann versuch mal dir folgende Zahlen vorzustellen: fünf Millionen Kilo. Oder 500 000 Zentner.«

Ben dachte an die Kohlensäcke, die er schon auf Dampfer geschleppt hatte, und stellte sich eine lange Reihe mit 100 Säcken vor und dahinter noch eine und noch eine. Fünf Reihen wären 500 Zentner, so weit konnte er durchaus rechnen. Aber tausendmal so viel? Kein Mensch konnte sich das vorstellen, jedenfalls er nicht.

»Und all diese Kohle, die passt in die *Titanic* rein?«

»Na klar. Sie hat sechs Kesselräume, die gehen unten quer durchs ganze Schiff, und jeder Kesselraum hat seinen eigenen Kohlenbunker, auch quer durchs Schiff, also ist jeder 28 Meter lang und fast drei Stockwerke hoch. Es gibt 24 Pforten, da, ganz unten an der Bordwand, kannst du sie erkennen? Da wird die Kohle eingefüllt. Siehst du, sie sind immer noch dabei.«

»Meinst du wirklich, ich kann mitmachen?«

Statt einer Antwort packte Eddie ihn am Ellbogen und zog ihn zu einem Mann, der das Einladen der Kohle überwachte.

»Eddie Dickinson meldet sich zur Nachtschicht, Mr Gray.

Ich hab noch einen Mann mitgebracht, meinen Vetter Ben Dickinson. Der möchte auch anheuern.«

Mr Gray drehte den beiden sein schwarz bestaubtes Gesicht zu und musterte Ben kritisch.

»Einen Mann nennst du diesen Grünschnabel? Der ist ja noch nicht trocken hinter den Ohren. Wie alt bist du denn?«

»Sechzehn«, log Ben.

»Siehst mir aber reichlich schmächtig aus.«

»Das täuscht, Sir.« Ben versuchte krampfhaft im Bass zu sprechen. »Ich bin schwere Arbeit gewöhnt, Sir. Bin schon seit Jahren an den Fischerbooten und an den Dampfschiffen. Ich pack mir einen Zentner auf wie einen Rucksack.«

Mr Gray zögerte noch, als ein Mann in Uniform an ihn herantrat. »Hast du sie endlich komplett, Gray? Immer noch nicht? Dann nimm, wen du kriegen kannst! Jetzt ist keine Zeit für lange Reden. Morgen Mittag laufen wir aus und dann müssen 180 Trimmer an Bord sein.«

»Okay, Junge, du bist angeheuert. Das Dienstliche regeln wir später. Kennst du den Henry Fielding, Dickinson? Der soll euch eure Koje zeigen, sonst sucht ihr sie morgen noch. Dieser Riesenkahn ist das reinste Labyrinth. Selbst die, die schon seit zehn Tagen Dienst tun, verlaufen sich noch. Aber der Fielding kennt sich aus. Und dann marsch an die Arbeit!«

»Aye, aye, Sir«, sagte Eddie und salutierte.

»Aye, aye, Sir«, echote Ben und salutierte auch. Er war jetzt ein Trimmer oder ein Heizer oder ... egal, was, er war jedenfalls auf der *Titanic*. Er würde über den Atlantik schippern, nach New York und wieder zurück, und keinem Jimmy der Welt würde es je gelingen, Hand an ihn zu legen. Ben seufzte tief vor Erleichterung. Er war in Sicherheit.

5

In der Nacht war Regen gefallen, aber am Dienstagmorgen schien die Sonne von einem blank gewaschenen, blitzblauen Himmel, der weiße Wolkenfahnen schwenkte. Der Zug nach Southampton hatte die Londoner Waterloo Station pünktlich um 7.30 Uhr verlassen und dampfte durch die sanft gewellten Hügel von Südengland, die im ersten Frühlingsgrün leuchteten. Die meisten Wagons waren gut besetzt, aber keineswegs überfüllt, und niemand musste auf dem Gang stehen.

Eine hübsche, etwas verhärmte Frau öffnete kurz nach der Abfahrt die Tür zu einem Abteil dritter Klasse und fragte schüchtern, ob für sie und ihren Sohn noch Platz wäre.

»Aber selbstverständlich«, sagte Mr Golding, »kommen Sie nur herein, das heißt falls Sie nicht viel Gepäck haben, denn ich fürchte, wir haben alle Netze und Ablagen mit unseren Koffern gefüllt.«

»Oh, das macht nichts.« Die Frau lächelte erleichtert und kam herein. Sie trug einen schwarzen Mantel und einen schwarzen Hut, beides ziemlich altmodisch und abgetragen, und hatte eine ausgebeulte Handtasche unter den Arm geklemmt. »Ich habe überhaupt nichts bei mir, denn ich begleite nur meinen Sohn, und der hat bloß einen Seesack, das ist Vorschrift, mehr darf er nicht mitbringen.«

Sie ließ sich aufatmend auf dem freien Sitz nieder. »War das nicht ein schreckliches Gedränge auf dem Bahnsteig? Warte, Chris, schieb deinen Sack unter die Bank, dann ist er nicht so im Weg und du musst ihn nicht die ganze Zeit auf dem Schoß halten.«

Ihr Sohn hatte kurz gegrüßt und tat jetzt wortlos, was sie sagte. Er war ein langer, knochiger Junge mit einem mageren Gesicht und störrischen schwarzen Haaren und sah seiner zarten, blonden Mutter überhaupt nicht ähnlich.

»Komm, setz dich neben mich!«, sagte sie leise und seufzte.

Er zog seine dichten schwarzen Augenbrauen zusammen, als ob ihm ihre Worte peinlich wären, aber sie sah so ängstlich aus, dass er lächeln musste. Er setzte sich neben sie, nahm ihre Hand und tätschelte sie beruhigend.

»Nun mach nicht so ein Gesicht, Mum. In gut zwei Wochen bin ich wieder da.« Er sprach so beruhigend, als ob sie das Kind wäre und er der Erwachsene.

Mrs Golding betrachtete die beiden neugierig. Sie liebte es, Leute kennen zu lernen, vor allem, wenn diese bereit waren, möglichst viel aus ihrem Leben zu erzählen und sich anschließend Mrs Goldings Ratschläge anzuhören. Frank sah seinen Vater an und der zwinkerte ihm zu. Sie wussten beide, was jetzt kommen würde. Mrs Golding hatte in der Frau in Schwarz eine verwandte Seele vermutet und die beiden würden innerhalb kürzester Zeit ins Schwätzen kommen.

»Ja, Sie haben ganz Recht, das war ein schreckliches Gedränge«, antwortete sie auf die längst gestellte Frage. »Man kann sich gar nicht vorstellen, dass alle diese Leute auf einem einzigen Schiff Platz haben werden. Und wenn man bedenkt, dass die ganze Besatzung ja schon an Bord ist, also noch einmal 900 Mann, dann schwirrt einem richtig der Kopf.«

»Alle sind noch nicht an Bord«, stellte die Frau richtig. »Deshalb sitzen wir doch überhaupt hier. Es hat nämlich

Schwierigkeiten mit dem Personal gegeben, es sind mehrere Leute krank geworden und so haben sie in letzter Minute ein paar Lehrjungen die Chance gegeben mitzufahren, natürlich nur den besten. Mein Sohn macht nämlich eine Bäckerlehre im Hotel Adelphi, müssen Sie wissen.«

Sie machte eine erwartungsvolle Pause.

»Alle Achtung, junger Mann«, sagte Mr Golding anerkennend. »Da kriegst du ja wohl die beste Ausbildung, die man sich wünschen kann.«

Die Mutter nickte geschmeichelt. »Ich kann Ihnen gar nicht sagen, wie froh ich war, als sie ihn genommen haben, denn es war ein enormer Andrang. Obwohl die Bedingungen gar nicht so günstig sind, andere Hotels sind großzügiger, aber die haben eben nicht so einen guten Ruf. Das Adelphi gibt nur ein Wochenende im Monat frei und die Jungen kriegen zwar gut zu essen, aber schlafen tun sie zu viert in einem Kämmerchen und jeden Abend spät ins Bett und jeden Morgen um vier Uhr raus. Und verdienen tun sie keinen Penny, sondern ich muss noch Lehrgeld zahlen, und das ist nicht einfach für mich, denn ich bin Witwe. Wenn ich nicht zwei Zimmer vermieten würde, und das kann ich nur, weil ich in der Küche schlafe, dann wüsste ich nicht, wie wir über die Runden kommen sollten. Aber bald ist mein Chris fertig mit der Lehre und dann wird er das erste Mal Geld verdienen, dann wird es leichter für uns. Deshalb war ich auch so froh über das Adelphi, denn da kann ich sicher sein, dass er eine gute Ausbildung findet. Vielleicht behalten sie ihn sogar auf der *Titanic*, obwohl ... nein, ich glaube fast, das wäre mir doch nicht recht.«

»Aber ich bitte Sie, die *Titanic* ist doch zweifellos die schönste Adresse, die sich denken lässt.«

Die Frau wiegte zweifelnd den Kopf hin und her. »Ja, das ist sie wohl und ich bin auch sehr stolz auf meinen Sohn, denn ich weiß, dass es eine große Ehre für ihn ist. Aber mir ist fast das Herz stehen geblieben vor Schreck, als er gestern Abend nach Hause kam und ich meine Zustimmung geben sollte. Wasser hat keine Balken, sage ich immer, und sie können noch so viel reden, dass die *Titanic* unsinkbar ist und ein schwimmender Palast, aber Schiff bleibt Schiff, und was schwimmt, das kann auch untergehen. Und wenn ich daran denke...«, ihre Stimme geriet auf einmal bedenklich ins Zittern.

»Aber es gibt nicht den geringsten Grund, an etwas Gefährliches zu denken«, sagte Mr Golding beruhigend. »Ich kann Ihnen versichern, dass die Fahrt auf der *Titanic* genauso wenig gefährlich ist wie unsere Zugfahrt jetzt. Ich habe mich sehr ausführlich mit diesen Fragen beschäftigt, denn wir wollen schon seit Jahren nach Amerika. Wir haben nur so lange gezögert, weil die Schiffe, die sie den Auswanderern anbieten, eine Zumutung sind, jedenfalls für Leute, die so empfindlich sind wie meine Frau und mein Sohn. Glauben Sie mir, wenn mein Frankie alt genug wäre eine Lehre zu machen, dann hätte ich überhaupt keine Einwände, ihn auf die *Titanic* zu schicken. Und dieser junge Mann hier, Alfred heißt er, der ist erst fünfzehn und seine Mutter hatte nicht die geringste Sorge, ihn mit der *Titanic* fahren zu lassen, nur auf der Reise zu den Rocky Mountains, da sollen wir ein Auge auf ihn haben. Und ich selbst habe nicht einmal Reisefieber. Ich habe das Gefühl, als ob wir eine Woche Urlaub machen werden, mit viel frischer Seeluft jeden Tag und auf einmal sind wir in Amerika.«

Er gähnte herzhaft und lehnte den Kopf an die Wand des

Abteils. »Ich bin so wenig aufgeregt, dass ich jetzt ein Nickerchen machen werde. Wir haben nämlich gestern ausgiebig Abschied gefeiert, und das steckt mir noch in den Knochen. Weck mich, wenn wir da sind, Molly!«

»Und wenn ich es vergesse?«

»Das tust du nicht. Ich kenne dich doch. Wie willst du ohne mich mit dem Gepäck fertig werden? Und was willst du ohne mich in Amerika?«

Mrs Golding lachte. »Das meinen die Männer immer, dass man ohne sie nicht zurechtkäme. Aber du hast ja Recht, mein Lieber, wie immer. Ohne dich wäre ich ganz verloren.«

Mr Golding grinste und nickte und zog sich seine Schirmmütze ins Gesicht. Schon nach wenigen Minuten atmete er tief und gleichmäßig.

»Was können Sie froh sein, dass Sie so einen netten Mann haben«, flüsterte die Frau. »Das sieht man selten heutzutage. Und wie rührend er mich beruhigt hat. Mir ist ordentlich ein Stein vom Herzen gefallen. Meiner, der war auch so, der hat immer gesagt, nun reg dich nicht wegen jeder Kleinigkeit auf, Lizzie, das ist schlecht für die Gesundheit, und nützen tut's doch nichts. Ein bisschen Glück und Gottvertrauen, mehr braucht der Mensch nicht. Ja, wenn ich meinen Paul noch hätte, dann würde ich mich jetzt besser fühlen. Aber es sind immer die Besten, die am frühesten gehen müssen. Und die Taugenichtse, die bleiben am Leben. Wenn ich so an die Leute in meinem Haus denke, also Zustände gibt's da, das können Sie sich nicht vorstellen.«

»Was Sie nicht sagen!« Mrs Golding rückte näher.

Die drei Jungen sahen sich an. Alfred machte mit dem Kopf eine Bewegung zur Tür und die beiden anderen nickten. Sie warteten, bis die Mütter völlig in ihre geflüsterte Unterhaltung vertieft waren, dann murmelte Chris etwas von Tony und Henry, Frank von einem Klo und Alfred schob sich einfach unauffällig hinter den beiden her.

»Seid ihr auch die Einzigen?«, fragte Chris seufzend.

»Ich hab noch einen großen Bruder, aber der ist schon seit Jahren in Amerika«, sagte Alfred.

»Eigentlich hatte ich mehrere Geschwister, aber die sind schon als Babys gestorben«, erklärte Frank.

»Meine auch. Nicht dass ich darüber weinen würde, kleine Geschwister können verflixt lästig sein, besonders kleine Schwestern, jedenfalls sagen meine Freunde das immer, aber sie würden auch manches von einem ablenken. Zu Hause, meine ich.«

Die beiden nickten. Sie wussten genau, was Chris meinte. Manchmal wäre es ganz angenehm, wenn die Mutter ihre Aufmerksamkeit auf mehrere Kinder verteilen müsste.

Aus einem Abteil, an dem sie gerade vorbeigingen, drang lautes Schimpfen, unterbrochen von Weinen.

»Er hat gesagt, nach fünf Minuten darf ich am Fenster sitzen. Und jetzt lässt er mich nicht. Sag ihm, dass er mich lassen soll, Emmy!«

Die drei sahen durch die Scheibe. Ein kleines Mädchen stand vor einem etwas älteren Jungen und zerrte an seinen Beinen, aber der wollte seinen Platz nicht räumen und klammerte sich an seinem großen Bruder fest, der neben ihm saß.

»Was willst du am Fenster? Du verstehst ja doch nicht, was du siehst, du Baby. Tom erklärt mir gerade, warum die Felder so komische krumme Hecken haben.«

»Selber Baby«, schrie das kleine Mädchen wütend. »Geh weg da, das ist jetzt mein Platz! Los, Emmy, sag's ihm!«

»Nun halt doch endlich den Mund, Rose!«, rief ein dritter

Junge. »Immer musst du Theater machen. Ich kann überhaupt nicht lesen bei deinem Geschrei.«

»Das ist mir egal. Ich bin jetzt dran, nicht David. Ich schreie, bis ich am Fenster sitze«, verkündete Rose drohend.

»Untersteh dich! Dann sag ich's Daddy, wenn er kommt.«

»Tust du nicht. Daddy mag nicht, wenn man petzt.« Für einen Augenblick hatte sie ein neues Ziel für ihren Ärger. »George ist eine Petze, George ist eine Petze«, sang sie laut.

Mit einer energischen Bewegung drehte die Älteste sie zur Tür. »Du hast Zuschauer, Rose«, sagte sie ruhig.

Die Kleine klappte verblüfft den Mund zu und wurde rot vor Verlegenheit, als sie die drei Jungen im Gang sah. Auch ihre Geschwister schauten zur Tür. Alle hatten dunkle, wellige Haare, große, graue Augen und ein herzförmiges, sehr blasses Gesicht.

»Jetzt seht euch das an«, sagte Alfred verblüfft. »Die gleichen sich ja wie ein Ei dem anderen.«

Die Kleinste hatte sich inzwischen wieder gefangen und schob die halb offene Tür ganz zur Seite.

»Wieso habt ihr so rote Haare?«, fragte sie neugierig. »Schmiert ihr da Farbe rein?«

»Na klar! Jeden Morgen und jeden Abend«, erwiderte Alfred mit todernstem Gesicht. »Leider hält sie nicht gut. Willst du mal fühlen?« Er beugte sich zu ihr hinunter. »Vielleicht kriegst du rote Finger.«

Rose hatte längst aufgehört zu weinen, aber den Anlass für ihren Zorn hatte sie nicht vergessen.

»Au ja«, sagte sie begeistert. »Die schmier ich dann David auf die Knie und dann geht er von meinem Platz, denn er mag nicht, wenn man ihn schmutzig macht.«

»Es ist aber eine Gefahr dabei: Nur ganz brave Kinder dürfen mich anfassen. Wenn du unartig bist, geht die Farbe nie wieder ab.«

Rose zog ihre ausgestreckte Hand hastig zurück und sah ihn etwas unsicher an.

»Nie wieder? Muss ich dann mein Leben lang mit roten Fingern herumlaufen?« Dann hellte sich ihr Gesicht auf und sie wandte sich an ihre älteste Schwester. »Fass du ihn an, Emmy. Du bist doch nie ungezogen, bei dir geht sie wieder ab.«

Alfred richtete sich wieder auf und sah Emmy an. Sie mochte in seinem Alter sein, war aber viel kleiner und schmaler als er. Die dunklen Haare hingen lang über die Schultern, und als sie jetzt lächelte, erschienen zwei Grübchen in ihren blassen Backen.

»Lieber nicht«, sagte sie. »So brav bin ich auch nicht.«

Sie ist nett, dachte Alfred. Sogar sehr. In allen Dörfern und Höfen um das Schloss der Duff Gordons gab es kein Mädchen, das sich mit ihr vergleichen ließe, jedenfalls konnte er sich auf keines besinnen und er hatte sich auch noch nie für eines interessiert. Er starrte sie schweigend an und sie errötete leicht. Himmel, er konnte doch nicht hier stehen bleiben und nichts sagen!

»Wandert ihr auch aus?«, fragte er und verwünschte sich innerlich für seine Dummheit, denn was sollten sie schließlich sonst tun in einem Zug, der nur für die Passagiere der *Titanic* eingesetzt worden war und in einem Abteil der dritten Klasse, die für Personal und Auswanderer bestimmt war.

Sie schien die Frage nicht dumm zu finden. »Ja. Wir gehen nach Chicago. Mein Onkel ist schon da und hat meinem Vater eine Stelle besorgt.«

»Das ist Onkel Ezechiel. Er ist ganz fromm und predigt Gottes Wort, und das tut mein Daddy auch«, krähte Rose dazwischen.

»Ich heiße Emmy, und das sind meine Brüder Tom [sie zeigte auf den Ältesten] und George [das war der mit dem Buch, er mochte ungefähr zehn Jahr alt sein] und David [das war der Jüngste, der den Fensterplatz nicht hergab].«

»Und ich bin Rose und ich werde bald sechs und ich bin kein Baby, egal, was David sagt, denn er ist bloß ein Jahr älter als ich.«

»Bin ich nicht, denn ich werde bald acht«, stellte David empört richtig.

»Ja, aber erst werde ich sechs und da bist du noch sieben. Und gegen Tom bist du auch ein Baby, denn der ist schon vierzehn, und ich weiß auch, was das heißt, denn Emmy hat's mir erklärt. Tom ist doppelt so alt wie du.«

David ließ sich nicht mundtot machen. »Pah! Und Emmy ist fast zehn Jahre älter als du, du Baby.«

Aha, dachte Alfred, sie war also genauso alt wie er. Aber es war wohl besser, schnell das Thema zu wechseln, ehe der Streit wieder ausbrach.

»Ich heiße Alfred, und das ist mein Freund Frankie. Seine Eltern nehmen mich mit zu meinem Bruder, der ist schon in den Rocky Mountains. Und das ist Chris. Er arbeitet in der Bäckerei auf der *Titanic*.«

»Tatsächlich?« Jetzt wurde auch Tom lebendig, der bisher geschwiegen hatte. »Das finde ich toll. Ich möchte nämlich Seemann werden, aber Vater findet, das ist ein unsolider Beruf und auch noch gefährlich.«

Chris nickte. »Meine Mutter war auch nicht begeistert, dass ich auf die *Titanic* gehe, aber Frankies Vater hat sie gerade beruhigt und gesagt, die Titanic ist sicherer als dieser Zug.«

»Es geht mir gar nicht um Sicherheit«, erklärte Tom. »Ich will am liebsten Abenteuer erleben, richtige gefährliche Abenteuer, so wie früher mit den Segelschiffen und mit der Erforschung von fremden Ländern. Mit einem Schiff zu fahren, das sicherer ist als ein Zug, das ist doch irgendwie traurig und langweilig. Finde ich jedenfalls. Bloß Vater will das nicht einsehen. Aber gegen Bäcker kann er ja wohl nichts haben. Was muss man denn tun, um auf der *Titanic* angestellt zu werden?«

Er ließ sich von Chris seinen Werdegang schildern, und als der seinen Freund Henry und den Liftboy Tony erwähnte, war auch der kleine David ganz Auge und Ohr und überließ den umkämpften Fensterplatz ohne ein weiteres Wort der triumphierenden Rose, die sofort ihre Nase an der Scheibe platt drückte und ausnahmsweise einmal den Mund hielt.

»Das war sehr nett von dir, dass du sie eben so abgelenkt hast«, sagte Emmy leise zu Alfred. »Sie ist im Moment etwas schwierig, weil sie schrecklich aufgeregt ist wegen der Reise.«

Sie sah ihn so dankbar an, dass Alfred über und über rot wurde. »Oh, aber das war doch gar nichts. Nicht der Rede wert«, sagte er verlegen.

Ihre Wimpern waren so lang und dicht, dass die Augen fast schwarz wirkten, wenn sie die Lider ein bisschen senkte. Am liebsten würde er bis Southampton neben ihr stehen bleiben und mit ihr reden. Also los, Junge, sag was!

»Äh, es traf sich nur so lustig, wir hatten gerade darüber geredet, dass kleine Geschwister ziemlich lästig sein müssen, besonders kleine Schwestern, und da hörten wir sie heulen.«

»Manchmal sind sie schon lästig«, gab Emmy zu. »Aber sie können auch sehr nett sein. Hast du nur den einen Bruder in Amerika?«

Alfred nickte.

»Wie ihr da auf dem Gang standet, hab ich gedacht, du und Frankie, ihr seid Brüder, weil ihr dieselbe Haarfarbe habt.«

Alfred zog eine Grimasse. »Ja, so ein scheußliches Rot ist wirklich selten.«

»Scheußlich? Findest du wirklich? Ich wär froh, wenn ich es hätte! Ich hab mir immer rote Haare gewünscht statt so langweilige dunkle wie meine.«

Sie fand seine Haare schön! Es war nicht zu glauben!

»Sei froh, dass du dunkel bist. Mit roten Haaren hat man's nicht leicht. Da kannst du Frankie fragen.«

Er grinste ihn an, obwohl das ja kein lustiges Thema war, aber er musste einfach seiner Freude darüber Ausdruck geben, dass sie seine Haare schön fand, und Frankie, der noch immer in der Tür stand und sich ziemlich ausgeschlossen gefühlt hatte, war sofort getröstet.

»Alfred bringt mir jetzt das Boxen bei«, sagte er stolz. »Dann kann ich mich wehren, wenn sie mich hänseln.«

Wie elektrisiert blickte George von seinem Buch hoch. »Boxen? Kannst du boxen?«

»Na, und ob er kann. Gestern hat er drei Mann auf einmal umgelegt«, prahlte Frankie. »Das hättest du sehen müssen! Ein Kinnhaken und sie haben dagelegen wie die nassen Säcke.«

»Das ist ziemlich übertrieben«, wehrte Alfred ab und versuchte an Emmys Gesicht abzulesen, wie sie diese Mitteilung aufnahm. Irgendwie hatte er das Gefühl, dass sie Raufbolde nicht schätzen würde, immerhin waren ihr Onkel und ihr Vater Prediger und tatsächlich runzelte sie ein bisschen die Stirne und sah ihn fragend an.

»Sie sind zu dritt über ihn hergefallen und wollten ihn verprügeln. Es war die einzige Möglichkeit, Frankie zu helfen«, sagte er.

»Oh, Mann! Tatsächlich? Das find ich toll!« George war ehrlich begeistert und auch Emmy blickte wieder freundlich. Den Bedrängten zur Hilfe zu eilen war schließlich ein christliches Gebot. George klappte sein Buch zu und fingerte etwas nervös daran herum.

»Sag mal, wenn du Frank das Boxen beibringst, meinst du – also könnte ich da wohl zugucken? Oder könntest du mir vielleicht auch was zeigen? Mich hänseln sie nämlich auch immer und nennen mich Streber und Stubenhocker, weil ich nun mal gerne lese, und Daddy sagt, wenn einem ein Feind auf die rechte Wange schlägt, dann soll man ihm auch die linke hinhalten, aber das hab ich ziemlich satt und ich würd ganz gerne mal zurückschlagen. Ja, Emmy, ich weiß schon, was du sagen willst, aber ich will ja nicht anfangen, ich will mich nur wehren.«

»Na klar, das mache ich gerne«, sagte Alfred bereitwillig. Für einen Jungen mit so einer Schwester würde er noch ganz andere Sachen tun. »Du bist doch damit einverstanden, Frankie, nicht?«

Der nickte, geschmeichelt darüber, dass Alfred ihn fragte. Wenn noch ein Zweiter dabei war, der auch keine Ahnung vom Boxen hatte, dann würde er sich vielleicht nicht so dumm vorkommen. Und irgendwie war es tröstlich, dass es einem anderen genauso ging wie ihm. Es lag also gar nicht an den roten Haaren. Und überhaupt sah dieser George sehr nett aus. Vielleicht könnten sie sich gegenseitig ihre Bücher leihen.

Alle Passagiere drängten sich an den Fenstern des Zuges, der langsam durch das Hafengelände von Southampton fuhr, und brachen in laute Rufe der Bewunderung aus, als sie die *Titanic* sahen. Dass ein Schiff so schön, so groß, so majestätisch sein könnte, hatte sich niemand vorgestellt. Dann hielt der Zug am Pier 44 und die Menschen quollen aus den Abteilen, schleppten ihr Gepäck heraus, schrien nach ihren Kindern und suchten die Gangway, die zu ihren Kabinen führte. Innerhalb weniger Minuten herrschte ein Gedränge wie auf einem Jahrmarkt.

»Das ist ja schlimmer als am Piccadilly Circus«, sagte Frank. Er stand mit seinen Eltern und Alfred am offenen Fenster ihres Abteils, denn Mr Golding wollte lieber abwarten, bis sich der erste Ansturm gelegt hatte.

»Kein Grund zur Aufregung, Molly«, beruhigte er seine Frau. »Die *Titanic* ist keineswegs ausgebucht. Heute früh am Bahnhof hat jemand erzählt, dass in der 3. Klasse fast die Hälfte aller Kabinen frei ist.«

»Sie müssen ja auch noch Platz für die Leute haben, die in Frankreich und Irland zusteigen«, meinte Alfred.

»Natürlich. Aber noch können wir jedenfalls sicher sein, dass wir uns unsere Kabine aussuchen können. Es sind noch gut anderthalb Stunden bis zur Abfahrt, warum sollen wir uns jetzt in dieses Durcheinander stürzen, wenn wir es gleich bequemer haben können?«

»Du hast mal wieder Recht«, gab Mrs Golding zu. »Also gut, schauen wir uns lieber die Leute an!«

Genau wie Ben und Eddie in der Nacht empfanden jetzt auch Alfred und Frankie die durcheinander wimmelnden Menschen klein wie Ameisen neben dem gewaltigen Schiffskörper.

»Sieh mal, dahinten gehen Chris und seine Mutter. Sie bringt ihn tatsächlich bis zur Gangway. Nein, jetzt bleibt sie stehen. Und die zwei Jungen neben ihm müssen Tony und Henry sein, die sind auch aus seinem Hotel. Der eine ist Liftboy und der andere ein Bäckerjunge wie Chris.«

»Oh, da sind die Goodwins, da siehst du, wo das riesige Auto gerade fährt. Mann, ist das ein Schlitten! Und ganz voll mit Leuten. Die fahren bestimmt erster Klasse.«

»Wer sind die Goodwins?«, fragte Mrs Golding erstaunt. Es war sonst nicht Frankies Art, schnell Bekanntschaft zu schließen.

»Och, die Kinder haben wir eben kennen gelernt, als wir durch den Zug gegangen sind«, erklärte Frankie. »Sie sind zu fünft und sie sind alle sehr nett. Vielleicht können wir eine Kabine in ihrer Nähe kriegen.«

»Au ja, das ist eine tolle Idee.« Alfred strahlte. »Am besten warten sie auf uns, dann können wir zusammen gehen.«

Er steckte zwei Finger in den Mund und stieß einen gellenden Pfiff aus. Alle Leute in der Umgebung zuckten zusammen und drehten sich erstaunt um, auch die Goodwins, denen Alfred heftige Zeichen mit den Händen machte. In die plötzliche Stille hörte man eine durchdringende Kinderstimme:

»Aber das ist doch kein Schiff, Mama, das ist ein Berg. Da müssen wir ja Flügel haben.«

Ruth sah, dass alle Umstehenden lächelten. Marion erweckte immer Begeisterung mit ihren blauen Kulleraugen und ihren blonden Ringellocken. Mrs Daniels hatte ihr für die Fahrt über den Atlantik einen dunkelblauen Mantel mit Matrosenkragen, weiße Wollstrümpfe und Lackstiefelchen gekauft und Marion sah tatsächlich so niedlich aus wie eine große Puppe, allerdings nur solange sie den Mund hielt, denn sie hatte die reibeisenscharfe Stimme ihrer Mutter geerbt. Mit der durchdrang sie mühelos den wieder einsetzenden Lärm auf dem Pier.

»Ich will nicht auf das Schiff, Mama. Das Schiff gehört dem Teufel. Da oben sitzt er und lacht.«

Sie zeigte auf den letzten Schornstein. Alle Köpfe drehten sich und tatsächlich, da blickte ein schwarzes, grinsendes Gesicht über den Rand. Einige Frauen bekreuzigten sich unwillkürlich. Kinder versteckten sich hinter den Rücken ihrer Mütter, sogar ein paar Männer blickten bedenklich. Marion sah erschrocken, welches Aufsehen sie erregt hatte, und begann laut zu heulen.

»Ich will nicht auf das Schiff, Mama. Das Schiff gehört dem Teufel!«

Das Durcheinander auf dem Pier 44 kam zur Ruhe. Immer mehr Menschen blieben stehen und sahen zu dem schwarzen, grinsenden Gesicht empor. Mrs Golding war ganz blass geworden.

»Wie unheimlich! Das ist bestimmt ein böses Vorzeichen.«

»Aber Molly! Wie kannst du so einen Unsinn reden? Es gibt keine bösen Vorzeichen.«

»Ja, aber, was hat das zu bedeuten?«

»Das weiß ich im Moment auch nicht«, sagte Mr Golding ehrlich. »Aber es gibt für alles eine vernünftige Erklärung.«

»Na, die würde ich aber gerne mal hören. Was tut ein Gesicht auf einem Schornstein, der für Rauch und Feuer da ist? Ein Mensch kann das nicht sein, der würde verbrennen oder ersticken.«

»Aber der Teufel in der Hölle, der ist Rauch und Feuer gewöhnt, dem macht das nichts aus«, flüsterte Frankie.

»Nun hört doch auf mit diesen Ammenmärchen«, befahl Mr Golding ärgerlich. »Wir leben doch nicht mehr im Mittelalter. Den Teufel gibt es nicht, das ist bloß ein Bild.«

»Mann, versündige dich nicht!« Mrs Golding bekreuzigte sich. »Wie kannst du so etwas sagen? Du wirst Gottes Zorn auf dich ziehen.«

»Schon gut, schon gut, du weißt doch, wie ich das meine. Siehst du, da ist er verschwunden. Zurück in die Hölle, dahin, wo er hingehört. Bist du jetzt beruhigt?«

6

Während der Zug von London nach Southampton fuhr, saß Ben in der Mannschaftsmesse der *Titanic* und aß das beste Frühstück seines Lebens. Es gab Rührei und Speck, gegrillte Würstchen, gebratene Nierchen, Porridge, Weißbrot, Honig, Marmelade – und von allem so viel man wollte. Ben brauchte eine Zeit, bis er diese wunderbare Tatsache begriffen hatte. Er hockte erst ziemlich verschüchtert auf seinem Platz und bewunderte schweigend die großen Brotkörbe und die dampfenden Schüsseln, die immer wieder gefüllt wurden, bis ihn sein Nachbar in die Seite stieß und sagte: »Iss, Junge, du siehst aus, als ob du's brauchen könntest.«

Und Ben aß. Langsam, aber stetig leerte er einen Teller nach dem anderen. In der Nacht hatte er sich nur durch den Gedanken aufrecht gehalten, dass sie ihn wieder wegschicken würden, wenn er nicht genauso arbeiten würde wie alle anderen.

Ein paar Mal war er drauf und dran gewesen, alles hinzuschmeißen. Schließlich hatte er Eddie abgepasst und gemurmelt: »Ich glaube, es hat keinen Zweck. Ich kann nicht mehr.«

»Reiß dich zusammen, Kleiner! Du schaffst es! He, Tommy, du bist doch so 'n Leckermaul, du hast doch bestimmt was vom Abendessen mitgehen lassen, oder? Willst du das nicht tauschen? Gegen 'nen Streifen Kautabak?«

»Na klar? Für Kautabak tu ich alles, das weißt du doch.«

Er hatte ein kleines, sorgfältig in Silberpapier gewickeltes Päckchen aus seiner Hosentasche gefingert und es Ben hinübergereicht, bevor er sich Eddies Kautabak in den Mund schob.

»Und jetzt such dir 'n Klo und bleib so lange, bis du dich besser fühlst!«, hatte Eddie geflüstert. »Kein Mensch wird sich wundern, wenn du 'ne Zeit brauchst, um eins zu finden. Und merk dir, wir arbeiten an Pforte vier, damit du wieder zurückfindest.«

Auf diese Art war Ben an die erste Schokolade seines Lebens gekommen. Er hatte sie erst misstrauisch beschnuppert, dann vorsichtig ein Stück abgebissen und sie schließlich langsam und hingerissen im Mund zergehen lassen, wobei ihn seine Umgebung überhaupt nicht störte, denn im Vergleich zu dem stinkigen Plumpsklo zu Hause waren die entsprechenden Örtlichkeiten auf der *Titanic* wahre Prunkräume.

»Na, du hast dich wohl verlaufen?«, hatte der Heizer mit dem Kautabak gefragt, als Ben nach geraumer Zeit ausgeruht und gestärkt zurückgekommen war. »Mach dir nichts draus, das geht uns allen so, der Kahn ist einfach zu riesig.«

Der Purser hatte ihnen eine Achterkoje tief im Schiffsbauch in der Nähe der Kesselräume angewiesen und trotz des Rumorens in den Nachbarkojen hatte Ben geschlafen wie ein Stein. Jetzt ließ ihn das üppige Frühstück seinen Muskelkater vergessen. Sie waren für die Nachtschicht eingeteilt worden und Eddie schlug vor einen Erkundungsgang durch das Schiff zu machen und dann das Ablegen zu beobachten.

»Ich weiß auch schon einen tollen Platz dafür, den besten, den es gibt«, sagte er geheimnisvoll.

Die ganze *Titanic* summte vor Aufregung und fieberte der

Ankunft der Passagiere entgegen. Im Postlager wurden die letzten Säcke gestapelt, im Postbüro überprüften Beamte ihre Schalter, in den Frachträumen wurde Platz für das Gepäck geschaffen. Livrierte Stewards deckten im Speisesaal der ersten Klasse die Tische mit Damast, Kristall, Silberbestecken und einem blau-goldenen Porzellan, das eigens für die White Star Line entworfen worden war. In der Kombüse für die erste und zweite Klasse liefen die Vorbereitungen für das Mittagessen auf Hochtouren, dutzende von Küchenjungen putzten Gemüse oder bedienten die Kartoffelschälmaschinen (die waren der letzte Schrei und der Küchenchef war sehr stolz darauf), schnetzelten Karotten, Kohlrabi und Gurken in Stifte und Würfel, teilten Blumenkohl und Brokkoli in Röschen, hackten Minze, Petersilie und Zwiebeln, entfetteten Bouillon, rührten den Pudding, zerhackten Knochen und Fleisch für Soßen, rupften Geflügel, schälten Früchte. Im Palmenhof wurden die Topfpflanzen mit Wasser besprüht, im Schreibzimmer, das auch als Bücherei diente, katalogisierte der Bibliothekssteward die letzten Bücher, im Café de Paris wurden die Korbmöbel auf den schwarz-weißen Fliesen in der zwanglosen Art eines Straßencafés angeordnet, in der Krankenabteilung inspizierte der Oberarzt mit seinen beiden Assistenzärzten den kleinen Operationssaal, im Gymnastikraum ließ der Turnmeister das elektrische Kamel vibrieren, im Türkischen Bad fuhr der Bademeister noch einmal mit einem Polierlappen über die durchbrochenen Bronzelampen und die blau-goldenen Kacheln und prüfte anschließend die Wassertemperatur im Swimmingpool neben dem Squashraum.

Durch alle Gänge hasteten Pikkolos und Stewards, um Befehle ihrer Vorgesetzten auszuführen, die meistens die erste Klasse betrafen. Freunde hatten den Abreisenden Blumensträuße und -körbe, Telegramme und Briefe geschickt, die die gleich Eintreffenden in ihren Kabinen erwarten sollten.

Ben und Eddie wäre es nicht im Traum eingefallen, in die geheiligten Bezirke der zweiten oder gar der ersten Klasse einzudringen, und wenn sie es gewagt hätten, hätte jeder Steward sie gleich als Heizer erkannt und sie schleunigst fortgeschickt. Für die Besatzung gab es ein eigenes kleines Deck, ziemlich tief unten, und sie durften auch auf das vordere und hintere Welldeck, wo der Freiluft-Bereich der dritten Klasse war. Aber Eddie hatte etwas Besseres entdeckt. Er führte Ben an den Räumen vorbei, wo die riesigen Kolbendampfmaschinen und die Dampfturbinen standen, dann durch schmale Gänge und Treppen im Inneren des Schiffes, an Kohleschächten und Ladeluken vorbei, bis sie schließlich nach langem Steigen unter einer gewaltigen Öffnung standen, an deren Ende ein Stück blauer Himmel sichtbar wurde.

»Weißt du, was das ist?«

»Keine Ahnung«, sagte Ben. »Sieht aus wie ein Tunnel, aber einer, der nach oben geht.«

»Nicht schlecht. Hier könnten tatsächlich zwei Lokomotiven nebeneinander fahren, bloß gibt es natürlich keine Schienen und die Züge könnten ja auch nicht wie Fliegen die Wand hochkrabbeln. Das ist der vierte Schornstein der *Titanic*. Ich hab gestern zwei Ingenieure drüber reden hören. Der Schornstein ist bloß da, weil vier besser aussehen als drei, aber es geht kein Rauch durch und auch kein Dampf, er ist bloß zur Zierde. Aber er hat zwei Innenleitern und die klettern wir jetzt rauf. Dann können wir bestimmt den ganzen Hafen übersehen.«

»Da rauf? Bist du verrückt? Das ist höher als zwei Häuser übereinander. Oder sogar drei.«

»Ja und? Schau dir die Leitern an, die sind so schön breit wie die Treppen, die wir eben hochgestiegen sind. Und oben kannst du dich ja mit deinem Gürtel festbinden, wenn dir schwindelig wird. Nun komm schon!«

Und Eddie fing an mit schnellen, gleichmäßigen Bewegungen die Leiter emporzuklettern, ohne zurückzuschauen, ob Ben ihm folgte. Der sah eine Zeit lang hinter seinem Vetter her, dann setzte er zögernd seinen Fuß auf die erste Sprosse. Sie war tatsächlich so breit wie eine Stufe, und wenn man sich einredete, dass man eine steile Treppe hinaufsteigen würde, dann war es eigentlich ganz einfach.

»Los, komm«, schrie Eddie, »der Blick ist toll. Du kannst die ganze Stadt sehen. Und ganz weit aufs Meer. Schnell, da unten hält der Zug. Jetzt kommen die Landratten.«

Ben bewältigte die letzten Stufen, stellte sich neben ihn und sah über den Rand des Schornsteins. Der Blick nach unten war ein solcher Schock, dass er fast einen Schritt nach rückwärts gemacht hätte. Mit beiden Händen klammerte er sich an der obersten Sprosse fest. Unter ihm dehnte sich ein Abgrund, ein gähnender Abgrund, der aus nichts als Tiefe und flimmernder Luft bestand und in unendlicher Ferne von weißen Deckaufbauten und schimmerndem Wasser und den schwarzen Steinen des Piers begrenzt wurde. Ein Schwindel packte ihn und ließ alle Farben zu einer hin und her wogenden Welle zusammenfließen. Ben schloss die Augen und lehnte den Kopf gegen die Wand des Schornsteins.

Eddie merkte nichts vom Zustand seines Vetters, sondern betrachtete begeistert das Gewimmel auf dem Pier. »So viele Menschen auf einem Haufen hab ich noch nie gesehen! Das sind bestimmt fast tausend. Und die wollen alle auf die *Titanic*. Guck mal, da kommen sogar welche mit dem Auto! Das ist vielleicht eine Luxuskutsche. Ha, ha, hast du gesehen, wie die Gepäckträger zur Seite springen, das ist ja zum Totlachen. Oho, jetzt haben uns welche gesehen. Jetzt schau dir das an! Das ist ja nicht zu fassen. Sie bekreuzigen sich! Was ein echter Seemann ist, der ist abergläubischer als ein altes Weib. Verflixt, jetzt haben sie die Landratten aufgescheucht, die werden natürlich auch gleich hysterisch. Los, nichts wie runter, sonst kriegen wir Ärger.« Er drehte sich zur Seite und wandte dabei zum ersten Mal seinen Blick vom Pier. »He, Kleiner, was ist los mit dir? Du bist ja ganz grün im Gesicht.«

»Mir ist schwindelig«, murmelte Ben. »Ich glaube, mir wird schlecht.«

Er spürte, wie das ungewohnte Essen in seinem Magen rumorte und wie ihm am ganzen Körper der Schweiß ausbrach.

»Das geht nicht«, sagte Eddie bestimmt. »Dazu hast du jetzt keine Zeit. Wir müssen so schnell wie möglich nach unten, ehe jemand kommt. Unten starren dutzende von Landratten auf unseren Schornstein. Wenn das einer von den Offizieren merkt, wird er uns jemanden auf den Hals hetzen. Also los!«

»Ich kann nicht«, sagte Ben kläglich. »Meine Finger sind so nass und zittrig, dass ich gar nicht richtig greifen kann. Und meine Knie wackeln wie Pudding.«

Eddie trat wortlos zwei Stufen tiefer und legte ihm den rechten Arm um die Hüften. »Dreh dich um! So, und jetzt lass deine Arme über meinen Rücken hängen! Leg den Kopf auf meine Schulter! Okay, jetzt hab ich dich. Schiebe deine Füße so weit nach vorne, wie du kannst, sonst haust du uns von der Leiter. Na, viel schwerer als ein Kohlesack bist du auch nicht.«

Er stieg schon nach unten, etwas schwankend zwar, weil er sich nur mit der linken Hand festhalten konnte, aber Ben kam sich so sicher vor wie in den Armen eines Schutzengels. Er roch den Geruch von Kohle und Rauch, den Eddie immer ausströmte, weil Haut und Haare davon durchtränkt waren, er hörte Eddies Atem, der immer schneller ging und bald zum Keuchen wurde, und auf einmal waren Schwindel und Übelkeit wie weggeblasen.

»Es geht wieder«, sagte er. »Ich kann jetzt allein weiter.«

Eddie setzte ihn aufatmend ab, wartete, bis Ben sicher stand und sich mit beiden Händen festhielt, und stieg dann weiter hinunter.

»Bleib über mir! Wenn du abrutschst, fange ich dich auf«, sagte er bloß.

Aber Ben rutschte nicht. Sie erreichten den Boden und tauchten in den Gängen unter, ehe sie jemand zu Gesicht bekommen hatte.

Als der schwarze Kopf vom Schornsteinrand verschwand, beruhigte sich Marion und hörte auf zu weinen, vor allem, als sie sah, dass alle Leute sich wieder in Bewegung setzten. Aber Richard, der sich von seiner Schwester hatte anstecken lassen, heulte weiter. Mrs Daniels war das Aufsehen peinlich. Eine wahre Dame erregte kein Aufsehen und ihre Kinder auch nicht, allenfalls durch makellose Manieren. Sie hätte Marion am liebsten einen Klaps gegeben und sie tüchtig ausgezankt, aber auch das gehörte sich nicht in der Öffentlichkeit und sie würde ihren Zorn beherrschen müssen, bis sie in der Kabine waren. Also presste sie die Lippen zusammen und überließ es Ruth, die zwei Kleinen zu besänftigen. Die griff zu einem oft erprobten Mittel, hockte sich neben die beiden und ließ ihre Finger über Marions Arm hüpfen.

»Kommt ein Mäuschen aus dem Häuschen, kommt ein Bär, dick und schwer, kommt ein Floh, der macht so!«

Die Finger machten einen Satz auf Marions Rücken und kniffen zu. Marion kicherte entzückt und hielt den anderen Arm hin: »Bitte noch mal!«

»Ich auch! Will auch Floh haben«, schluchzte Richard.

»Der kommt nur, wenn du ganz still bist, sonst hat er Angst vor dir.«

Mit einiger Anstrengung schluckte Richard die letzten Tränen hinunter. »Bin ja still.«

Das musste man Ruth lassen, dachte Mrs Daniels mit widerwilliger Anerkennung, mit Kindern konnte sie wirklich umgehen. Aber eine Dame würde nie aus ihr werden, sie hatte einfach kein Gespür für korrektes Benehmen und ihr fehlte wohl auch die Einsicht, wie wichtig Manieren waren. Wie sie da am Boden zwischen den Kindern hockte – unmöglich! Man sollte ihr ihren Wunsch erfüllen und sie Lehrerin werden lassen. Einen Mann würde sie ohnehin nicht finden, so unbekümmert wie sie war und ohne jede Mitgift.

Mit hoheitsvoller Miene winkte Mrs Daniels einem Gepäckträger, und als sie sah, dass Ruth Richard auf den Arm genommen hatte, rang sie sich dazu durch, ihren Ärger zu vergessen, Marion freundlich zuzulächeln und sie an die Hand zu nehmen. Als Mutter von zwei so hübschen kleinen Kindern würden die Leute sie auf höchstens dreißig Jahre schätzen, eher noch auf siebenundzwanzig, dachte sie wohlgefällig. Und Ruth würden sie für das Kindermädchen halten.

Ihre Zufriedenheit steigerte sich noch, als ein höflicher Steward sie zu ihrer Kabine gebracht hatte. Wohlgefällig musterte sie die schneeweiß bezogenen Doppelstockbetten, die man hinter blütenbedruckten Leinenvorhängen verschwinden lassen konnte, die holzgetäfelten, weiß lackierten Wände mit dem großen Sofa davor und die elegante Frisierkommode aus Mahagoni.

»Mr Heep hat tatsächlich nicht zu viel versprochen, das ist ja erstaunlich geräumig und luxuriös.«

»Da haben Sie Recht, Madam, auf jedem anderen Schiff würde so die erste Klasse aussehen. Sie werden begeistert sein, wenn Sie erst den Speisesaal und die Bibliothek und den Aufenthaltsraum gesehen haben. Man würde es nicht für möglich halten, dass sich diese Bequemlichkeit steigern lässt. Aber wenn ich Ihnen einen Rat geben darf, so nutzen Sie die Gelegenheit, die offiziellen Räume der ersten Klasse anzuschauen, sie sind bis kurz vor der Abfahrt zur Besichtigung freigegeben.«

Marion untersuchte schon die Möbel und klatschte in die Hände vor Begeisterung über die aufklappbare Kommode, die man mit zwei Platten in einen Waschtisch oder einen Schreibtisch verwandeln konnte und die in mehreren Fächern Kännchen und Flakons und Gläser enthielt. Richard war auf das Sofa geklettert und stellte sich auf die Zehenspitzen, um das Bullauge zu erreichen.

»Ich werde Ihnen einen Kinderwagen bringen, Miss«, sagte der hilfsbereite Steward zu Ruth. »Wir haben mehrere an Bord. Dieser junge Herr scheint mir recht unternehmungslustig zu sein, dann brauchen Sie ihn nicht die ganze Zeit auf dem Arm zu halten. Und die Treppen sind kein Hindernis, wir haben vier Aufzüge, damit können Sie jedes Deck bequem erreichen. Ich bin in ein paar Minuten wieder da.«

Während sie auf den Steward warteten, begannen Mrs Daniels und Ruth die Koffer auszupacken. Sie hatten für die einwöchige Fahrt nur das Nötigste mitnehmen und das meiste in den Koffern lassen wollen, die für den Gepäckraum bestimmt waren, aber als Mrs Daniels von den luxuriösen Verhältnissen auf der *Titanic* erfuhr, hatte sie sich noch am letzten Tag mit einer neuen Garderobe eingedeckt und auch für Marion und Richard ein paar besonders hübsche Sachen gekauft, während Ruth im Hotel saß und die Koffer packte. Aber Ruth, beruhigte sich Mrs Daniels, legte auf Kleider ohnehin keinen Wert.

Der Rundgang durch die erste Klasse war tatsächlich ein Erlebnis. Fast alle Passagiere der zweiten Klasse schienen sich dazu entschlossen zu haben, denn es schob sich ein wahrer Strom von Menschen durch die Räume und immer wieder erklangen begeisterte Ausrufe:

»Sieh doch diese herrlichen Gemälde!«

»Und die Wände im Rauchsalon! Sie bestehen ganz aus bemalten Buntglasfenstern!«

»Die Palmen sind tatsächlich echt!«

»Ob sie in all den Kaminen wirklich richtige Feuer haben?«

»Das ist eine gute Idee, einen Gymnastiksaal einzurichten! Sie haben den Küchenchef und die besten Köche aus dem Adelphi engagiert, da kann man sich ein paar Pfunde wieder abtrainieren, hier auf dieser Ruderbootattrappe zum Beispiel. Eigentlich müsste der Raum auch für uns zugänglich sein, denn das Essen für die zweite Klasse wird angeblich in derselben Küche zubereitet wie das für die erste.«

»Und hier könnte man auf sehr angenehme Art reiten lernen. Dieses Pferd wirft niemanden ab!«

»Lieber Himmel, wie groß mag dieser Speisesaal sein? Was sagen Sie? 22 Meter breit und 35 Meter lang? Und 500 Menschen können hier essen? Das ist ja unglaublich! Was muss das für ein Anblick sein, wenn die rotseidenen Lampen auf allen Tischen angezündet sind.«

»Was soll das sein? Ein Türkisches Bad? Man kommt sich tatsächlich vor wie in Tausendundeiner Nacht. Sogar die Säulen und die Gitterfenster sind vergoldet! Und die Ottomanen sind mit Goldintarsien eingelegt.«

»Das hier ist die Lounge. Hier trifft man sich zum Tee oder zum Bridge oder vor dem Essen. Man könnte meinen, man wäre im Schloss von Versailles. Diese Rokokomöbel sind bezaubernd. Und die Wandverkleidung muss ein Vermögen gekostet haben mit all den Schnitzereien und Vergoldungen und eingelassenen Spiegeln. Und erst der Kronleuchter! Kristall aus Murano, habe ich gehört. Die Statue dort auf dem Kaminsims, ist das nicht die Artemis aus dem Louvre?«

Ruth wusste weder, wer die Artemis noch was der Louvre war, und sie hatte keine Lust, ihre Stiefmutter danach zu fragen, denn da die Statue höchst mangelhaft bekleidet war, hätte Mrs Daniels zweifellos einige Bemerkungen über die Freizügigkeit europäischer Kunst gemacht. (Damit tat Ruth ihrer Stiefmutter Unrecht, denn die hatte bei den Museumsbesuchen der letzten Woche in London gelernt, dass es das Wort unanständig in der Kunst nicht gab, und sie nahm an, dass diese halb nackte Dame Kunst war, denn sonst hätte sie wohl nicht an diesem bevorzugten Platz gestanden.) Natürlich war die Statue außerdem noch vergoldet, das schien überhaupt ein Kennzeichen der ersten Klasse zu sein, sogar die schmiedeeisernen Gitter an den Aufzugstüren und die Spiegel- und Bilderrahmen, die Leisten an den Wänden, ja sogar die

Schnitzereien an den Möbeln und den Treppenläufen glänzten golden.

Von Raum zu Raum wurde Ruth kritischer. Nicht nur das Gold schien ihr übertrieben, auch die verschiedenfarbigen Hölzer, mit denen die Wände verkleidet waren und die in allen Schattierungen von Braun und Honig und Rot schimmerten, und die Teppiche, die so dick waren, dass man nur Weichheit spürte, überhaupt keinen Boden. Und überall war so viel Platz, als ob man in einem Gebäude auf dem Land wäre, das sich nach allen Seiten ausdehnen konnte, und nicht auf einem Schiff, das ja schließlich sein eigenes Gewicht über den Ozean befördern musste.

Den eindrucksvollsten Eindruck der ganzen ersten Klasse bot das vordere Treppenhaus. Man hatte tatsächlich das Gefühl, im Eingang eines Schlosses zu stehen, in einem hohen, weiten Raum, der sich über mehrere Etagen erstreckte. Wenn man nach oben schaute, sah man eine Glaskuppel mit Eisenrippen. Das Sonnenlicht draußen färbte die gewölbten Scheiben milchweiß. Die geschwungene Treppe war so breit, dass bestimmt zehn Leute nebeneinander gehen konnten, und wenn man hinaufging, an den geschnitzten Geländern vorbei, die natürlich auch wieder vergoldet waren, stand man am oberen Aufsatz vor einer großen goldenen Uhr, die von zwei weiblichen, halb lebensgroßen Gestalten gehalten wurde. Dass sie weiblich waren, sah man sehr genau, denn die Gewänder klebten förmlich am Körper, aber das schien niemanden zu irritieren, obwohl die Flügel der beiden Damen andeuteten, dass sie zur Gattung der Engel gehörten. Mrs Daniels verkniff sich eine Bemerkung und ließ ihren Blick über die Empore wandern, auf der rotseidene Sessel auf die Passagiere der ersten Klasse warteten.

»Das ist sehr beeindruckend, findest du nicht auch?«

Ruth schob die Unterlippe vor. »Ich weiß nicht recht. Mir ist das alles zu prunkvoll. Immerhin ist es doch ein Schiff und kein schwimmendes Schloss. Wie viele Waisenhäuser könnte man wohl bauen allein von diesem Treppenhaus?«

Mrs Daniels lächelte etwas gönnerhaft. »Das hätte dein Vater auch gesagt, glaube ich. Ist es nicht ein Jammer, dass er nicht bei uns ist? Was hätte ihm das gut getan, aus diesem fürchterlichen Klima herauszukommen und die gute englische Seeluft zu atmen! Komm, lass uns an Deck gehen! Wir werden bald ablegen, und das wird bestimmt auch sehr beeindruckend sein.«

Die vielen Decks der *Titanic* waren gut gefüllt, als der Augenblick der Abfahrt näher rückte. Alle Passagiere standen an der Reling und alle Besatzungsmitglieder, die nicht zur Mittagsschicht eingeteilt waren. Die Gangways waren schon eingezogen, nur die letzte, die für die Besatzung bestimmt war, berührte noch den Kai, als sechs Heizer in schwarzen Anzügen, den Seesack über der Schulter, darauf zugerannt kamen. Ein Offizier vertrat ihnen den Weg. Sie redeten wild gestikulierend auf ihn ein, wohl um ihr Zuspätkommen zu erklären, aber er schnitt ihnen mit einer hochmütigen Handbewegung das Wort ab, drehte sich um und gab Befehl, die Gangway einzuziehen. Ben und Eddie standen auf dem hinteren Welldeck und beobachteten die Szene.

»Hast du das gesehen, Kleiner?« Eddie schlug Ben vor Begeisterung auf die Schulter. »Ha, ha, Jungs, ihr kommt zu spät! Euer Posten ist schon vergeben, ich kenne wen, der hat euch abgehängt! Das kommt davon, wenn man nicht pünktlich ist! Was glaubst du, was die sich ärgern, Kleiner!«

»Da haben sie ja auch allen Grund!«, sagte Ben. »Wenn ich mir vorstelle, ich würde jetzt da unten stehen und du und zig andere würden mit der *Titanic* davonfahren und ich würde denken, ich könnte dabei sein, wenn ich bloß rechtzeitig da gewesen wäre, ich würde mir ein Loch in den Bauch beißen vor lauter Wut.«

Die *Titanic* ließ ihre dreistimmige Dampfpfeife ertönen, die meilenweit zu hören war. Die Maschinen begannen zu arbeiten, ein Zittern lief durch den Rumpf. Die Seile zu dem Schlepper, der den Koloss vom Pier 44 ins offene Wasser ziehen sollte, strafften sich. Langsam setzte sich die *Titanic* in Bewegung. Wieder ertönte die Dampfpfeife. Die Kais waren schwarz von Menschen, die riefen und winkten und Taschentücher und Schirme schwenkten.

»Ich muss gestehen, ich bin ein bisschen enttäuscht«, sagte der Herr, der neben Ruth an der Reling stand. »Irgendwie habe ich mir den Beginn der Jungfernfahrt eines so ungewöhnlichen Schiffes feierlicher vorgestellt.«

Ruth sah zur Seite. Das war der nette Herr, der ihr eben im Gymnastikraum so freundlich geholfen hatte Marion und Richard auf das elektrische Kamel zu setzen. Er hatte sich als Mr Beesley, Lehrer am Dalwich College in London, vorgestellt.

»Ich habe noch nie eine Jungfernfahrt mitgemacht«, sagte Ruth. »Alle Schiffe, auf denen wir bisher gefahren sind, waren schon ziemlich alt.«

Mr Beesley lachte. »Dann haben Sie mir ja einiges voraus, mein kleines Fräulein. Das ist nämlich meine allererste Schiffsreise. Ich habe also überhaupt keine Erfahrung. Aber ich habe mir vorgestellt, dass alle Schiffe im Hafen ihre Hörner und Sirene blasen würden und dass Musikkapellen am

Ufer ständen und spielten und dass Fahnen geschwenkt und Glocken geläutet würden. Wahrscheinlich ist das alles beim Stapellauf in Belfast geschehen und die Fahrt heute wird einfach als Beginn einer normalen Reise gesehen.«

Die *Titanic* fuhr an einigen ankernden Schiffen vorbei. Plötzlich knallten Pistolenschüsse, die Menschen am Kai schrien und rannten in Panik auseinander.

Auf dem Welldeck sagte Eddie gerade zu Ben: »Sieh mal, da liegt mein altes Schiff, die *Oceanic*, gleich neben der *New York*. Ich hätte nie geglaubt, dass ich sie mal für klein halten würde, aber wenn man so auf sie runterschaut, kommt sie einem vor wie ein Themsekahn und nicht wie ein Ozeandampfer. Hey, was ist das? Das klingt ja wie Schüsse? Mein Gott! Die *New York* treibt auf uns zu!«

Einige Stockwerke tiefer stand Chris an einem Tisch in der großen Bäckerei. Er spürte das Zittern, das durch den mächtigen Körper lief, er hörte das gleichmäßige Dröhnen, das aus den Kesselräumen tief unter ihnen pochte. Sie fuhren! Die *Titanic* legte ab! Wenn sich hier unten in der Bäckerei allein die Bewegung schon aufregend anfühlte, wie mochte es dann erst auf den Decks sein, wo man sehen konnte, wie sich ein Streifen Wasser zwischen Schiff und Land schob, der immer breiter wurde? Ob eine Kapelle spielte? Ob alle anderen Schiffe ihre Sirenen gellen ließen? Er versuchte einen Blick durch die Bullaugen zu erhaschen. Dicht gedrängt standen die Menschen am Ufer. Die würden jetzt bestimmt alle Hurra schreien oder Auf Wiedersehen und Gute Fahrt. Und sie würden sich bestimmt alle wünschen, dass sie auch an Bord sein könnten, an Bord dieses schönsten und größten Schiffes, das je gebaut worden war. Ein schwimmendes Luxushotel war die *Titanic*, ein gigantischer Palast, der aus eigener Kraft den Atlantik überqueren und über 2 000 Menschen nach New York bringen würde. Und er, Christopher Harding aus dem Londoner Stadtteil Lambeth, in dem es weiß Gott mehr arme als reiche Leute gab, war einer von ihnen.

Bis vor zwei Stunden, als er über die Planke gegangen war, die in den Bauch des Schiffes führte, hatte er sein Glück nicht glauben wollen. Fast sicher war er gewesen, dass noch etwas dazwischenkommen würde. Er würde ausrutschen und sich einen Arm oder ein Bein brechen. Chefbäcker Jones würde erklären, dass ein 15-jähriger Bäckerjunge zu jung wäre, und lieber einen Älteren mit abgeschlossener Lehre nehmen. Mutter würde es nicht fertig bringen, ihn gehen zu lassen. Die halbe Nacht lang hatte er sich immer neue Hindernisse ausgemalt und vor Aufregung nicht schlafen können.

Aber er war in Southampton aus dem Zug gestiegen und die *Titanic* hatte dagelegen, groß und gewaltig wie ein Berg, und ein Uniformierter hatte gebrüllt: »Personal nach achtern! Personal nach achtern!«

Achtern hieß hinten, das wusste Chris schon, und die Spitze des Schiffes nannte man Bug und das Ende Heck. Ein Pulk von jungen Männern hatte sich in Bewegung gesetzt, alle mit einem Seesack über der Schulter. Seine Mutter war die einzige Frau und ein paar Dutzend Schritte lang hatte Chris gefürchtet, sie würde in Tränen ausbrechen und ihn bitten zu bleiben. Aber sie war auf einmal stehen geblieben und hatte mit heiserer Stimme gesagt: »Geh weiter, Chris! Geh einfach weiter und sieh dich nicht um! In zwei Wochen hab ich dich ja wieder. Geh mit Gott, mein Junge!«

Sie hatte ihm einen Stups gegeben, sodass er mit den anderen weiterlaufen musste, und da stand auch schon ein anderer

Uniformierter mit einer Liste in der Hand, dem sie ihre Namen sagen mussten.

»Chris Harding, Bäckerjunge.«

»Henry Pinnock, Bäckerjunge.«

»Tony Richards, Liftboy.«

Der Uniformierte machte jedes Mal ein Zeichen auf seiner Liste und dann gingen die drei über die letzte Gangway. Chris drehte sich um. Seine Mutter stand ganz still da, klein und schmal in ihrem dunklen Mantel, und hielt ihre altmodische Handtasche umklammert. Die Tränen liefen ihr übers Gesicht, aber als sie sah, dass Chris sie anblickte, versuchte sie ein Lächeln. Chris lächelte zurück und winkte ihr zu. Noch ein paar Schritte und er war auf der *Titanic*. Er hatte es geschafft. Jetzt würde ihn niemand mehr von Bord bringen können.

Er ging durch die endlosen Gänge und Treppen wie im Traum. Alles blinkte und blitzte und roch nach frischer Farbe. Man ließ Henry und ihm kaum Zeit, ihre Seesäcke in der Achterkabine zu verstauen, dann wurden sie schon in einen großen Raum geführt, wo die Arbeitskleidung verteilt wurde. Alle Angestellten waren unterschiedlich angezogen. Die Pikkolos und Liftboys bekamen grüne Uniformen mit blauen Aufschlägen, die Deckstewards weiße Jacketts zu schwarzen Hosen, die Küchenjungen und Köche waren ganz in Weiß, die Speisesaalstewards ganz in Schwarz, die Bäcker trugen schwarz-weiß karierte Hosen zu weißen Jacken.

Chris und Henry hasteten in die Bäckerei, denn sie waren für die Mittagsschicht eingeteilt worden. Dort stellte sich die Belegschaft auf, nach der Bedeutung ihrer Position geordnet, die Jungen ganz am Ende. Chefbäcker Jones schritt die Reihe ab, betrachtete jeden Mann kritisch und ließ sich von den

Jungen sogar die Hände vorweisen, ob die Fingernägel auch sauber waren.

»Mach dir die Hosenbeine und die Ärmel kürzer!«, sagte er zu Henry. »Und du lässt überall die Säume heraus, Langer! Oder geh nach der Schicht zurück und lass dir größere Sachen geben!«

»Das wollte der Purser nicht«, erklärte Chris. »Er sagt, die sind mir so zu weit, dass ich aussehe wie eine Vogelscheuche.«

»Da kann er Recht haben«, sagte der Chefbäcker trocken.

Die Belegschaft grinste.

»Hol sie trotzdem! Am besten schaffst du dir schnellstens einen Bauch an so wie ich. Und bis du so weit bist, bindest du einen Gürtel um die Hose und machst die Jacke enger. Taylor, die beiden gehören zu dir.«

Der Bäcker, dem Chris und Henry jetzt zugeteilt waren, schien kein Freund vieler Worte zu sein, denn er zeigte bloß auf einen Sack und sagte: »Schälen. Jeder fünf Kilo. Dann hacken. Der eine grob, der andere fein.«

In dem Sack waren Mandeln und sie mussten jetzt selbst herausfinden, wo die Waagen standen und die Töpfe und Siebe zum Abbrühen und die Bretter und Messer zum Zerkleinern. Die beiden sahen sich an. Deshalb war also bei der Auswahl der Küchenjungen besonderer Wert auf Fixigkeit und Anstelligkeit gelegt worden. Sie musterten die offenen Schränke und Regale und fanden schnell, was sie suchten. Chris war dabei, die Schalen von den Mandeln zu ziehen, als er merkte, dass die *Titanic* ablegte. Ob Mutter wohl immer noch am Pier stand? Ob sie noch weinte? Er spähte durch die Bullaugen. Sie hatte so einsam ausgesehen, wie sie da stand, und Chris wunderte sich, dass er sie hatte verlassen können und nicht einmal ein schlechtes Gewissen hatte. Aber er war einfach so glücklich auf der *Titanic* zu sein, dass jedes andere Gefühl davon überstrahlt wurde.

Er spürte einen Schuh auf seinem Fuß. Henry murmelte: »Hör auf zu träumen! Der Alte hat dich im Visier.«

Chris senkte den Kopf und widmete sich seinen Mandeln. Das war der Nachteil, wenn man so lang war, man geriet immer irgendwie ins Blickfeld. Nach einiger Zeit schielte er vorsichtig hoch. Der Chefbäcker hatte seine Aufmerksamkeit dem Verzieren einer Torte zugewandt. Chris betrachtete ihn. Mr Jones war ein Schrank von einem Mann, riesig groß und riesig breit, und er überragte alle. Er brauchte bloß den Kopf zu drehen und hatte die ganze Bäckerei unter Kontrolle und seinen scharfen Augen entging nichts, selbst wenn er am Abend zuvor zu tief ins Glas geschaut hatte. Die hohe Bäckermütze machte ihn noch riesenhafter. Er sah wirklich sehr imposant aus. Chris geriet wieder ins Träumen. Ob er eines Tages auch so da stehen würde als Herrscher über eine ganze Bäckerei? Er fühlte auf einmal die durchdringenden Augen auf sich und zog unwillkürlich den Kopf zwischen die Schultern. Jetzt war ein Anraunzer fällig. Und eine Ohrfeige.

»Da!«, schrie Henry und zeigte auf die Bullaugen. »Da!«

Mitten im Schreien brach seine Stimme um und endete in einem Kiekser, aber niemand lachte, denn alle Blicke waren seiner Hand gefolgt, und was vor den Bullaugen zu sehen war, konnte einem den Atem stocken lassen. Ein Schiff kam direkt auf sie zu, ein viel kleineres Schiff natürlich, denn sein oberes Deck reichte gerade bis zur Bäckerei der *Titanic*, und die Menschen auf dem Deck hatten schreckverzerrte Gesichter und aufgerissene Münder, sodass sie wohl vor Angst schrien; obwohl man das unten in der Titanic natürlich nicht hören konnte. Sie klammerten sich an der Reling fest und kamen immer näher.

In der Bäckerei herrschte Totenstille. Alle starrten auf das Schiff, das jetzt so nahe war, dass es in den nächsten Sekunden gegen die *Titanic* prallen würde. Doch auf einmal änderte es die Richtung, das Heck drehte sich zur Seite und das Schiff kam längsseits. Die Bäcker sahen die schreienden Gesichter unmittelbar vor ihren Bullaugen, als ob man sie mit ausgestreckten Armen hätte berühren können. Dann vergrößerte sich der Abstand und das Schiff trieb vorbei.

Ein einstimmiges Aufatmen ging durch die Bäckerei.

»Bei Gott, das war knapp«, sagte Mr Jones und starrte hinter dem Schiff her. »Da passte nicht mehr als ein Arm dazwischen. Ich hab schon gedacht, jetzt rammt sie uns ihr Heck zwischen die Töpfe. Na, Glück muss der Mensch haben. An die Arbeit, Leute!«

Chris beugte sich eifrig über seine Mandeln. Er war froh, dass der Zwischenfall Mr Jones abgelenkt hatte. Aber er hätte Henry zu gerne gefragt, ob der Chef seine Bemerkung etwa ernst gemeint hatte. Ein Schiff sollte fähig sein, die Bordwand der *Titanic* zu zerstoßen und mit seinem Heck in die Bäckerei einzudringen? Das konnte doch wohl nur ein Witz sein!

Für Ruth sah der Zwischenfall bei weitem nicht so gefährlich aus, denn sie stand mit ihren Geschwistern auf dem Deck der zweiten Klasse, das sich einige Stockwerke über der Bäckerei befand. Als die Schüsse ertönten und die Menschen am Ufer auseinander rannten, hatte Mrs Daniels gleich eine Erklärung:

»Das kann nur ein Wahnsinniger sein. Jemand ist aus dem Irrenhaus entsprungen und schießt in die Menge.«

Mr Beesley betrachtete mit gekrauselter Stirn das Hafenbecken und sagte schließlich: »Verzeihen Sie, bitte, dass ich Ihnen widerspreche, Madam, aber ich glaube, Sie irren sich. Da, sehen Sie, die *New York* hat sich gelöst und treibt auf uns zu. Das waren keine Schüsse, sondern die stählernen Haltetrossen. Sie sind gerissen und auf den Kai geschlagen. Man kann nur hoffen, dass niemand verletzt worden ist, denn sie müssen wirken wie riesige, eiserne Peitschen.«

»Die Haltetrossen sind gerissen? Aber wieso denn?«

»Ich glaube, daran ist die *Titanic* schuld. Sie ist so gewaltig, dass sie gewissermaßen einen Sog erzeugt, der die anderen Schiffe anzieht wie ein Magnet. Sehen Sie, die *New York* kommt immer näher.«

»Nun, ich muss sagen, ich bin heilfroh, dass wir auf der *Titanic* sind. Hier oben fühlt man sich wirklich sicher, so turmhoch über allen anderen Schiffen. Wenn ich bedenke, dass wir ursprünglich auf der *New York* gebucht hatten – ja, aber warum schreien diese Menschen denn so? Sind sie etwa in Gefahr?«

»Das kann ich nicht beurteilen, fürchte ich«, antwortete Mr Beesley und beobachtete etwas irritiert, wie rasch die *New York* sich näherte. »Man sollte wohl meinen, dass dieses Problem der Sogwirkung der Schiffsleitung bekannt ist, denn es ist ja eine relativ simple, physikalische Tatsache. Es wird bestimmt eine Methode geben, wie man dem begegnen kann.«

»Wir fahren rückwärts«, sagte Ruth plötzlich. »Oder wir bleiben stehen.«

»Tatsächlich. Irgendwie hat sich die Richtung geändert.«

»Aber wieso rückwärts?«, fragte Mrs Daniels erstaunt. »Wir sind doch gerade erst abgefahren. Ob der Kapitän etwas vergessen hat?«

Ruth verdrehte innerlich die Augen. Ihre Stiefmutter hielt dumme Bemerkungen für ein Zeichen mädchenhafter Naivität, aber Mr Beesley konnte sie damit gewiss nicht beeindrucken, denn der war Lehrer für Physik und Biologie. Sie erhielt auch keine Antwort auf ihre Frage, denn Marion quietschte: »Guck nur, Ruth, jetzt stößt sie mit uns zusammen!«

Tatsächlich war die *New York* so nahe herangekommen, dass nur noch ein hauchdünner Streifen Wasser die beiden Schiffe trennte. Richard beugte sich weit aus seinem Kinderwagen und streckte den Kopf über die Reling.

»Kann auf sie runterspucken«, verkündete er stolz.

Seine Mutter hörte diese Bemerkung Gott sei Dank nicht, denn alle Passagiere redeten jetzt durcheinander, weil die *New York* buchstäblich in letzter Sekunde beidrehte und sich dann langsam entfernte.

Auch auf dem Welldeck hatten viele Zuschauer die Szene beobachtet.

»Das gefällt mir nicht«, brummte ein alter Seebär. »Das gefällt mir ganz und gar nicht. Wenn das man kein schlechtes Vorzeichen ist.«

»Ach was, das ist ein gutes«, widersprach ein Kollege. »Es bedeutet, dass wir immer um eine Armeslänge an jedem Unglück vorbeischippern.«

Der erste schüttelte den Kopf. »Manchmal ist ein Arm nicht lang genug.«

»Aber du musst zugeben, dass der Alte gut reagiert hat. Es war die einzige Möglichkeit, die *New York* von uns wegzukriegen.«

Alfred schob sich neugierig näher. Er nahm zu Recht an,

dass mit dem Alten der Kapitän gemeint war, aber er konnte sich den ganzen Vorgang nicht erklären. »Was hat er denn gemacht?«, fragte er.

»Er hat die Backbordschrauben mit Volldampf laufen lassen. Dadurch hört die Sogwirkung auf und es entsteht eine Welle, die die *New York* wegtreibt.«

»Da siehst du, wie sicher die *Titanic* ist«, sagte Mr Golding zufrieden zu seiner Frau. »Sie zieht die anderen an oder pustet sie weg wie Papierschiffchen. Aber ihr selbst passiert nichts.«

»Na, guter Mann, Ihr Wort in Gottes Ohr! Wissen Sie denn nicht, was mit der *Olympic* war?«

»Was ist die *Olympic*?«, fragte Alfred dazwischen.

»Die Schwester von der *Titanic*, genauso groß, genauso schön, genauso sicher. Aber mit der Sicherheit ist das so 'ne Sache. Bei ihrer Jungfernfahrt im vorigen Jahr, da ist dasselbe passiert wie jetzt gerade. Sie fährt durch den Hafen und ein Schiff reißt sich los und treibt auf sie zu. Aber damals war der Alte noch nicht so gewitzt wie heute oder vielleicht ging auch alles noch schneller. Jedenfalls macht er das Manöver mit der Backbordschraube nicht und das Schiff knallt volle Pulle gegen die Bordwand und bohrt sich rein. Tja, und da waren dann ein paar große Löcher.«

»Donnerwetter! Löcher in der Bordwand! Tatsächlich? Und dann?«

»Na, die *Olympic* konnte natürlich nicht auslaufen, sondern musste erst repariert werden. Die war'n vielleicht sauer, die feinen Herren von der Reederei, dass so etwas passiert ist. Dabei konnte der Käpten nix dafür, denn woher sollte er wissen, dass die *Olympic* solche Zicken macht. Das ist nun mal so mit diesen Riesenpötten, die sind anders als alle andern.«

»Aber ich denke, die Bordwand ist aus Stahlplatten und die sind so dick, dass nichts sie zerstören kann?« Mr Golding kam die Geschichte unglaublich vor. »In der Zeitung hat gestanden...«

»In der Zeitung steht viel, auch wenn's nicht stimmt. Etwas Unzerstörbares gibt's nicht, guter Mann, das muss erst noch erfunden werden. Und da hat unser Herrgott auch noch 'n Wörtchen mitzureden.«

»Ja, da mögen Sie Recht haben.« Mr Golding war etwas nachdenklich geworden. »Aber jedenfalls weiß der Kapitän jetzt, wie man damit fertig wird. Hauptsache, es ist nichts passiert.«

»Das will ich meinen. Und der Käpt'n macht jetzt bestimmt drei Kreuzzeichen vor Erleichterung. Es ist nämlich sein letztes Kommando, müssen Sie wissen, danach geht er endgültig vor Anker. Hat noch 'ne junge Frau und was Lüttes auch. Es soll 'ne Ehre für ihn sein, dass er jetzt auch noch die Jungfernfahrt von der *Titanic* machen darf. Sie haben ihn extra von der *Olympic* geholt, weil er nun die Erfahrung hat mit dem Riesenpott. Und weil er so beliebt ist bei den Millionären.«

»Und bei der Mannschaft auch«, mischte sich der Jüngere ein. »Ist ein feiner Kerl, der Käpt'n Smith. Der Beste, den sie haben. Aber wenn er jetzt noch mal 'nen Zusammenstoß gebaut hätte, dann hätt ihm das wohl nichts genützt. Noch dazu, wo wir den Reeder höchstpersönlich an Bord haben. Der platzt fast vor Stolz über sein neues Schiff, und wenn ihm da einer 'nen Kratzer dranmacht, dann reißt er dem garantiert den Kopf ab. Da, jetzt legen sie die *New York* an die Leine.«

Der Schlepper, der die *Titanic* aus dem Hafenbecken ziehen sollte, hatte sich von ihr gelöst und war zusammen mit einem anderen Schlepper zu dem Ausreißer hinübergedampft. Stählerne Trossen flogen an Deck und wurden befestigt. Dann zogen die beiden die *New York* zurück an die Hafenmauer. Die *Titanic* lag inzwischen reglos im Hafen und wartete auf die Rückkehr ihres Schleppers. Das Hornsignal zum Mittagessen ertönte schon, als sie sich wieder in Bewegung setzte.

7

Anna saß in der Wartehalle des Hafens von Cherbourg. Sie merkte zu ihrem Erstaunen, dass sie weder aufgeregt noch traurig noch froh war, obwohl sie bald das Schiff besteigen würde, mit dem sie weg von Europa und nach Amerika fahren würde.

Amerika! Seit Monaten hatte sie an nichts anderes gedacht! Aber jetzt war sie einfach zu müde. Sie hatte das Gefühl, als ob sich jeder Muskel in ihrem Körper in einen schmerzenden Knoten verwandelt hätte und als ob jeder Knochen sie drückte und pikste. Ein Bett! Sie wollte nur noch ein Bett! Ein schönes weiches Bett, in dem sie sich endlich lang ausstrecken und den Kopf auf ein Kissen statt auf einen Koffer oder gegen eine Lehne legen könnte und in dem sie die ganze Nacht durchschlafen würde, ohne ein einziges Mal von Lärm oder Licht geweckt zu werden. Selbst ihr eigenes Bett daheim wäre ihr willkommen gewesen, obwohl sie sich doch danach gesehnt hatte, es zu verlassen. Das kam ihr jetzt ganz unbegreiflich vor.

Wie viele Tage und Nächte waren sie nun schon unterwegs? Sie war so müde, dass sie kaum noch rechnen konnte. Erst die Fahrt mit dem kleinen Dampfer, der an jedem Ort Halt machte.

Die ganze Familie hatte sie an den Landungssteg begleitet und so lange gewinkt, bis das Schiff aus dem Fjord hinaus aufs offene Meer getuckert war. Onkel Peer neben ihr hatte feuchte Augen gehabt, als sie nebeneinander an der Reling standen und Annas Vater und Mutter und Geschwister immer kleiner wurden.

»In meinem Alter weiß man nie, ob man noch einmal zurückkommt.«

»Aber Onkel Peer, so alt bist du doch noch nicht.«

Anna schob tröstend ihren Arm in seinen. Sie mochte Onkel Peer gern, obwohl sie ihn erst seit kurzem kannte. Ihr Vater war von seinen Geschwistern der Jüngste gewesen und Peer ein gutes Dutzend Jahre älter als sein jüngster Bruder. Er hatte auch schon weiße Haare und ein ganz zerknittertes Gesicht. Aber die Hellblonden wurden alle früh grau und die Falten kamen von der kalifornischen Sonne, in der Peer Sjoblom seit über zwanzig Jahren lebte. Ein paar Jahre bevor Anna geboren wurde, war er nach Amerika gegangen und hatte dort ein kleines Vermögen gemacht.

»Natürlich bin ich alt. Ich geh auf die sechzig zu.«

»Aber Onkel Peer, das sind wieder deine Übertreibungen. Du bist Anfang fünfzig. Du machst jetzt deine erste Million voll und dann kommst du wieder und baust dir ein schönes Haus und bist der reichste Mann im ganzen Bezirk.«

»Ja, das möchte ich schon.«

»Das wirst du auch! Du wirst doch wohl deinen Lebensabend nicht in Amerika verbringen?«

Onkel Peer sah unverwandt auf die bunten Häuser, die immer kleiner wurden. »Nein, das möchte ich nicht. Und vor allem sterben will ich lieber hier. Was ein echter Bauer ist, der braucht sein letztes Bett in heimatlicher Erde.«

»Du musst nicht so traurige Sachen sagen! So weit bist du noch lange nicht!«

Onkel Peer drückte ihren Arm. »Du bist ein gutes Mädchen, Anna. Ich bin sehr froh, dass du mitkommst. Da fällt mir der Abschied viel leichter.«

»Und du wirst nie mehr Heimweh haben, denn ich werde dir jeden Tag norwegisches Essen kochen, nichts als Stockfisch und Klippfisch und Pökelfleisch und Hafergrütze mit saurer Sahne, bis du es nicht mehr sehen kannst. Und wenn du magst, kannst du mich jetzt ein bisschen Englisch abfragen, das bringt dich auf andere Gedanken.«

Peer Sjoblom hatte eine Grammatik im Gepäck gehabt, als er aus Amerika zu einem Besuch in seine Heimat Norwegen gefahren war, denn erstens war sein eigenes Englisch noch lange nicht perfekt und zweitens wusste er aus den Briefen seines Bruders, dass in der Familie wieder einmal der Gedanke an Auswanderung umging. Der Älteste würde den Hof erben, der Zweite fuhr zur See, aber was sollte aus den jüngeren Söhnen und Töchtern werden, wenn sie sich nicht als Knechte und Mägde auf anderen Höfen verdingen wollten? Mehrere Familien aus dem Sprengel hatten in den letzten Jahren ihre Kinder nach Amerika gehen lassen und einige waren schon so weit, dass sie Geld nach Hause schicken konnten.

Die Sjobloms hatten damit gerechnet, dass Annas ältere Schwester Onkel Peer begleiten würde, aber nachdem der das Leben drüben geschildert hatte, hatte sie sich dagegen entschieden.

»Ich glaube, ich würde vor Heimweh sterben, wenn ich kein Norwegisch mehr hören würde und euch alle nicht mehr sehen könnte. Da bleibe ich lieber hier und arbeite als Magd.«

Aber Anna war begeistert gewesen von Onkel Peers Beschreibungen der Wolkenkratzer, der Untergrundbahnen und der großen Städte, in denen in einem Haus so viele Menschen lebten wie hier im ganzen Sprengel und wo die Straßenzüge berghoch waren und schnurgerade. Da konnte man stundenlang laufen und kam immer noch an kein Ende. Und Warenhäuser gab es dort, so groß, dass alle Häuser am Fjord hineinpassen würden, und Parks und Kirchen und Theater und Tanzsäle und am Wochenende gingen die Leute aus und vergnügten sich und machten Ausflüge. Dort war immer etwas los, nicht so wie hier am Fjord, wo es schon ein Ereignis war, wenn der Dampfer anlegte, und wo das ganze Jahr über nichts Richtiges passierte.

Anna vergrub sich in die Grammatik und fing an zu lernen und nach einer Woche konnte sie schon kleine Sätze sagen. »I am Anna Sjoblom from Norway. I am seventeen years old. How do you do? I am fine, thank you.«

Onkel Peer war beeindruckt und redete Annas Eltern zu sie mit ihm gehen zu lassen. Er erbot sich sogar ihr das Fahrgeld und die Kaution für Einwanderer zu zahlen, aber seine Verwandten bestanden darauf, sich nichts schenken zu lassen. Schließlich einigte man sich, dass er die Summe nur vorstrecken sollte. Anna würde bei ihm arbeiten und sie zurückzahlen. Dann verfiel Onkel Peer in einen Wirbel von Aktivitäten, um die Reise vorzubereiten.

»Aber was wird Sven sagen?«, fragte Frau Sjoblom.

Anna zuckte mit den Schultern. Der einzige Sohn vom Nachbarhof hatte zwar ein Auge auf sie geworfen, das war unübersehbar, aber seine Eltern würden ihm nur eine reiche Braut erlauben. Er war grob und jähzornig und bildete sich ein, jedes Mädchen würde sich die Finger nach ihm lecken und Anna musste froh und dankbar sein, dass er sich für sie interessierte. Aber das war sie keineswegs, sie würde ihn nicht nehmen, das hatte sie ihren Eltern auch schon erklärt, obwohl die Mutter den Kopf darüber schüttelte, das sie sich so eine Partie entgehen lassen wollte.

Anna mochte ihr nicht sagen, dass es eine grässliche Vorstellung für sie war, mit achtzehn zu heiraten und den Rest ihres Lebens an dem Ort zu verbringen, wo sie geboren war. Schließlich hatte die Mutter ja auch nichts anderes getan und sich nie darüber beklagt. Nein, sie schien eigentlich ganz zufrieden zu sein, auch wenn sie sich natürlich Sorgen über die Zukunft ihrer Kinder und über ihre Armut machte.

Aber ich bin lieber arm, dachte Anna, und kann tun, was ich will, als dass ich heirate, bloß um versorgt zu sein. Sie war heilfroh, dass sie nach Amerika gehen konnte und Sven aus den Augen kam.

Und obwohl Anna das alles nur dachte und kein Wort sagte, hatte die Mutter ihre Aussteuertruhe leer gemacht und zwei Strohkoffer damit gefüllt, obenauf, sorgsam in ein Betttuch eingeschlagen, die Sonntagstracht, daneben ein zweites Kleid und ein zweites Paar Schuhe.

»Du wirst ja wohl kaum zum Heiraten nach Hause kommen, oder?«

Anna hatte schweigend den Kopf geschüttelt. Worauf die Mutter ihr über die Haare gestrichen und leise gesagt hatte: »Recht hast du.«

Der Küstendampfer hatte die beiden Sjobloms in eine Stadt mit einem Bahnhof gebracht, deren Namen Anna jetzt nicht mehr einfiel, und sie war zum ersten Mal in ihrem Leben in einen Zug gestiegen und in eine andere Stadt mit einem noch größeren Bahnhof gefahren, wo sie stundenlang auf den nächsten Zug hatten warten müssen. Am Anfang hatte sie sich fast die Augen aus dem Kopf geschaut, um nur ja alles zu sehen, aber nach einiger Zeit waren alle Eindrücke zu einem Wirrwarr von vorbeihuschenden Landschaften und Städten verschmolzen und von immer neuen Gesichtern und Stimmen, die in fremden Sprachen redeten. Nur die Härte der Holzbänke war gleich geblieben und der Geruch nach Kohle und Rauch, der sich in Kleidern und Haaren festsetzte, und der Ruß, der alles mit einer fettigen Schicht überzog.

Der Bahnhof von Paris war noch größer und voller gewesen als der von Berlin und Anna dankte dem Himmel, dass Onkel Peer bei ihr war und sie sicher durch das Furcht erregende Durcheinander und den brausenden Verkehr steuerte. Sie hatte so viel Angst, ihn zu verlieren, dass sie kaum einen Blick für die Sehenswürdigkeiten hatte, an denen der Pferdeomnibus vorbei zu einem anderen Bahnhof fuhr, wo sie dann endlich in den Zug nach Cherbourg steigen konnten.

Und jetzt saßen sie also in der Wartehalle des Hafens von Cherbourg, umgeben von Scharen von Auswanderern, und wenn Anna nicht so müde gewesen wäre, hätte sie voller Begeisterung die fremdartigen Gestalten betrachtet. Da gab es schwarzlockige, schnurrbärtige Männer, die in jedem Abenteuerroman den edlen Räuber hätten spielen können, Frauen, die sich hinter wallenden Gewändern und Schleiern verbargen, Fez- und Turbanträger, sogar Inder, Chinesen und Japaner, wie Onkel Peer erklärte. Er versuchte mit einigen von ihnen ins Gespräch zu kommen, aber die meisten hoben nur hilflos die Schultern.

»Komische Vorstellungen haben die«, brummte Onkel Peer. »Warum lernen sie nicht wenigstens ein paar Brocken Englisch, wenn sie nach Amerika auswandern?«

Und es wimmelte von Kindern, die offensichtlich froh waren sich nach dem langen Stillsitzen wieder bewegen zu können und wie ein Lämmerherde durcheinander sprangen. Anna war bald von einem Dutzend umringt, alle dunkelhäutig und schwarzhaarig, die sie kichernd und wispernd betrachteten. Anna lächelte sie an, worauf sie immer näher rückten. Was wollen sie bloß von mir? Sie blickte sich nach Onkel Peer um, aber der hatte einen Landsmann entdeckt und war in ein eifriges Gespräch vertieft. Schließlich fasste sich ein Knirps ein Herz, griff nach ihren Haaren und zog kräftig daran.

»Au! Was fällt dir ein? Das tut weh!«

Der Kleine ließ seine Kulleraugen rollen und machte eine beschwichtigende Geste, nahm die Haare dann ganz vorsichtig und ließ sie durch seine Fingerchen gleiten. Er sagte etwas Unverständliches zu den anderen Kindern, die sich daraufhin dicht um Anna drängten und wahrscheinlich alle nach einer Strähne gegriffen hätten, wenn nicht eine kräftige Stimme gerufen hätte: »Was fällt euch ein, ihr Rasselbande? Macht ihr wohl, dass ihr wegkommt?«

Die Stimme gehörte einem baumlangen jungen Mann, und obwohl er norwegisch gesprochen hatte, zogen sich die Kinder eilig zurück, denn er hatte ein sehr energisches kantiges Gesicht und machte eine unmissverständliche Bewegung mit seiner großen Hand. Anna sah ihn ratlos an.

»Sie haben noch nie so helle Haare gesehen«, erklärte der junge Mann. »Sie wollten sich wohl davon überzeugen, dass sie echt sind. Ihre Mütter täten das auch gerne, glaube ich.«

Die Kinder waren zu den Bänken gegenüber gelaufen, auf denen viele schwarz verhüllte Frauen saßen. Nur ihre Augen schauten aus dem Schleier heraus und sahen Anna unverwandt an.

»Sie beobachten dich, seit du hier sitzt.«

»Woher weißt du das?«

»Ich beobachte dich auch. Solche Haare sind wirklich auffallend, selbst bei uns in Norwegen. Wahrscheinlich glauben die Frauen, du trägst einen Kopfschmuck aus Schimmelschweifen.«

Anna presste die Lippen zusammen und schaute betont in eine andere Richtung. Falls das eine witzige Bemerkung sein sollte, so konnte sie jedenfalls nichts zum Lachen daran finden. Sie hatte sich schon oft über ihre Haare geärgert, die so dick und kraus waren, dass man sie nicht einmal zu zwei ordentlichen Zöpfen flechten konnte, von Dutt oder Knoten oder Krone, wie andere Mädchen sie sich machten, ganz zu schweigen.

»Du brauchst einen Pferdestriegel für deine Mähne«, hatte Mutter oft geseufzt, wenn Anna schon wieder einen Kamm zerbrochen hatte, und tatsächlich benutzte Anna seit einiger Zeit einen Metallkamm mit breit auseinander stehenden Zacken. Sie musste mehrere Zöpfe flechten und die dann zusammendrehen, um ihre hüftlangen Haare einigermaßen zu bändigen, aber das war zeitraubend und ohne Hilfe schwierig. Deshalb hatte sie sie auf der Reise einfach mit ein paar Spangen aus dem Gesicht gehalten und sie über den Rücken herabhängen lassen. Das sah zweifellos nicht ordentlich aus, aber musste dieser lange Lulatsch deshalb von Pferdeschweifen sprechen?

»Entschuldige bitte, ich wollte nicht unhöflich sein. Es ist nur, weil sie so hell sind. Aber wenn es dir lieber ist, rede ich von ... von einem silbernen Wasserfall.«

Wider Willen musste Anna lachen. »Das ist ja fast noch schlimmer. Und silbern sind sie überhaupt nicht, sondern schmutzig und verfilzt und voller Ruß. Wenn ich in Amerika bin, schneide ich sie ab.«

»Tu das bloß nicht. Vielleicht kannst du Geld damit verdienen. Ich habe gehört, dass man in Amerika für alles Reklame macht. Du könntest für ein Haarwuchsmittel werben.«

»Aber ich habe doch nie eins benutzt.«

»Das macht nichts. Du nimmst es ein paar Mal und dann machen sie ein Foto von dir und darunter steht: Träumen auch Sie von solchen Haaren? Dann benutzen Sie ›Seidenglanz‹.«

»Das kommt mir aber nicht ganz ehrlich vor.«

»Da hast du Recht. Aber Reklame ist nie ehrlich, sagt mein Freund Edvard. Er war fünf Jahre in Amerika und kennt sich aus. Da drüben sitzt er.«

Er zeigte auf einen blonden jungen Mann, der in einer Gruppe von ebenfalls blonden Männern und Frauen saß.

»Der neben ihm ist mein Vetter Knut und die Mädchen auf der anderen Seite sind Edvards Frau Sigrun und ihre Schwester Ragnhild. Er ist nur nach Hause gekommen, um zu heiraten, und jetzt fahren wir alle zusammen nach Kalifornien.«

»Ich gehe auch nach Kalifornien.«

»Ich weiß.«

Anna sah ihn verblüfft an. »Woher denn das?«

Er gab keine Antwort auf ihre Frage. »Ich weiß noch viel mehr. Du heißt Anna Sjoblom und bist siebzehn Jahre alt. Du hast zwei Brüder und drei Schwestern und kommst aus dem Fold-Fjord. Und du fandest das Leben dort langweilig und möchtest etwas sehen von der Welt. Jetzt mach nicht so ein fassungsloses Gesicht. Ich bin kein Hellseher. Ich habe mich mit deinem Onkel Peer unterhalten.«

»Mit Onkel Peer? Ja, aber wann denn?«

»Im Zug, während du geschlafen hast.«

»Ich habe seit Tagen kein Auge mehr zugemacht.«

»Aber sicher hast du. Mit dem Kopf auf deinem Koffer. Du hast sogar geschnarcht, allerdings nur ganz leise.«

Wieder presste Anna die Lippen zusammen. Nun gut, dann hatte sie also geschlafen, ohne es zu merken, aber das war schließlich kein Grund, dass Onkel Peer einem wildfremden Menschen ihr Leben erzählte. Wahrscheinlich hatte er sogar Sven erwähnt!

»Und du hinterlässt einige gebrochene Herzen, was ich sehr gut verstehen kann, wenn man solche Haare hat wie du.«

Ärgerlich riss Anna ihre geflochtene Reisetasche auf, zerrte ihr großes Umschlagtuch heraus und legte es sich um Kopf und Schultern. Er sollte endlich aufhören von ihren Haaren zu reden. Außerdem standen schon wieder Kinder da und starrten sie an. Und hinter den Kindern sogar Männer, die zwar den Anstand hatten wegzugucken, wenn Anna in ihre Richtung sah, aber doch unverkennbar fasziniert waren von den weißblonden Locken.

Anna kreuzte die Arme über der Tasche und legte den Kopf darauf. Sie war müde. Sie wollte schlafen. Wenn es nach ihr ginge, so hätte der Lulatsch verschwinden können. Aber er verschwand nicht. Wenn sie blinzelte, sah sie seine großen, rissigen Schuhe immer noch vor sich stehen. Nicht einmal ihre Brüder gingen in derartig abgetragenen Schuhen. Er musste noch ärmer sein als sie.

»Meine Schwester hatte auch so ein Tuch«, sagte er leise. Seine Stimme klang plötzlich so verändert, dass Anna den Kopf hob. Er war sehr blass geworden und sein Gesicht noch kantiger.

»Was ist mit ihr?«, fragte Anna unwillkürlich, obwohl sie sich noch vor einer Minute fest vorgenommen hatte kein Wort mehr mit ihm zu wechseln.

»Sie ist tot. Sie sind alle tot – mein Vater, meine Mutter, mein kleiner Bruder. Der Blitz ist eingeschlagen in unseren Hof und sie sind alle verbrannt, beim Löschen oder schon vorher.«

»Und du?«

»Ich war draußen, beim Fischen. Es lag alles in Schutt und Asche, als ich zurückkam.«

»Ach, wie schrecklich.«

Anna versuchte sich vorzustellen, wie das wäre, wenn man nach Hause kam und nur noch rauchende Trümmer vorfand und Leichen dazwischen. Auf einmal wäre man ganz allein auf der Welt, ganz einsam und verlassen. Sie spürte einen Schauder zwischen den Schulterblättern. Sie hatte ihre ganze Familie noch und würde jederzeit zurückgehen können und sie hatte Onkel Peer, der auf sie Acht gab und ihr helfen würde, was immer sie tun wollte. Und dieser Junge hatte niemanden. Und sie saß da und ärgerte sich über seine harmlosen Worte. Spontan streckte sie die Hand aus und zog ihn neben sich auf die Bank.

»Das ist ja schrecklich. Ganz schrecklich!«

»Ja, das ist es.«

Eine Zeit lang saßen sie schweigend nebeneinander.

»Am Anfang habe ich gar nicht gewusst, wie es weitergehen soll«, sagte er schließlich. »Am liebsten wäre ich sofort ausgewandert, aber ich hatte ja nichts mehr außer den Sachen, die ich anhatte, und dem Boot und dem Angelzeug. Wovon hätte ich die Reise bezahlen sollen und die Summe, die man vorweisen muss, bevor sie einen an Land lassen? Dann hat mein Vetter Knut mich zu meinen Verwandten geholt und wir haben als Holzfäller gearbeitet. Nicht gerade eine leichte Sache, aber wir haben gut verdient, und als Edvard kam, hatten wir genug gespart, dass wir mitfahren konnten.«

»Mein Onkel Peer hat auch als Holzfäller angefangen. Heute hat er eine eigene Holzhandlung. Er ...«

»Na, ihr habt euch ja schon angefreundet wie ich sehe«, dröhnte Onkel Peers Stimme dazwischen. »Das ist das Schöne, wenn man auf Reisen ist, da kommt man mit Landsleuten sofort ins Gespräch. Sogar die Norweger tauen da auf. Zu Hause tun sie oft tagelang den Mund nicht auf, aber unterwegs werden sie richtig geschwätzig. Hat Olav dir schon erzählt, dass er auch nach Kalifornien geht?«

Anna nickte nur. Also Olav hieß er.

»Und stellt euch vor, wen ich gerade getroffen habe? Einen Neffen von Erik Hansen, mit dem ich damals ausgewandert bin. Der lebt jetzt in San Diego und hat einen Bauhandel und er hat so viel zu tun, dass er das Geschäft nicht allein lassen kann, sagt der junge Hansen, aber die halbe Familie hat er schon nachgeholt und viele Freunde auch, sodass sie jetzt fast eine kleine norwegische Kolonie dort haben. Ist das nicht wirklich ein Zufall? Vor mehr als zwanzig Jahren hab ich Erik aus den Augen verloren und jetzt treff ich seinen Neffen. Die Welt ist doch wirklich klein.«

Er rieb sich vernügt die Hände und musterte alle Reisenden gründlich, ob er noch irgendwo ein bekanntes Gesicht entdecken würde.

»Mein kleiner Bruder heißt auch Olav«, sagte Anna.

»Ich weiß. Wirst du mich jetzt behandeln wie deinen kleinen Bruder?«

Anna schüttelte den Kopf und lachte. »Ich glaube nicht. Du bist einfach zu lang dazu.«

»Der Junge hat mir übrigens erzählt, dass die *Titanic* Verspätung haben soll«, redete Onkel Peer wieder dazwischen. »Hat er irgendwo aufgeschnappt. Aber das stört mich überhaupt nicht. Wir sind auf dem Weg nach Amerika, da kommt es auf ein paar Stunden mehr oder weniger doch nicht an.«

Im Wartesaal der ersten Klasse war man da ganz anderer Meinung. Mehrere Herren zogen zum wiederholten Mal ihre Taschenuhren hervor und verglichen den Stand der Zeiger mit dem der Wanduhr.
»Auf dem Zeitplan steht: Ankunft in Cherbourg 16.30 Uhr«, sagte John Jacob Astor ungehalten zu seiner Frau. Er war ein hoch gewachsener, schmaler Mann mit mageren Wangen, schweren Lidern und scharfen Falten zwischen Nase und Mund, die seinem Gesicht etwas Müdes und Abweisendes gaben. Wie es seine Gewohnheit war, strich er auch jetzt nervös seinen langen Schnurrbart und der riesige Brillant an seinem Ringfinger blitzte in den Strahlen der schräg stehenden Sonne.
»Wenn die White Star Line weltweit mit ihrer Zuverlässigkeit Reklame macht, dann sollte sie doch wenigstens den eigenen Zeitplan einhalten«, fuhr er fort. »Ich hasse es zu warten.«
Das glaube ich gerne. Du hast ja nicht einmal eine kleine Anstandsfrist einhalten können, bevor du Madeleine geheiratet hast, dachte Jack Singer, der in der Nähe saß und so tat, als ob er in eine Zeitung vertieft wäre, aber jedes Wort der Unterhaltung verfolgte.
Die Scheidung der Astors war *der* Skandal des letzten Jahres gewesen. Er war noch übertroffen von der kurz darauf folgenden Heirat des Multimillionärs mit einem knapp achtzehnjährigen Mädchen, das jünger war als sein Sohn.

John Jacob Astor galt als einer der reichsten Männer Amerikas, manche hielten sein Vermögen sogar für eins der größten der Welt. Wo er auftauchte, hefteten sich Reporter an seine Fersen und sowohl Scheidung wie Heirat waren der amerikanischen Öffentlichkeit in breitester Ausführlichkeit geschildert worden. Schließlich war das Paar vor dem Rummel geflohen und hatte eine verspätete, dafür umso ausgedehntere Hochzeitsreise durch Europa und bis nach Ägypten gemacht.

Und natürlich muss ausgerechnet ich sie hier treffen, dachte Jack weiter. Er war in Madeleine, die jetzt Mrs John Jacob Astor hieß, sehr verliebt gewesen und hatte das auch von ihr angenommen. Sie hatte ihm jedenfalls allen Grund dazu gegeben und Jack war aus allen Wolken gefallen, als sie Astors Antrag angenommen hatte, nachdem sie ihn erst ein paar Wochen kannte. Die Heirat hatte Hals über Kopf stattgefunden. Jack hatte sich ein wenig mit dem Gedanken getröstet, dass Madeleine und er ihre Liebe als ein Geheimnis betrachtet hatten und niemand etwas davon wusste, sodass er wenigstens nicht als verlassener Anbeter dastand. Seine Mutter hatte natürlich doch etwas gewittert, und als Jacks Leistungen im College drastisch nachließen, hatte sie ihrem Mann vorgeschlagen ihren einzigen Sohn durch eine Europareise abzulenken. Mr Singer musste nicht lange überredet werden, er war als Präsident der Pennsylvanian Railways häufig geschäftlich in Europa und fuhr sehr gerne dorthin.

Also machten die Singers eine Besichtigungstour durch good old Europe und nach einiger Zeit merkte Jack zu seinem Erstaunen, dass er immer weniger an Madeleine dachte.

Die Singers hatten die Rückfahrt auf der *Olympic* gebucht, aber als Mr Singer erfuhr, dass Kapitän Smith und auch der

Chefsteward Faulkner auf die *Titanic* versetzt worden waren, hatte er ihre Passage umbuchen lassen.

»Ich habe fast alle meine Reisen mit Kapitän Smith und Chefsteward Faulkner gemacht«, hatte er seiner Frau erklärt. »Die beiden sind die besten Männer, die die White Star Line aufzuweisen hat, und wenn sie jetzt auf der *Titanic* sind, dann werde ich eben in Zukunft mit diesem Schiff fahren.«

Sie hatten ihre Reise abkürzen müsse, da die *Titanic* eine Woche früher auslief als die *Olympic*, und sie waren gerade noch rechtzeitig nach Cherbourg gekommen. Als die Singers von einem Angestellten der White Star Line in den Erste-Klasse-Wartesaal geführt wurden, wartete draußen schon eine Schar von Reportern.

»Siehst du, wir sind doch nicht die Letzten. Sie warten noch auf jemanden«, sagte Mr Singer zu seiner Frau. »Ich bin noch gar nicht dazu gekommen, mir die Passagierliste anzuschauen, aber es müssen wohl Berühmtheiten dabei sein bei so einem Andrang.«

»Wahrscheinlich gehörst du auch dazu, mein Lieber«, erwiderte sie lächelnd. »Der Millionär und Eisenbahnpräsident aus Philadelphia ist bestimmt ein Foto wert.«

»Ach was, ich bin für Reporter völlig uninteressant. Keine Skandale. Du verstehst schon.«

Sie lachte und schob ihren Arm unter seinen. »Das stimmt. Wenn du nicht ein so vorbildlicher Ehemann und Vater wärest, stündest du viel öfter in der Zeitung.«

Es hatten tatsächlich nur wenige Reporter fotografiert, als die Singers vorbeigingen, aber hinter ihnen brach auf einmal ein wahres Blitzlichtgewitter los, und als Jack sich umdrehte, sah er einen riesigen Hut, groß wie ein Autoreifen, und darunter Madeleines Gesicht. Die beiden starrten sich ein paar

Sekunden entgeistert an. Dann hoben sich Madeleines Mundwinkel zu einem winzigen Lächeln, Jack verbeugte sich leicht, und ehe ein Reporter aufmerksam werden konnte, drehte er sich um und ging weiter, während mehrere White-Star-Angestellte den Astors einen Weg bahnten und die nachdrängende Menge energisch zurückschoben.

»Nein, meine Herren, das ist nicht erlaubt. Dieser Wartesaal darf nur mit einem Ticket der ersten Klasse betreten werden.«

»Nein, das ist ganz ausgeschlossen.«

»Nein, wir machen keine Ausnahmen, auch nicht für Geld.«

»Treten Sie jetzt bitte zurück!«

»Nein, wir nehmen kein Geld.«

Es war fraglich, ob diese Versicherungen den Reportern genügt hätten, denn die stießen sich gegenseitig aus dem Weg und schrien ihre Fragen durcheinander, die die Astors mit steinernem Gesicht ignorierten, aber auf einmal drehten sie sich alle um und liefen zum Parkplatz der ersten Klasse. Es war wohl ein neuer Passagier aufgetaucht, der eine Schlagzeile versprach, und die Astors konnten endlich den Wartesaal betreten. Mrs Singer schickte einen erschrockenen Blick zu ihrem Sohn hinüber, aber der hatte sich schon hinter einer Zeitung verschanzt.

»Jetzt sieh dir das an!«, tuschelte sie ihrem Mann zu. »Ausgerechnet Madeleine! Ausgerechnet hier! Fahren wir deshalb durch halb Europa, um Jack auf andere Gedanken zu bringen, damit er sie auf der Rückfahrt jeden Tag vor der Nase hat? Und wie sie aussieht! Der Hut ist der letzte Schrei. Und das Kostüm ist bestimmt von Worth. So etwas gibt es nur in Paris. Auffallend und trotzdem sehr damenhaft. Raffiniert!«

Sie musterte das dunkle Kostüm mit den breiten, weißen Querstreifen am Revers mit Kennerblick.

»Nun, sie ist ja auch eine Dame«, sagte Mr Singer friedfertig. »Und eine sehr hübsche dazu.«

»Eine Dame? Pah! Das meinst du doch nicht im Ernst. Sie ist ein durchtriebenes Flittchen, das in eine mehr als zwanzig Jahre alte Ehe eingebrochen ist.«

»Aber Marian! Der arme Johnny Astor hatte doch wirklich nichts zu lachen. Du hast selbst immer gesagt, dass seine Frau die Kaltherzigkeit in Person ist. Kein Wunder, dass er schließlich genug hatte.«

»Er wird vom Regen in die Traufe kommen, das weiß ich jetzt schon. Schau dir doch ihre Augen an! Kalt wie Steine. Ich habe sie immer unheimlich gefunden. Bloß gut, dass Jack auf diese Art von ihr los ist! Aber das sage ich dir, John, mehr als einen förmlichen Gruß werden die beiden von mir nicht bekommen. Die Scheidung war ein Skandal, darüber sind sich alle einig, und er soll sich nicht einbilden, dass er einfach zur Tagesordnung übergehen kann.«

»Meinst du wirklich?« John Singer liebte es, wenn seine Umgebung sich in Harmonie befand, und die Aussicht, seinen alten Bekannten John Jacob Astor schneiden zu müssen, erfüllte ihn mit Unbehagen.

»Ja, das meine ich. Ich sehe nicht den geringsten Grund, warum wir ihn und seine Frau mit offenen Armen aufnehmen sollen. Bloß weil er ein paar Millionen mehr hat als wir. Recht und Ordnung sind schließlich wichtiger als Geld.«

»Aber er hat doch nicht gegen Recht und Ordnung verstoßen, Marian«, erwiderte Mr Singer. »Er ist ganz ordentlich geschieden worden. Stell dir vor, Jack hätte Madeleine geheiratet! Da wärst du vielleicht froh und dankbar, dass es diese Möglichkeit gibt.«

Seine Frau schüttelte halb betroffen, halb amüsiert den Kopf. »Du hättest Anwalt werden sollen, John. Du hast wirklich eine Begabung dafür, einem die Worte im Mund zu verdrehen.«

Mrs Singer betrachtete ihren einzigen Sohn und konnte ein Lächeln nicht unterdrücken. Sie hielt Jack für den hübschesten, besterzogenen und viel versprechendsten Jungen von ganz Philadelphia, obwohl ihr Mann sie immer mit ihrer Parteilichkeit aufzog und meinte, wenn ihr Liebling noch zwei oder drei Brüder hätte, würde sie ihn mit ganz anderen Augen sehen. Das mochte stimmen, aber dass Jack sehr gut aussah mit seinen dunklen, krausen Haaren und braunen Augen und seinem fröhlichen Lächeln, das musste jeder zugeben, und auch, dass er immer höflich und freundlich war, von seinen sportlichen und schulischen Erfolgen ganz zu schweigen (zumindest in der Zeit vor Madeleine).

Die Mädchen jedenfalls umschwärmten ihn wie die Bienen den Honigtopf, was natürlich auch mit seinem Reichtum zusammenhing, und beides machte seiner Mutter Sorgen. Er war so arglos und gutartig, dass er auf jedes hübsche Gesicht hereinfallen würde, das es nur auf sein Geld abgesehen hatte, dachte sie oft, oder er würde sich in irgendein liebes, aber höchst unstandesgemäßes Lämmlein verlieben und den edlen Ritter spielen wollen. Mrs Singer war sehr erleichtert gewesen über Madeleines plötzliche Heirat und hatte sie als Warnung aufgefasst. Ab sofort würde sie dafür sorgen, dass Jack nur von ihr ausgesuchte und begutachtete Mädchen kennen lernte.

Die Singers waren nicht die Einzigen, die über die Astors

tuschelten. Von mehreren Seiten hörte Jack ihren Namen. Er sah nachdenklich zu Madeleine hinüber. Wie würde sie wohl mit dieser ständigen Aufmerksamkeit fertig werden? Er hatte keine Ahnung. Er merkte auf einmal, dass er sehr wenig von ihr wusste. Wieso eigentlich? Sie hatten sich doch so oft unterhalten und er hatte von Anfang an das Gefühl gehabt, dass er noch nie so gern mit einem Mädchen geredet hatte wie mit Madeleine. Das war's! Er hatte geredet! Sie hatte ihn immer nur schwärmerisch angeschaut mit ihren großen, durchsichtigen Augen und gelächelt und genickt.

Natürlich hatte sie auch gesprochen. Sätze wie »Das finde ich auch. Da hast du ganz Recht. Das hast du gemacht, tatsächlich? Das könnte ich nie! Wie wunderbar!«.

Aber warum hatte ihm das gefallen? Und wieso hatte er sie nicht zum Reden gebracht? Hatte sie etwa nur seiner Eitelkeit geschmeichelt? War er am Ende überhaupt nicht verliebt in sie? Er betrachtete sie unauffällig hinter seiner Zeitung hervor. Sie sah viel älter aus, als er sie in Erinnerung hatte, aber das mochte an dem riesigen Hut und dem auffallenden Kostüm liegen und auch an dem etwas hochmütigen Ausdruck, mit dem sie über die anderen Passagiere hinwegsah. Sie war nicht mehr das junge Mädchen, mit dem er getanzt und Tennis gespielt hatte, sondern eine Dame der Gesellschaft, außerhalb seiner Reichweite – und außerhalb seines Interesses, wie er auf einmal merkte.

Mr Astor, der mit einem Angestellten gesprochen hatte, setzte sich wieder neben seine Frau. »Es hat beinahe einen Unfall gegeben beim Auslaufen in Southampton.«

»Tatsächlich?«

»Aber der *Titanic* ist nichts passiert. Sie haben gefunkt, dass sie nur eine Stunde Verspätung haben wird. Das ist der

Vorteil der Telegrafie. Man wird sofort über alles informiert.«

»Da hast du ganz Recht.«

Mr Astor tätschelte dem Airedaleterrier den Kopf, den seine Frau an der Leine hielt. »Der arme Buddy ist ganz nervös. Ich habe dem Chefsteward telegrafieren lassen, dass wir ihn zunächst mit in die Kabine nehmen wollen. Er soll erst in den Zwinger, wenn er sich wieder beruhigt hat.«

»Das hast du gemacht, tatsächlich? Wie wunderbar!«

Jack ließ die Zeitung sinken und faltete sie langsam zusammen. Er brauchte keinen Sichtschutz mehr, denn er hatte nicht die Absicht, Mrs John Jacob Astor weiter zu beobachten. Sie langweilte ihn.

8

Es dämmerte schon, als die *Titanic* vor dem Hafen von Cherbourg erschien. Sie ankerte weit draußen, denn das Hafenbecken war nicht tief genug, um den Koloss aufzunehmen. Die Passagiere wurden mit kleinen Motorbooten bis dicht vor die Schiffswand gefahren und konnten dann über Gangways ins Innere gehen. In der ersten und zweiten Klasse stiegen nur einige dutzend Passagiere zu, aber vor den Booten der dritten Klasse drängten sich über 200 Auswanderer aus ganz Europa und dem Vorderen und Hinteren Orient. Hafenbeamte versuchten die Wartenden nach Familien und ledigen Männern und Frauen zu ordnen, aber in dem allgemeinen Lärm waren ihre Anweisungen kaum zu hören. Ein frischer, kalter Wind war aufgekommen und blies kräftig vom Wasser her.

»Mein Tuch! Mein schönes Tuch!«, schrie Anna auf einmal.

Eine kräftige Bö hatte ihr das Tuch vom Kopf gerissen und in die Luft gehoben. Anna ließ ihre Koffer fallen und reckte sich danach, aber da hatte Olav schon einen Zipfel des Tuches erwischt. Noch während er sich über sie beugte und es festhielt, erhielt er von hinten einen kräftigen Stoß, der ihn gegen Anna warf, denn in den letzten Reihen hatte jemand geschrien: »Es geht los! Alle Mann an Bord!«, worauf das Gedränge noch stärker wurde. Olav versuchte sein Gleichgewicht wieder zu finden, stolperte aber über Annas Koffer und ging in die Knie, wobei er auch Anna ins Schwanken brachte.

Gleichzeitig fuhr der Wind in ihre langen Haare, wirbelte sie in die Luft und presste sie gegen Olavs Jacke.

»Meine Koffer!«, riefen sie beide wie aus einem Munde. Sie knieten nebeneinander und versuchten ihre Gepäckstücke zu fassen, während sich die anderen an ihnen vorbeischoben. Onkel Peer war längst von dem Strom der Menschen weitergedrängt worden. Als die beiden sich aufrappelten, stieß Anna einen Schmerzenslaut aus.

»Au! Lass meine Haare los!«

»Deine Haare? Aber ich habe nur meine Koffer und dein Tuch in der Hand.«

Anna drehte den Kopf, ganz vorsichtig, denn sie hatte das Gefühl, als ob ihr jemand die Haare ausreißen wollte, und seufzte.

»Ach herrje. Das hat mir gerade noch gefehlt. Was machen wir denn jetzt?«

Olavs Jacke war mit zwei Reihen von großen Knöpfen besetzt und um die hatten sich die Haare gewickelt. Die Leute drängten jetzt so stark, dass es aussichtslos schien, sich gegen sie zu stemmen und dabei auch noch das Gepäck abzustellen und sich mit dem Lösen der Haare zu beschäftigen.

»Bleib ganz dicht neben mir, damit es nicht so ziept«, schlug Olav vor. »Wir versuchen es dann auf dem Boot, da haben wir wenigstens die Hände frei.«

Aber das Boot schaukelte heftig auf den Wellen, sodass jeder genug damit zu tun hatte, sich einen Halt zu verschaffen, und trotzdem prallte man immer wieder mit seinem Nachbarn oder einem Gepäckstück zusammen. Anna stand dicht neben Olav, den Kopf an seine Brust gelehnt, und musste Onkel Peers Neckereien über sich ergehen lassen.

»Na, du gehst ja ran, mein Junge. Recht hast du. Das ist

nämlich eine kleine Widerspenstige, die muss man festhalten, wenn man sie einmal hat.«

Anna riss wütend an einer Strähne, erreichte aber nur, dass ihr die Tränen in die Augen schossen und eine Locke in ihrer Hand blieb. Hier draußen blies der Wind noch stärker und die Haare wirbelten um Olavs Jacke und verhedderten sich immer mehr. Onkel Peer kicherte.

»Wer hätte das gedacht? Die kleine Anna, die immer die Nase so hoch trägt, wirft sich dem erstbesten Auswanderer an den Hals. Ich würde mich erst mal umsehen an deiner Stelle, Anna. In den Staaten sind junge Mädchen Mangelware und auf dem Schiff erst recht. Du könntest jeden haben.«

»Mich zum Beispiel!«, rief der junge Mann, den Olav eben als seinen Vetter Knut vorgestellt hatte. »Ich bin viel hübscher als er und außerdem viel unterhaltsamer, denn Olav mag nicht tanzen und nicht singen und . . .«

»Und Karten spielen und trinken auch nicht so wie du, und das ist für ein Mädchen gar nicht unterhaltsamer«, unterbrach ihn Sigrun, die junge Frau von Olavs Freund Edvard, und drohte ihm scherzhaft mit dem Finger. »Das hab ich Ragnhild schon oft gesagt und ich bin froh, dass sie jetzt mit eigenen Augen gesehen hat, wie flatterhaft du bist und dass du dich an fremde Mädchen heranmachst, obwohl du doch angeblich so verliebt in sie bist.«

»Das weiß ich doch längst«, sagte ihre Schwester Ragnhild und lachte. »Ich hatte schon meinen Grund, warum ich keine Doppelhochzeit wollte. Ehe ich diesen Hallodri nehme, muss ich ganz sicher sein, dass sich nichts Besseres findet. Der Hübsche mit den dunklen Locken da drüben an der Reling zum Beispiel, der sieht noch viel besser aus als du, Knut.«

»Pah, das ist bestimmt ein Italiener oder ein Grieche und

was willst du mit dem? Der versteht garantiert kein Norwegisch und du würdest vor Langeweile verzweifeln, wenn du niemanden hättest, an dem du deine Zunge wetzen könntest.«

Anna war froh, dass sie fröhlich weiterstritten und nicht mehr über sie und Olav sprachen. Sie hatte das Gefühl, dass alle Leute auf dem Boot sie beobachteten und über sie lachen müssten, aber als sie unauffällig zur Seite blickte, sah sie, dass alle Augen auf die *Titanic* gerichtet waren, die wie ein gewaltiger, von Lichterketten gestreifter Berg in der Dämmerung vor ihnen emporragte.

»Lass die anderen vorausgehen«, flüsterte sie Olav zu, aber die Gangway wurde an der Stelle festgemacht, wo sie standen, sodass sie bei den Ersten waren, die dicht nebeneinander die *Titanic* betraten. Ein Uniformierter kontrollierte ihre Papiere und betrachtete sie erstaunt, was Anna nicht verwunderte, denn sie sahen bestimmt sehr lächerlich aus, so eng nebeneinander, dass sie kaum wussten, wie sie die Koffer halten sollten. Er sagte etwas, aber das war bestimmt kein Englisch, es klang jedenfalls völlig anders als alles, was Anna je von Onkel Peer gehört hatte.

»Was hat er gesagt?«, fragte sie.

Olav zuckte mit den Achseln. »Ich habe kein Wort verstanden. Wenn Edvard Englisch spricht, hört sich das ganz anders an.«

Hinter ihnen stauten sich die Passagiere. Wieder sagte der Uniformierte etwas Unverständliches.

Was hieß denn bloß Schere auf Englisch, überlegte Anna. Sie zeigte auf ihre verhedderten Haare und machte mit der Hand Schneidebewegungen.

Der Mann schien ihr Problem zu begreifen, jedenfalls rief er einen Steward und winkte sie weiter. Der Steward versuchte ebenfalls ihnen etwas zu erklären und sprach ganz langsam, aber es klang, als ob er eine heiße Kartoffel im Mund hätte. Olav und Anna hoben die Schultern und sahen ihn ratlos an. Der Steward seufzte.

»Boy«, sagte er und zeigte auf Olav und dann nach rechts.
Olav nickte.

»Girl«, sagte der Steward und zeigte auf Anna und dann nach links.

»Die Jungen sind im Bug und die Mädchen im Heck und er glaubt, du willst mich mitnehmen auf die Mädchenseite«, erklärte Olav verlegen.

Anna wurde dunkelrot. »Ich will ihn nicht mitnehmen«, sagte sie empört auf Norwegisch, denn jetzt fiel ihr überhaupt kein englisches Wort mehr ein. »Er hängt an mir fest und ich bring ihn nicht los und deshalb muss ich in meinem Gepäck nach einer Schere suchen. Aber ich kann doch nicht hier im Gang meine Koffer aufmachen.«

Diesmal zeigte Olav, wie Annas Haare sich um seine Knöpfe gewickelt hatten und machte mit den Fingern eine Schere nach.

»Okay, okay«, sagte der Steward genervt. »But you come back, boy, and you go over there.« Dabei zeigte er wieder nach rechts.

»Okay, okay«, wiederholte Olav. Endlich hatte er etwas verstanden. »I come back. Okay.«

Anna nickte nachdrücklich. Das war doch wohl selbstverständlich, dass Olav zurückkam.

Der Steward schaute sich ihre Papiere an und blickte auf die Liste in seiner Hand. Dann zeigte er wieder nacheinander auf Anna und Olav und sagte etwas Unverständliches, das sie nur zum Kopfschütteln brachte. Aber diese Schwierigkeit schien er gewöhnt zu sein, denn er hatte viele kleine Blätter auf dem Tischchen neben sich. Auf eines schrieb er F 88, das gab er Anna, auf das andere F 6 und das kriegte Olav.

Er deutete die breite Treppe hinunter und dann konnten sie endlich gehen, durch einen langen, langen Gang, an vielen, vielen Türen vorbei. Ein paar standen offen und zeigten Vierer- und Sechserkajüten und waren offensichtlich für Familien bestimmt, denn aus einigen tönte Kindergeschrei. Und da war endlich Kabine 88. Ragnhild saß schon auf einer Koje und fing an zu lachen, als sie die beiden sah.

»Sei nicht so albern«, sagte Olav streng. »Gib mir lieber eine Schere!«

Ragnhild machte ihren Koffer auf und wühlte darin herum, hörte aber nicht auf zu lachen. »Arme Anna. Du kommst mir vor wie Davids Sohn Absalom. Dem sind auch seine langen Locken zum Verhängnis geworden. Als er auf der Flucht vor seinen Verfolgern davongaloppierte, hat der Wind seine Haare in die Höhe geweht, sie haben sich in einem Baum verfangen und ihn vom Pferd gerissen. Da hing er in der Luft und zappelte und seine Verfolger konnten ihn abstechen. Ich glaube, du liest nicht genug in der Bibel, denn sonst hätte dich die Geschichte warnen müssen.«

»Willst du etwa behaupten, dass ich Anna abstechen will?«

»Aber nein! Du bist doch bloß der Baum, an dem sie hängen bleibt. Lang genug bist du ja. Und hölzern übrigens auch. Mein Knut hätte eine solche Lage anders genutzt, das kannst du mir glauben.«

»Hör nicht auf sie, Anna! Sie hat das loseste Mundwerk von ganz Norwegen, aber im Grunde ist sie ein liebes Mädchen und sie meint noch nicht einmal die Hälfte von dem, was sie sagt.«

»Das war aber jetzt dein Glück, Olav Abelseth, dass du mich ein liebes Mädchen genannt hast, denn sonst hätte ich dich auf die Schere warten lassen, bis ... bis ... aber das sage ich lieber nicht, denn sonst spricht Anna bis New York kein Wort mehr mit mir.«

Sie reichte Olav die Schere und der schnitt langsam und vorsichtig die Haare um die Knöpfe ab.

»Tu ich dir auch nicht weh?«

»Nein.«

»Ich werde versuchen so wenig wie möglich abzuschneiden, aber es wird nicht einfach sein, denn sie sind wirklich sehr verheddert.«

Anna zuckte mit den Schultern.

»Oder soll ich lieber die Knöpfe abschneiden und du versuchst es dann selbst, vielleicht sogar ohne Schere?«

»Nein.«

»Sag einmal, bist du immer so einsilbig?«, fragte Ragnhild verwundert. »Das war doch jetzt wirklich ein sehr freundliches Angebot, für das man sich hätte bedanken können, denn er hätte die Knöpfe ja wieder annähen müssen. Und es sind zwölf, ich habe sie gerade gezählt, obwohl es schwierig ist mit all deinen Haaren drüber. Oder hättest du sie angenäht?«

»Nein!«

Ragnhild fing wieder an zu lachen. »Ich sehe schon, du bist die ideale Zimmergenossin für mich. Ich werde von früh bis spät schwätzen können und du brauchst bloß ab und zu einmal Ja oder Nein zu sagen. Aber ob du für Olav ideal bist, das ist noch sehr die Frage, denn er ist auch nicht gerade gesprächig und es gibt nichts Langweiligeres als zwei Menschen, die sich den ganzen Tag lang anschweigen.«

»Und es gibt nichts Anstrengenderes als Mädchen, die ihre

Zunge laufen lassen wie ein Mühlrad und nicht merken, dass sie andere Leute verlegen machen mit ihren Bemerkungen.«

»Verlegen? Ich? Aber wieso denn?« Ragnhild schien ehrlich überrascht. »Mache ich dich etwa verlegen, Anna?«

Ihr Erstaunen wirkte so entwaffnend, dass Anna lächeln musste und den Kopf schüttelte. Es war ja auch nicht in erster Linie Ragnhild, die die Situation so peinlich machte, sondern ihre eigene Unbeholfenheit. Onkel Peer hatte Recht, sie hatte immer die Nase hoch getragen, aber mehr aus Unsicherheit als aus Überheblichkeit, und jetzt wusste sie einfach nicht, wie sie sich verhalten sollte. Warum bloß reagierte sie so verkrampft? Sie war doch sonst nicht auf den Mund gefallen. Warum machte sie keine lustige Bemerkung? Weil ihr Olav gefiel?

Als sie nebeneinander auf der Bank im Hafengebäude gesessen und geredet hatten, da hatte sie plötzlich gedacht, dass sie ihn tausendmal netter fand als Sven, und wie durch einen Zauberschlag war ihre Müdigkeit wie weggeblasen gewesen. Auf einmal hatte sie sich wieder ganz unbändig auf Amerika gefreut und auf die Reise dorthin und auf die Tatsache, dass sie Olav jeden Tag sehen würde. Aber ihm plötzlich an den Hals geworfen zu werden, wie Onkel Peer das so treffend beschrieben hatte, und neben ihm hertrotten zu müssen wie ein Hündchen, ohne eine Ausweichmöglichkeit und noch dazu vor aller Augen, und jetzt musste er sogar noch mit in ihre Kajüte . . .

»Nein, du machst mich natürlich nicht verlegen. Aber ich komme mir vor wie ein Hund an der Leine, und das mag ich nicht.«

Ragnhild lachte schon wieder. »Aber wie kommst du denn auf diese Idee? Es ist doch Olav, den du an der Leine führst. Und er sieht nicht so aus, als ob er das sehr bedauern würde.«

»Das tue ich auch nicht«, sagte Olav ruhig. »Warum sollte ich? Kein Hund ist je an einer so schönen Leine geführt worden, glaube ich.«

Anna fühlte, wie ihr Gesicht brannte. Das wievielte Mal eigentlich in der letzten Stunde? Sie war bestimmt noch nie in ihrem Leben so oft errötet.

»Das hast du hübsch gesagt«, erklärte Ragnhild beifällig. »Das hätte Knut auch nicht besser machen können. Aus dir könnte noch etwas werden, Olav Abelseth. Du solltest bei ihm Unterricht nehmen. Oder bei mir.«

»Vielen Dank für das Angebot, aber ich glaube, ich eigne mich nicht für einstudierte Reden. Und vielen Dank für die Schere. Das war der letzte Knopf, Anna. Es tut mir Leid, dass es so unangenehm für dich war.«

Anna hatte schon zwei große Schritte von ihm weggemacht. »Oh...ich...so meinte ich das nicht...ich...es hat nur so geziept.«

»Na, daran müsstest du doch gewöhnt sein bei dieser Mähne«, sagte Ragnhild unverblümt. »Wahrscheinlich hast du doch nach jedem Haarewaschen dasselbe Theater, nicht? Oder ist es ein Unterschied, ob ein Kamm ziept oder die Jackenknöpfe eines fremden Mannes?«

»Ich . . . ich weiß nicht. Wahrscheinlich nicht.« Anna schüttelte kräftig den Kopf hin und her. Endlich konnte sie ihn wieder unverkrampft bewegen. Jetzt, wo sie einen sicheren Abstand zwischen sich und Olav hatte, verflog ihre Befangenheit. »Das hättest du mir ja auch eher sagen können, dass ich mir einfach vorstellen soll, dass ein Kamm an meinen Haaren reißt.«

Olaf griff nach seinen Koffern. »Ich würde dir gerne beweisen, dass zwischen einem Kamm und mir ein gewisser

Unterschied besteht. Sollen wir uns beim Abendessen an einen Tisch setzen?«

»Das hab ich schon mit den anderen ausgemacht«, sagte Ragnhild. »Annas Onkel Peer war auch damit einverstanden. Und sag Knut, er soll sich gefälligst die Hände schrubben vor dem Essen und die Haare bürsten, denn dieses Schiff sieht verflixt vornehm aus.«

Sie zwinkerte Anna zu, als sie hinter Olav die Türe schloss. »Hast du gesehen? Er hat sich eine lange Locke abgeschnitten und in die Tasche gesteckt. Den hat's erwischt, das sage ich dir. Wirst du immer so schnell rot, du Arme? Das muss ja grässlich sein.«

»Ist es auch«, gab Anna zu, gerührt von dem unüberhörbaren Mitgefühl in ihrer Stimme. Diese Ragnhild war eigentlich sehr nett. Und sie brannte darauf, sie etwas zu fragen. »Sag mal, was meintest du eben eigentlich? Was hätte denn dein Knut gemacht in so einer Lage?«

Ragnhild legte den Kopf schief und sah vor sich hin.

»Nun, ich will nicht behaupten, dass er dir einen Kuss gegeben hätte, aber den Arm um dich gelegt und dich kräftig gedrückt, das hätte er bestimmt.«

»Aber wir haben uns doch gerade erst kennen gelernt«, sagte Anna schockiert.

»Macht das einen Unterschied? Man weiß doch eigentlich gleich, ob man jemanden mag oder nicht, findest du nicht?«

»Hm.« Anna wickelte nachdenklich eine Locke um die Finger. »Und du, was hättest du gemacht?«

»Bei Knut? Oder bei Olav?«

»Bei Olav? Wieso bei Olav?«, fragte Anna noch schockierter.

»Aber ich habe eine Schwäche für Olav. Hast du das nicht

gemerkt? Deshalb habe ich doch Knut nicht geheiratet, weil ich gemerkt habe, dass er im Grunde als Ehemann nicht taugt und dass Olav dafür viel geeigneter wäre. Ich hätte nicht das Geringste dagegen, wenn er mich umarmen und drücken würde, das kann ich dir sagen. Aber er hat mich die ganze Zeit auf Abstand gehalten, obwohl ich mich wirklich angestrengt habe ihm zu gefallen.« Sie seufzte und verdrehte die Augen und dann lachte sie schon wieder. »Wahrscheinlich hat er Recht. Wir passen wirklich nicht zusammen. Er ist so gutmütig, dass ich ihm nach einiger Zeit auf der Nase herumtanzen würde, und das hätte er wirklich nicht verdient. Gefällt er dir?«

»Ich – hm –, ja, ich glaube schon. Aber wehe, wenn du ihm das sagst. Dann rede ich wirklich bis New York kein Wort mehr mit dir.«

»I'm back«, sagte Olav zu dem Steward, der nur abwesend nickte und ihn offensichtlich schon vergessen hatte bei dem Ansturm der neuen Passagiere, mit denen er immer noch beschäftigt war. Olav ging an den Kajüten entlang. Aus irgendeinem Grund war er froh, dass er wusste, wo Annas Kabine lag.

Ganz vorne im Heck, da wo es am engsten und am billigsten war, fand er die Nummer 6. Es war eine Sechserkabine, die gerade Platz für drei Doppelstockbetten, einen Schrank, einen Tisch unter dem Bullauge und vier Stühle hatte. Darauf saßen sein Vetter Knut, daneben ein drahtiger Halbwüchsiger mit einem brandroten Schopf, ein rotblonder, bärtiger Hüne und ein auffallend elegant gekleideter, brünetter junger Mann, der seine gelbledernen Handschuhe nicht abgelegt hatte und schweigend zu dem Bullauge emporblickte, während die beiden anderen sich unterhielten.

»Alles Engländer«, sagte Knut. »Man versteht kein Wort.«

»Wir werden uns schon dran gewöhnen. Vielleicht sprechen sie langsam, wenn wir darum bitten.«

»Du musst deinen Koffer unters Bett schieben. Im Schrank ist nicht genug Platz. Der feine Pinkel wollte alle seine Klamotten aufhängen, aber der Riese hat ihm schon klargemacht, dass das nicht geht.«

Olav verstaute sein Gepäck, trat dann an den Tisch und streckte dem Bärtigen die Hand hin.

»I am Olav Abelseth from Norway. I am going to California.«

Der andere grinste und schüttelte ihm kräftig die Hand.

»I'm Robert Markham from Scotland. Ich weiß noch nicht, wo ich hingehe. Ich muss erst feststellen, wo es Arbeit gibt und wo man am besten verdient.«

Er sprach jede Silbe langsam und sorgfältig und Olav verstand ihn recht gut.

»Und ich bin Alfred Russel aus Kent. Ich fahre zu meinem Bruder in die Rocky Mountains. Mein Freund Frankie und seine Eltern fahren auch dahin. Und am Sonntag habe ich Geburtstag, da werde ich sechzehn.«

»Na, Junge, das werden wir aber feiern, da kannst du sicher sein«, dröhnte Robert. »Was bist du nur für ein Glückspilz! Erst fünfzehn und schon auf dem Weg nach Amerika.«

Der Dritte übersah Olavs ausgestreckte Hand. Er sah ihn nicht einmal an, neigte den Kopf nur um Haaresbreite und murmelte: »Tim Robbins. Sehr erfreut.«

Dabei starrte er weiter Richtung Bullauge. Nach der freundlichen Begrüßung der anderen wirkte seine Hochnäsigkeit fast verletzend. Knut ballte die Fäuste.

»Dem würd ich gern mal eins auf seine hübsche Nase geben«, knurrte er.

»Warum willst du dich bloß immer gleich prügeln?«, fragte Olav friedfertig. »Wenn er sich für was Besseres hält, dann lass ihn doch! Mir ist das egal.«

Alfred beobachtete Knut interessiert und witterte sofort eine verwandte Seele. Er stand auf. »Kannst du boxen? Ich meine, richtig, nicht bloß einfach prügeln?«

Er tänzelte hin und her und tat so, als ob er einen rechten, dann einen linken Aufwärtshaken landen wollte. Knut war sofort von Tim Robbins abgelenkt.

»Der Kleine ist richtig. Der gefällt mir.«

Er stellte sich gegenüber von Alfred in Position, aber Olav hielt ihn zurück.

»Ihr könnt hier nicht boxen. Die Kajüte ist viel zu eng. Wartet, bis ihr an Deck seid. Und ich soll dir von Ragnhild ausrichten, dass du dir vor dem Essen die Hände schrubben und die Haare bürsten sollst.«

»Die gute Ragnhild hat mich schon ganz nett unterm Pantoffel«, brummte Knut. »Ich hätte nicht übel Lust, mich an die Silberblonde herzumachen, die sah mir viel sanfter aus. Was meinst du?«

»Das würde ich dir nicht empfehlen«, sagte Olav nachdrücklich.

Knut sah ihn an, dann pfiff er leise durch die Zähne.

»Aha. So ist das also. Na gut, dann werde ich jetzt mal den Waschraum suchen.«

Als er verschwunden war, setzte Olav sich auf seinen Stuhl, zog seine Jacke aus und begann behutsam die restlichen Strähnen von den Knöpfen zu drehen. Es war eine knifflige Angelegenheit, aber er gab nicht auf, bis er auch die letzten Haare gelöst hatte. Er rollte sie alle zu einer dicken Locke zusammen und steckte sie in seine Brusttasche. Die anderen beobachteten ihn schweigend und offensichtlich verwundert, sogar Tim Robbins ließ sich dazu herab, seine Aufmerksamkeit dem Bullauge zu entziehen und dem neuen Zimmergenossen zuzuwenden. Er begriff auch als Erster, um was es sich handeln musste, denn es zog ein herablassendes, fast spöttisches Lächeln über sein Gesicht, als Olav eine Locke aus den Haaren drehte.

9

Die *Titanic* ankerte noch immer vor dem Hafen von Cherbourg, als in einem kleinen Haus in Queenstown in Südirland die Fensterscheiben klirrten.

»Mach, dass du mir aus den Augen kommst! Ich will dich nicht mehr sehen! Ich kann deinen Anblick nicht ertragen! Meinetwegen soll dich der Teufel holen!«

Bei jedem Satz ließ der Vater seine Fäuste auf die Tischplatte donnern. Die Tischplatte bebte. Die Dielen bebten. Katherine bebte auch.

»Wie kannst du uns das antun? Wie kannst du nur?« Die Mutter brachte kaum ein Wort heraus vor lauter Schluchzen. »Diese Schande! Oh, diese Schande.«

Sie verbarg den Kopf in der Schürze und weinte laut. Es hörte sich so jammervoll an, dass Katherine die Tränen in die Augen stiegen, obwohl sie sich fest vorgenommen hatte nicht zu weinen.

»Hört auf zu flennen!«, schrie der Vater. »Das ist alles, was sie können, diese Weiber, sich ins Unglück bringen und dann flennen.«

Die Mutter schien ihn gar nicht zu hören. »Ich begreife es nicht! Du warst immer so ein braves Mädchen! Nie hätte ich dir das zugetraut, nie! Ja, wenn du wie Kate wärst, da hätte ich mir Sorgen gemacht, aber von dir habe ich immer geglaubt...« Sie fing wieder an zu schluchzen.

»Ich weiß, was du geglaubt hast. Dass sie so hässlich ist,

dass sie sowieso keiner anschaut«, höhnte der Vater. »Du hast dich geirrt. Sie ist zwar hässlich, aber das scheint den Kerl nicht zu stören. Am liebsten würde ich sie aus dem Haus jagen, diese Schlampe.«

Katherines Tränen versiegten. »Patrick findet mich hübsch«, sagte sie empört.

»Dann muss er blind sein! Oder blöd! Und wenn er mir unter die Augen kommt, dann bringe ich ihn um, das kannst du ihm ausrichten, deinem blöden Blinden!« Die Fäuste donnerten wieder auf die Tischplatte, aber mitten in der Bewegung hielt der Vater inne. Eine Hand fuhr zum Herzen, sein zornrotes Gesicht verfärbte sich lila und dann brach er mit einem Aufschrei zusammen.

»Bill!«, kreischte die Mutter. »Billy! Oh mein Gott, das darf nicht wahr sein. Bill! So antworte doch!« Sie rüttelte ihren Mann an den Schultern, aber der gab keinen Laut von sich.

»Jetzt sieh dir an, was du angerichtet hast, du ... du ... Nicht genug damit, dass du Schande über uns bringst, jetzt hast du auch noch deinen Vater auf dem Gewissen.«

Katherine stand reglos da und starrte mit aufgerissenen Augen auf das blau-rote, verzerrte Gesicht auf der Tischplatte.

»Nun steh nicht da wie eine Salzsäule! Tu was, um Gottes willen, tu was! Hol Tante Debbie!«

Katherine setzte sich langsam in Bewegung.

»Oh, Billy, ich bitte dich, sag doch was! Nur ein einziges Wort! So beeil dich doch, du Schnecke! Sei doch ein einziges Mal in deinem Leben nicht so träge! Und das sage ich dir, wenn ihm was passiert ist, dann trau dich nicht mehr ins Haus. Ich werde dich mit der Peitsche hinausprügeln. Dann bist du meine Tochter nicht mehr.«

Katherine spürte ein würgendes Gefühl in der Kehle. Ich muss mich übergeben, dachte sie. Vor ihren Augen begannen schwarze Punkte zu kreisen. Oder ich werde ohnmächtig. Aber da war sie schon auf der Straße. Die Stimme ihrer Mutter gellte ihr noch in den Ohren. An den Fenstern und Türen der Nachbarhäuser erschienen neugierige Gesichter und sahen hinter ihr her. Bald würde das ganze Viertel Bescheid wissen.

Das Toben des Vaters und das Lamentieren der Mutter waren sicher bis nach draußen zu hören gewesen. Aber das war Katherine jetzt gleichgültig. Die Tränen strömten ihr aus den Augen, sodass sie kaum den Weg erkennen konnte. Sie stolperte über Steine, platschte in Pfützen, stieß mit Passanten zusammen und hastete weiter.

»Tante Debbie, bitte komm schnell!« Sie keuchte die Worte heraus, atemlos vom Laufen und Schluchzen. »Vater ist... er hat... ich glaube, er stirbt.«

Mrs Gilnagh stand am Plättbrett und führte das mit glühenden Kohlenstückchen gefüllte Eisen über die Wäsche. Sie zuckte zusammen, als Katherine hereinstürzte, aber sie verlor nicht die Fassung, als sie die Botschaft hörte, sondern stellte mit einer geschickten Bewegung das schwere Eisen auf die Herdkante, schloss die Ofentüre, schob die Herdringe ineinander und drehte sich dann erst zu ihrer Nichte um.

»Ganz ruhig, Liebes! Erzähl mir ganz ruhig, was passiert ist!«

Im Gegensatz zu Katherines Eltern, die bei jeder Kleinigkeit aus der Haut fuhren und zu dauernden Temperamentsausbrüchen neigten, sowohl fröhlichen wie zornigen, war Tante Debbie eine ungewöhnlich gelassene Frau, die nie den Kopf verlor und immer gleichmäßig freundlich war. Katherine beruhigte sich tatsächlich so weit, dass sie einigermaßen verständlich sagen konnte:

»Er hat sich an die Brust gefasst und dann ist er zusammengefallen.«

»Hat er sich vorher aufgeregt?«

Katherine fing wieder an zu weinen. »Ja. Sehr.«

Tante Debbie warf ihr einen durchdringenden Blick zu, sagte aber nichts, sondern nahm nur ihr großes, wollenes Umschlagtuch vom Haken.

»Darf ich mitgehen, Mutter?«

Die älteste Gilnagh-Tochter hatte ihr Strickzeug sinken lassen, als ihre Kusine hereingestürzt war, und schob es jetzt in ihren Strickkorb. Kate strickte, wo sie ging und stand, und zwar mit solcher Schnelligkeit und Meisterschaft, dass niemand es mit ihr aufnehmen konnte.

Mrs Gilnagh überlegte einen Augenblick. »Ja. Komm mit! Vielleicht kannst du mir helfen. Sag Eileen, sie soll sich um die Kleinen kümmern und das Essen für Vater und die Jungen vorbereiten. Wenn wir nach dem Essen noch nicht da sind, dann soll sie Vater sagen, dass es seinem Bruder schlecht geht und dass er zu uns kommen soll. Und du erzählst mir unterwegs, warum sich dein Vater aufgeregt hat, Katherine.«

Damit nahm sie ihre Nichte an der Hand und war zur Tür hinaus. Kate richtete ihrer jüngster Schwester Eileen die Aufträge der Mutter aus und lief hinter den beiden her, den Strickkorb am Arm. Man konnte ja nicht wissen, wie lange sie bei Onkel und Tante bleiben würden, und sie hasste es, untätig herumzusitzen.

Als sie das Haus ihres Onkels betrat, sagte ihre Mutter gerade energisch zu ihrer Tante:

»Du musst jetzt aufhören zu weinen, Gladys! Hier, nimm die Schüssel und wasch dir das Gesicht und sei still! Bill braucht absolute Ruhe und dein Gejammer würde ja einen Gesunden aufregen.«

»Wie kannst du nur so herzlos mit mir reden? Hab ich nicht allen Grund zu jammern?«

»Nein, den hast du nicht. Dein Mann hat einen Herzanfall überstanden, und wenn du ihm jede Aufregung ersparst, ist er bald wieder auf den Beinen. Und dann werdet ihr eine Hochzeit haben und später eine Taufe, und das ist ein Grund zur Freude, finde ich.«

Kate warf ihrer Kusine einen erschrockenen Blick zu. Dann stimmte es also, was die anderen getuschelt hatten? Dass Katherine hinter Patrick Kelly her war, der erstens bettelarm und zweitens nicht sehr schlau, aber sonst ein lieber Kerl war?

»Ich habe sie zusammen gesehen und sie ist richtig verliebt in ihn. Sie glänzt wie ein Butterkäse und er auch«, hatte ihre Schwester Eileen gekichert, »aber das wird ihnen nichts nützen, denn Onkel Bill und Tante Gladys werden es nie erlauben. Man kann ja auch wirklich keinen Staat mit ihm machen. Aber eigentlich sollten sie doch froh sein, dass Katherine jemanden hat und noch dazu so einen netten, wo es doch fast ein Wunder ist, dass sich jemand in sie verliebt, so wie sie aussieht.«

Kate hatte diesem Bericht keine große Bedeutung beigemessen, denn Eileen war eine Plaudertasche und tat nichts lieber als allen Leuten ständig Liebschaften anzudichten, aber in diesem Fall schien sie Recht behalten zu haben.

Gladys Gilnagh murmelte etwas vor sich hin, das so klang wie »Wenn du in meinen Schuhen stecktest, würdest du anders reden«, aber sie nahm tatsächlich die Schüssel und fing an sich das Gesicht zu waschen. Sie mochte ihre kühle, beherrschte Schwägerin nicht besonders gut leiden und sah manchmal sogar ein bisschen auf sie herunter. »Debbie ist ein kalter Fisch, sie hat kein Feuer im Leib so wie ich«, pflegte sie zu sagen. Aber sie musste zugeben, dass Debbie ihren großen Haushalt tadellos in Schuss hatte, trotz der sieben Kinder, während bei Gladys, die nur vier hatte, immer ein riesiges Durcheinander war. Und in Notfällen konnte man sich auf Debbie unbedingt verlassen, denn sie wusste immer, was zu tun war. Sie hatte Bill sofort Kragen und Gürtel gelockert, hatte ihn auf die Küchenbank gebettet mit allen verfügbaren Kissen im Rücken, hatte ihm die Schuhe ausgezogen und ihn in eine warme Decke gepackt, hatte ihm die Whiskeyflasche unter die Nase gehalten und ihm ruhig und gleichmäßig zugeredet, während sie sein Gesicht mit einem feuchten Tuch abtupfte. Und tatsächlich war seine normale, gesunde Bräune bald zurückgekehrt. Er hatte die Augen aufgeschlagen und seine Schwägerin schwach angelächelt.

»Willst du mir etwa einen Whiskey anbieten, Debbie?«

»Eigentlich nicht. Du weißt ja, wie ich darüber denke. Aber da du ohnehin einen großen trinken wirst, sobald ich den Rücken gedreht habe, ist es besser, du nimmst jetzt einen kleinen und versprichst mir, dass das der letzte für heute ist.«

»Versprochen.« Bill Gilnagh kippte den Whiskey, legte sich zurück und schloss die Augen. »Fühle mich schon viel besser«, sagte er undeutlich. »Bleib noch 'n bisschen bei mir, Debbie, altes Mädchen, ja?«

Sie setzte sich neben ihn und nahm seine Hand, während sie den anderen mit einer Kopfbewegung bedeutete ins Nebenzimmer zu gehen, wobei sie den Finger auf den Mund legte, damit sie auch leise waren. Widerstrebend verließ Gladys Gilnagh den Raum. Eigentlich wäre ihr Platz an der Seite ihres Mannes gewesen, aber sie musste zugeben, dass Debbie einen beruhigenden Einfluss auf ihn hatte und dass sie selbst noch zu aufgeregt war, um still neben ihm zu sitzen. Außerdem hatte sie noch ein Hühnchen mit ihrer Tochter zu rupfen, die mit gesenktem Kopf hinter ihr herschlich, und das wollte sie jetzt tun, obwohl es sehr bedauerlich war, dass sie flüstern musste und nicht so schreien und schimpfen konnte, wie sie wollte. Und dass ihre Nichte im selben Raum war, störte sie auch. Kate setzte sich auf einen Stuhl und zog sofort ihr Strickzeug heraus.

»Muss das jetzt sein?«, fragte die Tante irritiert. »Ausgerechnet in so einer Lage?«

Kate sah sie mit ihren großen, veilchenblauen Augen erstaunt an. »Findest du, die Lage eignet sich nicht zum Stricken?«

Gladys Gilnagh zuckte mit den Schultern und betrachtete ihre Nichte ungnädig, die zierliche Gestalt, die schwarzen Locken, die im Sonnenlicht einen bläulichen Schimmer hatten wie das Gefieder eines Raben, die zarte, helle Haut, die Stupsnase, die dem ebenmäßigen Gesicht etwas Lustiges, Kindliches gab. Kate war genauso groß oder besser so klein wie ihre Kusine, aber damit hörte die Ähnlichkeit auch schon auf. Katherine hatte die gedrungene, fast vierschrötige Gestalt der Mutter geerbt, aber nicht deren flinke, zupackende Art, sondern sie bewegte sich träge und ungeschickt, stolperte über die eigenen Füße und ließ ständig etwas fallen. Nur wenn sie am Herd stand und mit den Kochtöpfen hantierte, war sie in ihrem Element. Mrs Gilnagh hatte sich schon oft damit getröstet, dass Liebe ja bekanntlich durch den Magen geht und dass Katherines Aussichten auf einen Ehemann deshalb gar nicht so schlecht waren, auch wenn ihre fleckige Haut, die strähnigen, sandfarbenen Haare und die weiß bewimperten Augen nicht gerade verführerisch wirkten. Man musste in Frage kommende junge Männer einfach zum Essen einladen, dann würden sie Katherines Qualitäten schon erkennen. Aber das war nun offensichtlich nicht mehr nötig, dachte Mrs Gilnagh und hörte auf die beiden Kusinen zu vergleichen und sich über Kates Schönheit zu ärgern.

»Du kannst dem Himmel danken, dass dein Vater noch am Leben ist«, flüsterte sie zornig.

»Das tue ich auch«, sagte Katherine leise.

»Halt den Mund! Jetzt rede ich! Bilde dir nur nicht ein, dass die Sache damit für dich ausgestanden ist! Auch wenn deine Tante Debbie findet, dass eine Hochzeit und eine Taufe ein Grund zum Feiern sind. Pah! Aber doch nicht unter diesen Umständen! Ich möchte gern wissen, was sie sagen würde, wenn Kate in deiner Lage wäre. Außer sich würde sie geraten, auch wenn sie immer so kühl und überlegen tut, da bin ich sicher.«

»Mutter gerät nie außer sich«, bemerkte Kate und ließ die Nadeln klappern.

»Warte nur ab, bis du ihr einen Grund dazu gibst«, sagte ihre Tante giftig. Und das wirst du früher oder später tun, so wie du aussiehst, darauf möchte ich wetten, setzte sie für sich hinzu. Jeder weiß, dass alle jungen Männer hinter dir her sind, und du kannst noch so spröde und abweisend tun, eines Tages erwischt es dich doch genau wie deine Mutter. Die hätte auch jeden haben können und dann hat sie ausgerechnet James Gilnagh genommen. Der konnte zwar eine ganze Gesellschaft unterhalten mit seinen Späßen, aber sie wird's wohl mehr als einmal bereut haben, obwohl sie sich nichts anmerken lässt, denn er hat ein teuflisches Temperament genau wie sein Bruder.

Der Gedanke an ihren Ehemann, der gerade dem Tode entgangen war, brachte Gladys Gilnagh wieder in die Gegenwart.

»Was hast du dir bloß dabei gedacht? Was soll nun werden? Einen Patrick Kelly als Schwiegersohn zu kriegen, damit haben wir ja nun wirklich nicht gerechnet.«

»Sag nichts gegen Patrick!«, zischte Katherine. »Er ist der liebste und beste Junge, den man sich denken kann, und ich bin froh und dankbar, wenn er mich nimmt.«

»Bist du verrückt geworden? Das ist ja wohl das Mindeste, was man erwarten kann, nach dem, was passiert ist. Oder willst du etwa damit andeuten, dass er dich sitzen lassen wird?«

»Nein, das will ich nicht. Aber Vater hat gesagt, dass er ihn umbringen will, wenn er ihm unter die Augen kommt, und deshalb werde ich Patrick sagen, dass er sich irgendwo verstecken soll und mich lieber nicht heiratet, denn das ist zu gefährlich für ihn.«

»Oh du grundgütiger Gott«, stöhnte Mrs Gilnagh und verdrehte die Augen. »Womit habe ich das verdient? Hätten wir dich bloß schon vor einem halben Jahr nach Amerika geschickt, dann wäre das alles nicht passiert. Was dir fehlt, ist ein bisschen Erfahrung, dann würdest du nicht auf den ersten besten Dummkopf hereinfallen, der dir schöne Augen macht.«

»Ich wollte doch nie nach Amerika.«

»Natürlich wolltest du! Du hast jedenfalls kein Wort dagegen gesagt.«

Kate erinnerte sich deutlich, dass ihre Kusine mehr als ein Wort dagegen gesagt hatte, aber jetzt war wohl nicht der geeignete Zeitpunkt, die Tante daran zu erinnern. Katherine war der Überredungskunst ihrer Eltern noch nie gewachsen gewesen und die hatten es sich in den Kopf gesetzt, dass sie bei Gladys' Schwester in New York ihr Glück machen und wahrscheinlich sogar einen erfolgreichen Mann finden würde. Die Stadt wimmelte von heimwehkranken Iren, die von irischen Mädchen und irischer Küche träumten.

»Amerika!«, quiekte die Tante auf einmal und vergaß vor Schreck ihre Stimme zu dämpfen. »Daran habe ich ja noch gar nicht gedacht. Morgen geht die *Titanic* ab.«

»Ich fahre nicht mit!«

»Auch das noch! Zu allem Unglück auch das noch! Da haben wir uns jeden Penny vom Mund abgespart, um dir den Platz auf der *Titanic* zu buchen, und jetzt verfällt das Ticket und das ganze Geld ist für die Katz. Hast du überhaupt eine Vorstellung, wie lange dein Vater arbeiten musste, um so eine Summe aufzubringen? Und was wir alles davon hätten kaufen können! Die ganze Hochzeit hätten wir bezahlen können und einen Teil deiner Aussteuer dazu. Ach Gott, das schöne Geld. All das schöne Geld ist hin für nichts und wieder nichts.«

»Psst, Gladys, nicht so laut.« Kates Mutter stand unter der Türe. »Er ist eingeschlafen. Was schreist du denn so?«

Ihre Schwägerin warf die Arme in die Höhe wie eine Tragödin auf der Bühne. »Du würdest auch schreien, wenn du so viel Geld verlieren würdest, denn ihr habt noch weniger als wir. Das Ticket! Das Ticket für die *Titanic* verfällt. Oh Gott, mein armer Bill! Er wird gleich den nächsten Herzanfall kriegen, wenn er sich das klarmacht.«

»Ich könnte fahren«, sagte Kate ruhig.

Die drei betrachteten sie verblüfft. Ihre Finger bewegten sich so schnell, dass die Nadeln zu fliegen schienen, aber sie hatte die Augen gehoben und sah ihre Mutter erwartungsvoll an. Kate konnte stricken, ohne dabei auf ihre Arbeit zu blicken.

»Aber – aber die Papiere«, stotterte die Tante. »Es ist doch alles auf Katherine ausgestellt.«

»Ich heiße auch Katherine Gilnagh.« Kate sprach immer noch ganz ruhig. »Und ich bin auch achtzehn und wohne in Queenstown.«

»Hm. Ja, das stimmt«, sagte die Tante zögernd.

Gladys' Mutter hieß Katherine und Debbies Mutter auch und für beide Schwägerinnen war schon während der Schwangerschaft klar gewesen, dass sie ihr erstes Kind, falls es ein Mädchen war, nach ihrer Mutter nennen würden. Als im Abstand von wenigen Wochen erst Bill Gilnaghs und dann James Gilnaghs Tochter geboren wurde, wurden sie beide Katherine getauft, die zweite aber Kate gerufen, um Verwechslungen innerhalb der Familie zu vermeiden.

»Und wir sind sogar gleich groß«, rief Katherine eifrig. »Und wir sind beide im September geboren, ich am zweiten und Kate am 29., aber das kann ja ein Schreibfehler sein. Oh, Kate, das ist eine wunderbare Idee.«

»Hm«, machte die Tante wieder. »Hm. Es ließe sich tatsächlich machen, scheint mir.«

Kate sah noch immer ihre Mutter an. Debbie Gilnagh war etwas blass geworden bei dem Vorschlag ihrer Tochter. Kate war eine ausgezeichnete Hilfe im Haushalt und verdiente durch ihre Strickarbeiten Geld, das die große Familie dringend brauchte. Und abgesehen von diesen praktischen Erwägungen würde durch ihre Abreise eine empfindliche Lücke entstehen. Mrs Gilnagh hing an ihrer Ältesten. Kate war ihr wie aus dem Gesicht geschnitten, aber sie hatte die unbeschwerte, fröhliche Art des Vaters geerbt und konnte sie immer zum Lachen bringen, auch wenn ihr eigentlich gar nicht danach zu Mute war.

»Du würdest gerne fahren, nicht wahr?«

»Oh ja! Sehr!«

Die Mutter nickte. Sie hatte gesehen, wie Kates Augen geleuchtet hatten, wann immer die Rede auf Katherines Reise nach New York und ihren Aufenthalt dort gekommen war. Wenn einer die Möglichkeiten, die Amerika bot, verdient hatte und sie auch nutzen würde, dann war es ihr fleißiges, vernünftiges Mädchen. Sie wandte sich an ihre Schwägerin.

»Ich fürchte, wir können auch die Summe nicht sofort bezahlen, Gladys.«

»Das macht doch nichts.« Die Aussicht, dass das Geld doch nicht verloren war, versetzt Katherines Mutter in unerwartete Großzügigkeit. »Ihr könnt uns ja eine kleine Anzahlung geben und den Rest in Raten zahlen. Oder Kate schickt uns das Geld aus New York. Sie wird bestimmt bald gut verdienen, viel mehr, als sie hier je kriegen würde.«

»Dann darf ich also fahren, Mutter?«

Mrs Gilnagh lächelte. »Wenn dein Vater damit einverstanden ist, ja.«

Ihre Schwägerin verzog spöttisch den Mund. Der Plan musste erst noch entworfen werden, dem James Gilnagh nicht zustimmen würde, nachdem seine Frau ihn bereits gebilligt hatte. Kate ließ ihr Strickzeug fallen und flog der Mutter an den Hals.

»Hurra! Ich fahre nach Amerika! Hurra!«

Und sie würde ihr Glück dort machen, das war sicher, überlegte ihre Tante mit wieder erwachter Eifersucht. Wer so hübsch war und dazu noch so fleißig und bescheiden, denn das war Kate, das musste ihr der Neid lassen, der würde wie Aschenputtel anfangen und als Dollarprinzessin enden, darauf würde sie jede Wette wagen. Und ihre eigene Tochter, die das ja immerhin hätte versuchen können, die nahm sich einen armen Schlucker und würde in einem halben Jahr dastehen mit Babygeschrei und Windeleimer und der Sorge um das tägliche Brot – und der Aussicht, dass dieser Zustand sich jahrelang nicht ändern würde. Sie seufzte.

»Halt dir bloß die Männer vom Leibe!«, sagte sie übellaunig. »Die meisten taugen nichts.«

»Ja, Tante Gladys.« Kate strahlte sie an.

»Warte so lange, bis du einen Millionär an der Angel hast.«

»Aber ich will keinen Millionär. Ich will überhaupt keinen Mann. Ich will selbst Geld verdienen.«

Tante Gladys verdrehte wieder die Augen. Das war typisch für Debbie, dass sie ihren Töchtern so einen modernen Unsinn beibrachte.

»Jedes Mädchen soll eine gute Ehefrau und Mutter werden, das gehört sich so«, sagte sie streng. Dann fiel ihr Blick auf ihre Tochter, die mit einem etwas schafigen Lächeln auf dem Gesicht dastand und diesen Satz offenbar als Schlusspunkt unter die Auseinandersetzung auffasste. Tante Gladys presste die Lippen zusammen.

10

Die Sonne stand strahlend am Himmel, als die *Titanic* am nächsten Morgen auf Irland zudampfte. Die grünen Hügel und die grauen Felsen glänzten im Licht. Viele Menschen lehnten an der Reling, um die Aussicht zu bewundern und später die Ankunft der letzten Passagiere und die Übernahme der Postsäcke zu beobachten.

Tief unten im Bauch des Schiffes sah man weder Küste noch Sonne. Dort hatten Ben und Eddie gerade ihre Nachtschicht beendet und machten sich auf den Weg in ihre Kajüte. Ben schwankte vor Müdigkeit. Am liebsten hätte er sich an die nächstbeste Wand gelehnt und wäre eingeschlafen. So schwer hatte er sich die Arbeit nicht vorgestellt. Er hatte doch wahrhaftig noch keinen Tag gefaulenzt in seinem Leben, aber die Stunden in dem Kesselraum der *Titanic* hatten alle Plackerei übertroffen, die er je auf sich genommen hatte. Er wusste nicht, was schlimmer war, der Lärm, der einem die Ohren zu zersprengen schien, die Hitze, die einem den Schweiß in Strömen aus den Poren trieb und die Zunge anschwellen ließ vor Trockenheit, der Kohlenstaub, der in Mund und Nase drang, dass man unentwegt hustete und röchelte wie ein krankes Pferd und die Augen tränten und juckten, oder das pausenlose Schaufeln und Karren, das die Haut an den Händen zu Blasen auftrieb, die nach einiger Zeit aufplatzten und bluteten, und das an den Armen zerrte, dass man glaubte, sie würden aus den Gelenken springen. Er stolperte hinter Eddie her und lief gegen ihn, als der stehen blieb und schnupperte.

»Riech mal! Riechst du das auch?«

»Nein«, sagte Ben bloß, ohne sich überhaupt die Mühe zu machen, durch die Nase einzuatmen. Er hatte das Gefühl, dass sie vom Kohlenstaub völlig verstopft war, er würde doch nichts riechen. Keuchend atmete er durch den offenen Mund. Er wollte nichts als trinken, viel trinken und dann ins Bett. Nicht einmal die Aussicht auf das riesige Frühstück konnte ihn aufheitern.

Eddie stand immer noch still und schnupperte. »Aber das musst du doch riechen!«

»Hm«, machte Ben bloß, lehnte sich gegen die Wand und schloss die Augen. Wenn Eddie vorhatte hier Wurzeln zu schlagen, würde er eben im Stehen schlafen. Eddie betrachtete ihn besorgt. Der Kleine sah völlig erledigt aus, das sah man sogar trotz der schwarzen Staubschicht, die ihn überzog. Ob er schlapp machen würde? Er war immerhin erst vierzehn und so mager, dass er nur aus Haut und Knochen zu bestehen schien. Eddie streckte die Hand aus, um ihn unterzuhaken und weiterzuziehen, stutzte und fühlte mit den Fingern die Wand ab. Die Wand war heiß, viel heißer, als das selbst bei der Nähe der Kessel möglich war. Er gab Ben einen Stoß. Der riss die Augen auf.

»Hör zu, Kleiner! Hör genau zu, was ich dir sage, und merk es dir! Wir gehen jetzt zum Ersten Ingenieur und dann sagst du: Ben Dickinson meldet Feuer im Bunker am Kesselraum Nr. 5 Steuerbord, Sir. Kannst du das behalten?«

Ben starrte ihn nur an.

»Los, Kleiner. Werd wach und hör mir zu! Ich sag's dir noch mal: Ben Dickinson meldet Feuer im Bunker am Kesselraum Nr. 5 Steuerbord, Sir.«

»Feuer? Wieso Feuer?«

»Durch Selbstentzündung. Die Kohle ist ja hin und her und umgeladen worden und dabei entsteht jede Menge Kohlenstaub. Der fängt an zu brennen, wenn das Schiff anfängt zu rütteln und zu schaukeln und wenn die Bunker heiß werden durch das Feuer in den Kesseln. Also hast du's kapiert? Was sagst du?«

Folgsam wiederholte Ben den Satz.

»Okay. Dahinten ist der Erste. Und nimm Haltung an, wenn du mit ihm sprichst.«

Wenig später inspizierte der Erste Ingenieur die Kohlenbunker, gefolgt von mehreren Untergebenen und Heizern, zu denen auch Ben und Eddie gehörten. Nur in dem Bunker, den Ben gemeldet hatte, war Feuer ausgebrochen.

»Ab sofort zweimal täglich alle Bunker kontrollieren«, befahl der Erste Ingenieur. »Acht Heizer abkommandieren, die den Fünfer wässern. Und zwar rund um die Uhr.« Er sah Ben an. »Gut gemacht, Junge. In deiner nächsten Schicht gehörst du auch dazu.«

Eddie trat Ben auf den Fuß.

»Aye, aye, Sir«, sagte Ben.

»Warum hast du die Meldung nicht selbst gemacht?«, fragte er, als die anderen verschwunden waren.

»Weil ich die Arbeit gewöhnt bin. Aber du siehst ziemlich geschafft aus, Kleiner. Jetzt stopfst du dich ordentlich voll und dann haust du dich in die Falle. Ab heute Nacht hast du den angenehmsten Job in allen Kesselräumen. Du stehst einfach da mit einem Schlauch in der Hand und wässerst die Kohlen.«

Wie in Cherbourg konnte die *Titanic* auch in Queenstown nicht an der Pier ankern, weil das Hafenbecken nicht tief genug war. Sie wartete draußen auf dem Meer auf die kleinen Dampferschiffe, die die letzten Passagiere und Postsäcke an Bord brachten. Der Aufenthalt sollte nur zwei Stunden dauern, deshalb beeilten sich viele Segelboote längsschiff zu kommen. Irisches Leinen und irische Spitze waren weltberühmt und die örtlichen Händler rechneten sich gute Chancen aus, ihre Waren in den Luxusgeschäften der *Titanic* zu verkaufen. Eine weitere Spezialität von Queenstown waren kleine Hummer, die der Küchenchef per Telegraf geordert hatte und die jetzt in großen Körben angeliefert wurden. Es herrschte eine kräftige Dünung und die Boote tanzten auf den Wellen, aber die *Titanic* lag ruhig, fast reglos da.

Kate sah es mit Erleichterung. Das heftige Schaukeln des Tenders versetzte ihren Magen in Aufruhr. Sie war froh, dass sie zum Frühstück vor lauter Reisefieber nur eine kleine Portion Porridge heruntergebracht hatte, doch selbst die rumorte jetzt sehr verdächtig. Ihr würde doch wohl nicht etwa schlecht werden? Kate atmete tief und gleichmäßig die kalte, salzige Luft ein. Das hätte ihr gerade noch gefehlt zu all dem Aufsehen, das sie mit ihrem Gepäck erregte. Im Haus eines armen Schulmeisters gab es keine Koffer und ohnehin wenig, was man hineinpacken konnte. Also hatte Kate ihre Habseligkeiten in einen eckigen Deckelkorb gestopft, den man mit einem Lederriemen wie einen Rucksack an den Schultern befestigen konnte, und ihren kostbarsten Besitz in zwei alten Bettbezügen verstaut, die sie so verschnürt hatte, dass sie sie gerade tragen konnte. Der Hafenbeamte hatte die riesigen, unförmigen Bündel misstrauisch beäugt.

»Pro Gepäckstück sind nur 30 Kilo erlaubt.«

Kate hatte ihm wortlos ein Bündel gereicht und der Beamte hatte es erstaunt in die Höhe gehoben.

»Was ist denn da drin?«

»Wolle.«

Sie hatte alle Vorräte eingepackt, die im Hause waren, und hatte sich von allen Freunden und Nachbarn als Abschiedsgeschenk Wolle gewünscht, die weiche irische Wolle, handgesponnen und handgefärbt in den sanften Pflanzenfarben der Gegend.

Der Beamte hatte gelacht. »Die Gesichter auf der *Titanic* gleich, die würde ich gerne sehen. Du brauchst ja Platz für drei. Aber von mir aus kannst du gehen. Das Gewicht ist in Ordnung.«

Mr Beesley stand neben Ruth an der Reling, als die Gangway zur dritten Klasse an dem ersten Tender befestigt wurde.

»Alles junge Leute«, seufzte er. »Die besten verlassen das Land. Die schiere Armut, vielleicht sogar der Hunger, treiben sie nach Amerika. Seit Generationen blutet Irland aus.«

»Sehen Sie nur das Mädchen da!« Ruth deutete auf eine kleine Gestalt. »Sie ist nicht größer als ich und sie trägt die riesigsten Bündel, die ich je gesehen habe. Wie kann sie die nur schleppen? Und es sieht aus, als ob sie sich gar nicht anstrengen würde.«

»Was schließen wir daraus?« Als guter Lehrer legte Mr Beesley Wert darauf, dass man alle Fragen mit Logik zu lösen versuchte.

Ruth dachte nach. »Die Bündel müssen sehr leicht sein. Hm. Federleicht. Vielleicht nimmt das Mädchen mehrere Federbetten mit. Aber was soll das für einen Sinn haben?«

»Das kann ich mir auch nicht denken. Wir werden in den nächsten Tagen das Deck der dritten Klasse beobachten. Wenn das Wetter schön bleibt, werden alle draußen sein, vielleicht entdecken wir dann etwas.«

Kate ging über die Gangway. Sie musste ein Bündel vor, das andere hinter sich schieben, weil sie sonst nicht an den seitlichen Geländern vorbeigekommen wäre.

Sie nahm tatsächlich mehr Platz ein als drei Passagiere zusammen. Die jungen Männer auf der Gangway lachten und witzelten.

»Hey, Kleine, bist du ein Mensch oder eine Schnecke, die ihr Haus mit sich trägt?«

»Warum fährst du denn nach Amerika, wenn du dich von nichts trennen kannst? Dann bleib doch gleich zu Hause.«

»Willst du deine erste Million mit alten Federbetten machen? Da gibt's aber bessere Möglichkeiten.«

»Nein, sie ist die Prinzessin auf der Erbse. Sie kriegt blaue Flecken, wenn sie nicht auf sieben Plumeaus liegen kann.«

»Unsinn! Schau sie doch an! Sie ist Schneewittchen. Weiß wie Schnee, rot wie Blut, schwarz wie Ebenholz.«

»Hey, Schneewittchen, dürfen wir deine Zwerge sein?«

»Ach was, was soll sie mit Zwergen? Sie braucht einen Prinz!«

»Und du bildest dir ein, dass du ihr Prinz sein könntest, was? Dass ich nicht lache! Du taugst nicht mal als Lakai, so wie du aussiehst.«

Kate achtete nicht auf sie. Als Schwester von drei jüngeren Brüdern war sie dumme Sprüche gewöhnt. Sie war froh, dass das Schwanken aufgehört hatte und dass sie den sicheren, ruhigen Boden der *Titanic* unter sich hatte. Es war, als ob man eine Insel betreten hätte, der Wind und Wellen nichts anhaben konnten.

Der Uniformierte, der die Papiere kontrollierte und die Kabinen zuwies, betrachtete ihre Bündel genauso verwundert wie der Hafenbeamte, lachte dann auch und gab ihr eine Kabine, in der noch zwei Betten frei waren, auf die sie ihre Wolle legen konnte.

»Du hast Glück, dass wir nicht ausgebucht sind. Von den 1 000 Dritte-Klasse-Plätzen sind 300 nicht belegt, da kannst du dich ruhig ausdehnen. Hörst du das Hornsignal? Das ist das Zeichen zum Mittagessen. Der Speisesaal ist mittschiffs, auf dem F-Deck.«

Die Kajüte war leer, die anderen Mädchen waren wohl schon zum Essen gegangen und Kate beeilte sich auch dorthin zu kommen. An der Tür zum Speisesaal blieb sie erstaunt stehen. Was war das für ein riesiger Raum! Weiß gedeckte Tische standen in langen Reihen, die dunklen Holzstühle waren fast alle besetzt. Die weiß lackierten Wände mit bunten Plakaten der White Star Line und die weiß lackierten Säulen in der Mitte ließen den Saal hell und festlich wirken. Die Luft schwirrte von Stimmen und Gelächter. Wie viele Menschen mochten hier versammelt sein? Bestimmt ein paar hundert.

»Komm, Schneewittchen, setz dich zu mir, neben mir ist noch ein Platz frei!« Das war einer aus der lustigen Gruppe von der Gangway.

»Oh, ja, komm zu uns, Schneewittchen, komm zu uns!«, riefen die anderen im Chor. Einer erhob sich sogar und machte eine ungeschickte Verbeugung. Die Leute an den Nachbartischen verstummten und drehten die Köpfe.

Kate lächelte die jungen Männer an. »Danke, nein«, sagte sie freundlich. »Ich habe drei kleine Brüder. Das genügt mir.«

»Bravo, Mädchen, lass dir nichts gefallen! Man muss die Grünschnäbel in die Schranken weisen, sonst werden sie dreist«, sagte ein Mann direkt neben Kate schmunzelnd. »Willst du dich zu uns setzen? Wir haben zwar auch ein paar

Knaben am Tisch, aber die sind sehr höflich, dafür verbürge ich mich.«

»Ja, danke, gern.« Kate war froh, dass sie nicht an allen Tischen vorbeigehen und nach einem Platz suchen musste. Der rothaarige Mann, der sie angesprochen hatte, sah sehr freundlich aus. Die beiden rothaarigen Jungen gehörten bestimmt zu ihm und die fünf dunkelhaarigen Geschwister, die sich so glichen, offensichtlich zu dem Ehepaar am Tischende. Kate stellte sich vor und auch die anderen nannten ihre Namen und ihr Reiseziel.

»Ist hier nicht alles wunderbar?«, schwärmte Mrs Golding. »Alles ist so weiß und blank und neu. Sogar Teppiche liegen überall. Und die Betten in den Kajüten sind ausgezeichnet. Ich habe Angst gehabt, dass ich die ganze Nacht kein Auge zutun würde, aber ich habe geschlafen wie ein Murmeltier und gar nicht daran gedacht, dass wir währenddessen von Frankreich nach Irland fahren. Irgendwie kommt einem alles sehr unwirklich vor.«

»Aber das Essen ist sehr wirklich. Und sehr gut«, sagte Mrs Goodwin anerkennend. »Und die Kellner sind sehr aufmerksam. Stopf dich nicht so voll, Rose! Wenn es hinterher unruhig wird und das Schiff schaukelt, dann haben wir die Bescherung.«

»Die *Titanic* schaukelt nicht, Mrs Goodwin, da können Sie ganz unbesorgt sein«, beruhigte sie Mr Golding. »Sie ist so gebaut, dass man den Seegang fast gar nicht merkt, da müsste schon ein richtiger Sturm kommen.«

Ein freundlicher Steward im schwarzen Anzug stellte immer neue Schüsseln auf den Tisch. Kate war noch nie in ihrem Leben bedient worden und fühlte sich ziemlich unsicher. Mrs Golding zwinkerte ihr zu.

»Man kommt sich vor wie 'ne feine Dame, nicht? Ist das nicht ein wunderbares Gefühl, dass man essen kann, so viel man will, und hat keinen Finger dafür gerührt? Nun lang mal ordentlich zu, Mädchen! Diese Woche musst du genießen. So gut wie auf der *Titanic* wirst du's so bald nicht wieder haben. Und alle anderen hier auch nicht.«

Viele Passagiere hatten sich mit dem Mittagessen beeilt, um wieder an Deck zu sein, wenn die *Titanic* Queenstown verließ und endgültig Kurs auf Amerika nahm. Die Auswanderer standen dicht an dicht an der Reling des Achterdecks und sahen zu, wie die Grüne Insel langsam hinter dem Horizont versank. Ein Schwarm von Möwen flog über dem Kielwasser des Schiffes und folgte ihm viele Meilen weit auf den Atlantik. Ein rotblonder Hüne ging langsam hin und her und spielte auf seinem Dudelsack »My bonny is over the ocean«. Es klang sehr schwermütig.

»Goodbye, Europe«, sagte Mr Golding. »Hoffentlich werden wir dich nie wieder sehen.«

Frankie sah seinen Vater erstaunt an. So froh war er also fortzukommen? Aber vielleicht hatte es für ihn auch so etwas wie einen Mr Ballard gegeben? Frankie dachte an das fette Gesicht des Direktors und an seine Feinde Arthur, Walter und Bert und er schüttelte sich innerlich. Nein, auch er weinte seiner Heimat keine Träne nach.

»Wir wollen hoffen, dass es uns in Amerika besser geht. Die alte Welt ist sündhaft und verrottet bis ins Mark und sie verlacht den, der ihr das Wort Gottes verkünden will. Ach ja, der Prophet gilt einfach nichts im eigenen Lande.« Wenn Mr Goodwin sprach, hörte man gleich, dass er Prediger war.

»Natürlich wird es uns besser gehen. Denk doch an die Briefe, die dein Bruder geschrieben hat! Und dass wir auf diesem wunderschönen Schiff sind, ist schon ein guter Anfang.« Mrs Goodwin war eine gut aussehende Frau, fast so groß und schmal wie ihr Mann, mit großen, dunklen Augen und schwarzen Haaren. Wahrscheinlich glichen sich die Geschwister so, weil auch die Eltern sich so ähnlich sahen, überlegte Alfred, der sich unauffällig neben Emmy geschoben hatte. Nur der Ausdruck auf den Gesichtern war verschieden, bei Mr Goodwin sanft und unentschlossen, bei Mrs Goodwin fröhlich und energisch.

»Ich möchte doch noch einmal zurück nach England«, sagte Alfred zu Emmy. »Wenn ich reich bin, hole ich meine Mutter.«

»Du brauchst ihr doch nur das Fahrgeld zu schicken«, meinte Emmy praktisch. Sie hielt ihr Gesicht in den Wind. Er wehte ihre Haare hoch und brachte Farbe auf die blassen Wangen. »Ich möchte auch nicht mehr zurück. Sie haben uns immer gehänselt, weil wir so fromm sind. Ich freue mich auf Amerika.«

»Mir ist Amerika egal«, sagte ihr ältester Bruder Tom. »Hauptsache, wir sind auf dem Meer. Wenn Vater auch so angetan ist von der *Titanic* wie Mutter, dann lässt er mich vielleicht doch Seemann werden.«

Einer der jungen Männer, die in Queenstown an Bord gekommen waren, hatte sein Akkordeon geholt. Er rief dem Hünen mit dem Dudelsack etwas zu. Der nickte und sie begannen zusammen zu spielen.

»Was ist das für ein Lied?«, fragte Anna, die mit den anderen Norwegern an der Reling stand. »Es klingt so traurig, dass man am liebsten weinen möchte.«

»Das gewöhn dir erst gar nicht an«, sagte Onkel Peer, »denn dann wirst du ständig rote Augen haben, denn Amerika wimmelt von Iren. Und wenn sich Iren treffen, dann singen sie, und wenn sie singen, dann fangen sie mit ›Danny boy‹ an.«

»Oder mit ›It's a long way to Tipperary‹«, sagte Edvard, der ja auch schon Erfahrungen in Amerika gesammelt hatte. »Das hängt davon ab, ob sie fröhlich oder traurig sind, obwohl man das nie so genau weiß, denn sie kippen schnell von einer Stimmung in die andere. Hört nur! Da singen sie schon. Sollen wir hinübergehen?«

Um den Akkordeon- und den Dudelsackspieler hatte sich ein großer Kreis aus jungen Männern und einigen Mädchen gebildet, die langsam und gefühlvoll »Oh Danny boy, I love you so« sangen. Eine Oktave über den Stimmen schwebte ein Sopran, so hell und stark wie eine Flöte.

»Sieh nur, das muss die Kleine auf der Bank sein, die Hübsche mit den langen dunklen Haaren«, flüsterte Ragnhild Anna zu. »Hast du jemals jemanden so schnell stricken gesehen? Und sie schaut nicht einmal auf die Nadeln dabei, sondern guckt in die Wolken.«

Die Spieler hatten inzwischen eine andere Melodie angestimmt, bei der sich viele Menschen an der Reling umdrehten und mitsangen.

»Das ist ›Auld lang syne‹, so etwas wie die schottische Nationalhymne«, sagte Onkel Peer. »Aber die Engländer lieben es auch. Und die Amerikaner natürlich sowieso, je gefühlvoller, desto besser. Ihr müsst es unbedingt lernen. Komm, Edvard, wir zwei sind ja alte Amerikaner, wir werden euch jetzt zeigen, wie es geht.«

Sie fielen in den Gesang ein. Die Melodie wehte über das Wasser, machtvoll wie ein Choral, und mischte sich mit den Schreien der Möwen.

11

Im Laufe des Nachmittags legte sich die Aufregung des Aufbruchs. Passagiere und Besatzung fanden sich allmählich in den Rhythmus der Reise. Europa war hinter dem Horizont verschwunden, der riesige Atlantik lag vor ihnen und dahinter die Neue Welt.
Die Auswanderer hatten sich in ihren Quartieren eingerichtet und bevölkerten ihre Decks.

Alfred und Knut führten einen Boxkampf vor und gaben dann den Jüngeren den ersten Unterricht, Mrs Goodwin und Mrs Golding bewunderten Kates Strickkünste und bestellten Westen für alle Familienmitglieder. Anna und Olav nahmen an einem Wettkampf im Seilspringen teil, der mit viel Geschrei und Gelächter zwischen einer ganzen Riege von Paaren ausgetragen wurde, Ben und Eddie, die bis zum Abend frei hatten, und Emmy und Tom beteiligten sich am Sackhüpfen.

Dudelsack, Schifferklavier und ein paar Mundharmonikas hatten inzwischen eine lustige Weise angestimmt und auf dem Deck drehten sich viele Paare im Kreis. Kinder hatten sich an den Händen gefasst und hüpften dazwischen. Die Älteren und die jungen Männer, die keine Partnerin gefunden hatten, denn es gab mehr als viermal so viele männliche wie weibliche Passagiere in der dritten Klasse, schlugen mit den Händen im Takt oder stampften mit den Füßen.

Am nächsten Morgen betrachtete Jack Singer zufrieden die überreiche Auswahl auf dem Frühstücksbüfett der ersten Klasse.

Er war gleich nach dem Aufstehen mit Norman Willis in den Gymnastikraum gegangen und hatte an sämtlichen Geräten trainiert, dann ins Schwimmbad und war jetzt hungrig wie ein Wolf. Die Bekanntschaft mit Norman verdankte er Chefsteward Faulkner, den er gleich am ersten Abend nach möglichen Squash-Partnern gefragt hatte. Wie immer hatte Faulkner die gesamte Passagierliste der ersten Klasse im Kopf.

»Es sind zwar nicht viele junge Leute an Bord, aber wir werden schon jemanden ausfindig machen. Sollen es nur junge Herren oder dürfen es auch junge Damen sein?«

»Ich habe nichts gegen junge Damen, solange sie ordentlich spielen können.«

»Nun, die berühmteste junge Dame an Bord ist Mrs John Jacob Astor, wobei ich zugeben muss, dass ich über die Qualität ihres Squash-Spielens nicht informiert bin.«

Jack hatte ihn scharf angesehen. Wusste Faulkner etwas? Aber sein Gesicht strahlte das gleiche freundliche, fast väterliche Wohlwollen aus wie auf der Hinfahrt.

»Da fällt mir ein, wir haben ja Norman Willis an Bord, den Tennisstar. Er lebt seit einigen Jahren in der Schweiz und fährt jetzt mit seinem Vater zurück nach Amerika. Er will den Sommer über Turniere spielen und geht im Herbst nach Harvard.«

Norman war ein schlaksiger junger Mann in Jacks Alter, mit einem runden, fröhlichen Gesicht und braunen, welligen Haaren. Die beiden waren sich auf Anhieb sympathisch gewesen und hatten gleich einen Sportstundenplan für die nächsten Tage festgelegt.

Jack sah sich in dem riesigen Speisesaal um. Die Astors waren nirgendwo zu sehen, vielleicht waren sie schon fertig oder frühstückten in ihrer Suite. Gestern Abend hatten sie am Tisch des Kapitäns gegessen und am Abend davor, nach dem Auslaufen in Cherbourg, hatten sie mehrere Bekannte an ihren Tisch gebeten, auch seine Eltern, aber Mrs Singer hatte unter einem Vorwand abgelehnt, worüber Jack erleichtert gewesen war. Eine Begegnung mit Madeleine würde sich nicht vermeiden lassen, aber er wusste nicht recht, wie er mit ihr reden sollte, und war froh über jede Verzögerung.

Für den Vormittag war ein Deckspiel angekündigt, an dem er mit Norman teilnehmen wollte. Als sie mit dem Lift nach oben fuhren und darüber sprachen, hörte der Liftboy, ein auffallend hübscher, blondlockiger Junge, sichtlich interessiert zu.

»Wie gefällt dir das Seemannsleben?«, fragte Jack ihn freundlich.

»Nun, um ehrlich zu sein, Sir, ich hab noch keinen Unterschied gemerkt zum Hotel. Ich hab noch nicht mal das Meer gesehen, doch ja, einmal, in Southampton, als wir an Bord gingen, aber da war ich auf das Schiff so neugierig, dass ich fast kein Wasser gesehen habe vor lauter *Titanic*.«

»Soll das heißen, dass du noch nie an Deck gewesen bist?«

»Doch, spätabends schon, aber da ist alles leer und still.«

»Hast du noch nie bei den Deckspielen mitgemacht?«

»Nein, Sir, noch nie. Ich bin für die Tagschicht eingeteilt und die geht von morgens sieben bis abends sieben.«

»Das ist ja wirklich Pech. Vielleicht hast du auf der Rückfahrt mehr Glück.«

»Das wäre schön, Sir.«

Sie stiegen aus, während Tony die Hand an die Mütze legte und wieder nach unten fuhr.

»Der arme Kerl«, sagte Jack spontan. »Stell dir vor, du bist bei diesem herrlichen Wetter immer im Lift eingesperrt! Der Kleine ist doch höchstens fünfzehn Jahre alt. Er müsste doch wenigstens mal bei den Deckspielen mitmachen können. Hör zu, Norman, ich habe eine Idee!«

Norman war sofort begeistert, Chefsteward Faulkner, den sie um seine Hilfe baten, allerdings weniger.

»Das ist nicht recht, Mr Jack. Ein jeder Stand hat seinen Platz.«

»Na, ich bin heilfroh, dass meine Vorfahren nicht dieser Ansicht waren, sondern alles getan haben, um ihren Stand und ihren Platz zu verlassen. Sonst säßen wir immer noch in dem kleinen Wirtshaus in diesem gottverlassenen Nest in der Prärie und ich wäre wahrscheinlich Schankbursche und müsste Gläser schleppen. Und Mr Astor wäre Pelztierhändler wie sein Urgroßvater oder Immobilienkaufmann wie sein Großvater und nicht der reichste Mann von Amerika.«

»Wenn Gott gewollt hätte, dass der Junge in der Sonne spielt, dann hätte er ihn nicht Liftboy werden lassen«, beharrte der Chefsteward auf seinem Standpunkt.

»Ach, Mr Faulkner, nun tun Sie uns doch den Gefallen«, bat Jack. »Es ist doch nichts Schlimmes. Wir wollen dem armen Jungen bloß einen freien Nachmittag an Deck verschaffen und uns ein bisschen amüsieren.«

Und so kam es, dass Chefsteward Faulkner, dem natürlich jeder Kollege gerne einen Gefallen tat, zwei einigermaßen passende Liftboy-Uniformen besorgte, während Jack und Norman Tony und seinem Kollegen im Nachbarlift ihren Plan erklärten, einen Schnellkurs im Liftbedienen erhielten und die beiden wenig später ablösten.

In der ersten halben Stunde war es tatsächlich ein Spaß, besonders wenn Passagiere der ersten Klasse einstiegen, die Jack kannte. Er wurde dann jedes Mal so nervös, dass er kaum die Decks ansagen konnte und jeden Augenblick mit seiner Entdeckung rechnete. Aber Tony hatte Recht: Man hätte ein Teil der goldenen Verzierungen sein können, so wenig wurde man beachtet. Die Leute unterhielten sich über das Wetter, über das Essen, über andere Passagiere, als ob man gar nicht vorhanden wäre. Sie prüften den Sitz von Hut und Haar in den Wandspiegeln, sie trafen Verabredungen für den Abend oder den kommenden Tag. Jack sagte mit eintöniger Stimme jedes Deck an, nicht zu laut, um die Gespräche nicht zu stören, nicht zu leise, damit jeder hörte, wann er am Ziel war, genau wie Tony es ihm gezeigt hatte.

Auf die Dauer war es langweiliger und anstrengender, als er gedacht hatte, und er war froh, als die beiden Lifte einmal nebeneinander zum Stehen kamen und niemand einsteigen wollte. Er trat zu Norman in die Nachbarkabine.

»Ich hab eine ganz sonderbare Person im Lift. Sie fährt schon seit fast einer Stunde rauf und runter und rührt sich nicht vom Fleck, sondern starrt unentwegt in ein Buch.«

»Jung?«

»Keine Ahnung. Die Haare hängen ihr übers Gesicht. Aber ich glaube schon. Sie trägt ein Matrosenkleid.«

»Herrje! Bestimmt eine Unschuld vom Lande. Hübsch?«

»Bestimmt nicht. Blaustrümpfe sind nie hübsch.«

»Vielleicht hat sie eine Schwäche für Liftboys«, vermutete Norman und begann sich für den Gedanken zu erwärmen. »Sie hat dich gesehen und war auf den ersten Blick so hingerissen, dass sie sich nicht mehr von der Stelle rühren kann. Da hast du wieder eine Eroberung gemacht, du Casanova.«

Jack schnitt eine Grimasse. »Du kannst sie haben, wenn du willst. Sie hat scheckige Haare.«

Er stellte sich wieder neben seine Knopfskala. Außer der sonderbaren Person mit dem Buch auf der Bank war niemand im Lift.

»Aufwärts zu den Decks zwei, drei, vier, fünf, sechs, sieben, acht«, leierte er.

»Ich bin weder ein Blaustrumpf noch eine Unschuld vom Lande«, sagte die weichste, dunkelste Stimme, die Jack je gehört hatte. Altflöte, dachte er. »Und hingerissen von Ihnen bin ich schon gar nicht. Ich verabscheue rüde Jungen.«

Jack sah im Spiegel, dass sie den Kopf gehoben hatte. Er vergaß auf die Knöpfe zu drücken. Einen Augenblick lang glaubte er, Madeleine säße auf der Kabinenbank. Er errötete bis in die Haare und drehte sich langsam um. Das Mädchen auf der Bank hatte zwar Madeleines riesige, eigenartig durchsichtigen Augen und ihre blassen, vollen Lippen, aber ein schmales, fast kantiges Gesicht mit einer sehr hellen Haut. Die Haare wechselten in allen Schattierungen von Braun und Honig und Gold zu Kupfer, während Madeleines Gesicht üppig und bräunlich und ihre Haare fast schwarz waren.

»Warum starren Sie mich so dümmlich an?«, fragte die Altflötenstimme kriegerisch. Jack hörte ein Prusten aus der Nachbarkabine und hob den Blick. Entlang der Deckenleiste lief ein breites Lüftungsgitter, und wenn die beiden Lifte nebeneinander hielten, konnte man hören, was im anderen gesprochen wurde. Das Mädchen war seinem Blick gefolgt.

»Genau«, sagte sie bloß.

»Ich ... ich bitte sehr um Verzeihung. Ich ... das war tatsächlich eine rüde Bemerkung, aber ... aber ich konnte ja nicht wissen ... ich habe nämlich gedacht, also, Sie sehen auf den ersten Blick aus wie jemand, den ich kenne.«

»Wie die blaustrümpfige, hässliche Unschuld vom Lande?«

Wieder kam das Prusten aus der Nachbarkabine. Jack fühlte, dass sein Gesicht glühte.

»Pardon«, murmelte er. »Einen Augenblick, bitte.«

Mit zwei Schritten war er beim anderen Lift und bedeutete Norman mit einer drohenden Gebärde zu verschwinden. Der grinste und schüttelte den Kopf. Jack faltete die Hände und hob sie flehend. Norman pfiff leise durch die Zähne.

»Okay, weil du es bist«, flüsterte er. »Aber ich will hinterher alles wissen.«

Jack schüttelte stumm den Kopf. Norman sah ihn erstaunt an und begann dann unverschämt zu feixen, während er seinen Lift in Bewegung setzte. Aufatmend ging Jack zurück in seine Kabine.

»Ich bitte vielmals um Verzeihung«, fing er an.

»Das haben Sie bereits«, unterbrach ihn das Mädchen. »Haben Sie den anderen weggeschickt?«

»Ich ... ja.«

»Und wieso tut er, was Sie sagen?«

»Er ist mein Freund.«

»Und wieso bedienen Sie heute den Lift?«

Jack zögerte. »Ich hatte mir eigentlich fest vorgenommen zu behaupten, dass ich einer aus der unübersehbaren Schar der Liftboys und Pikkolos wäre. Aber Sie möchte ich nicht anschwindeln.«

Das Mädchen legte den Kopf schief und sah ihn prüfend an. Sie hat Augen so hell wie Wasser, dachte Jack. Fast durchsichtig, aber wenn sie sich bewegt, ist ein ganz zarter grünlicher Reflex darin. Nixenaugen. Madeleines Augen sind einfach hellgrau, und ...

»Ich höre«, sagte das Mädchen.

»Ja, also der Liftboy hat uns erzählt, dass er noch nie bei einem Deckspiel mitgemacht hat. Er hat noch nicht einmal das Meer gesehen. Irgendwie fanden wir das ungerecht. Also haben wir ihm angeboten, dass wir eine Schicht für ihn und seinen Kollegen fahren.«

»Das finde ich nett«, sagte das Mädchen warm. Stimme und Gesicht hatten alle Strenge verloren. »Sogar sehr nett. Wissen Sie, auf diesem Schiff wird einem überhaupt sehr deutlich klargemacht, wie viel Ungerechtigkeit es auf der Welt gibt. Das habe ich schon an dem Tag gedacht, als man vor der Abfahrt die erste Klasse besichtigen durfte. Dieser Luxus ist doch eigentlich unerhört. Wie kann man Unsummen verschwenden für Firlefanz, wenn es so viel Hunger und Elend auf der Welt gibt?«

Oha, dachte Jack, jetzt Vorsicht. Die Nixenäugige schien revolutionäre Ideen zu haben. Es würde ihn in ihren Augen gewiss nicht empfehlen, wenn er seine Zugehörigkeit zu der beanstandeten Klasse zugab.

»Was genau meinen Sie mit Firlefanz?«, erkundigte er sich. »Wir aus der dritten Klasse durften nämlich die erste nicht besichtigen, wissen Sie, und ich kann mir gar nicht vorstellen, wie es dort aussieht.«

»Ich hätte es auch nicht gekonnt, wenn ich es nicht mit eigenen Augen gesehen hätte. Man kommt sich vor wie in einem Schloss. Vergoldete Treppengeländer und Spiegel und Gemälde überall und Teppiche so dick wie – wie Bettdecken. Allein im Treppenhaus könnte man eine Kirche unterbringen. Und Firlefanz nenne ich den Saal mit den elektrischen

Pferden und Kamelen und das Türkische Bad, ganz in Blau und Gold mit Mosaiken und vergoldeten Hängelampen und geschnitzten Betten, die aussehen wie Throne.«

Sie hatte sich richtig in Fahrt geredet. In ihre blassen Wangen stieg ein Hauch von Rosa, die durchsichtigen Augen blitzten. Jack betrachtete sie versunken.

»Und stellen Sie sich vor, es gibt sogar einen Blumenladen, wo die Blumen auf Eis liegen, damit es jeden Tag frische gibt. Ist das nicht verrückt? Können Sie mir sagen, warum jemand mitten auf dem Atlantik frische Rosen oder Orchideen haben muss?«

Orchideen, dachte Jack. Orchideen würden gut zu ihr passen. Cremeweiß mit einem Hauch Kupfer an den Rändern und ein paar Tropfen Rosa in der Mitte. Orchideen – das klang nach Nacht und Geheimnis und Unberührbarkeit. Du lieber Himmel, was ist mit mir los? Das hört sich ja an wie ein schlechtes Gedicht.

»Ich . . . nein, natürlich kann ich das nicht«, sagte er hastig. »Ich verstehe nichts von solchen Dingen. Würden Sie sich denn nicht freuen über Orchideen?«

»Überhaupt nicht. Ich finde, dieses Blumenschenken ist eine Unsitte. Man wird nur traurig, wenn sie verwelken.«

»Und worüber würden Sie sich freuen?«

»Ich? Jetzt?« Sie zog mit einer graziösen, unbefangenen Bewegung ein Bein unters Kinn, legte die Arme darum und dachte nach, während sie den anderen Fuß hin und her baumeln ließ. Jack sah einen schwarzen Schuh und ein dünnes Bein in schwarzem Strumpf. »Über kandierten Ingwer«, sagte sie nachdrücklich. »Nichts gegen das Essen, es ist wirklich sehr gut, der Steward hat gesagt, es wird in derselben Küche bereitet wie das der ersten Klasse, aber es gibt immer diese klebrigen englischen Kuchen als Nachtisch, die sind viel zu süß, oder Käse oder Obst und Eis. Dagegen ist natürlich nichts zu sagen, aber mit kandiertem Ingwer lässt es sich nicht vergleichen. Ich liebe Ingwer. Wenn . . .«

»Was zum Teufel soll das heißen? Ist das ein Lift oder ein Wartehäuschen? Ich werde mich beschweren, junger Mann.«

Jack drehte sich erstaunt um. Was fiel dem Mann ein ihn so anzuschreien. Dann sah er sein Gesicht im Spiegel, die Uniformmütze in die Stirn gedrückt. Herrje, er hatte völlig vergessen, dass er für einige Stunden nicht Jack Singer, sondern Tony, der Liftboy, war. Und der würde großen Ärger bekommen, wenn die Sache aufflog.

»Ich . . . ich bitte sehr um Verzeihung, Sir«, stotterte er. Jetzt musste er sich schon wieder entschuldigen. Was mochte sie wohl von ihm denken?

»Ich stehe jetzt geschlagene zehn Minuten im nächsten Deck und wenn ich mir nicht die Mühe gemacht hätte, die Treppe hinunterzulaufen, dann hätte ich wohl noch lange warten können. Ich nenne das eine Unverschämtheit. Soll ich etwa acht Stockwerke zu Fuß gehen?«

»Oh, nein, Sir, gewiss nicht, deshalb gibt es ja den Lift.«

»Genau. Und deshalb werde ich mich beschweren, denn was nutzt mir ein Lift, wenn er nicht bedient wird?«

»Oh nein, bitte, tun Sie das nicht, Sir, es ist alles meine Schuld, der Junge kann gar nichts dafür. Sehen Sie, ich bin so schrecklich ungeschickt, und als ich eben eingestiegen bin, ist mein Saum im Türspalt hängen geblieben und mein Rock wäre zerrissen, wenn der Lift abgefahren wäre. Meine Mutter hätte sehr geschimpft, denn es ist mein bester, und deshalb habe ich den Boy gebeten, dass er nicht fahren soll. Und erst wollte er trotzdem fahren, weil es nämlich seine Pflicht ist, den Lift ständig in Betrieb zu halten, aber dann hatte er Mitleid mit mir und hat tatsächlich so lange gewartet, bis ich meinen Rock wieder heraushatte, denn normalerweise ist um diese Zeit wenig Betrieb, sagt er.«

Der Herr mit dem soldatischen Schnurrbart blinzelte etwas verwirrt während dieses Redestroms. »Na, da wird er aber Augen machen, wenn er die Schlange im nächsten Stockwerk sieht«, sagte er trocken, aber er lächelte dabei und stieg ein. Das Mädchen hatte den Anstand, zu erröten.

»Ach, bitte, sagen Sie den anderen nichts von meinem Missgeschick, bitte, denn es ist mir wirklich sehr peinlich und man sieht auch gar nichts, nicht einmal eine Druckstelle, hier, schauen Sie nur, das wäre bestimmt ein großes Loch geworden, wenn ich den Stoff nicht ganz langsam und vorsichtig herausgezogen hätte.«

Sie hob tatsächlich ihren Rocksaum in die Höhe, was den Herrn so verwirrte, dass er nur »Gewiss, gewiss, da haben Sie Recht« murmelte.

Das Mädchen lächelte ihn an. »Das ist aber überaus freundlich von Ihnen, dass Sie mir die Verzögerung verzeihen. Haben Sie schon gehört, dass am Sonntagabend eine Andacht stattfindet? Einige Passagiere sind der Ansicht, dass ein Gottesdienst morgens nicht ausreicht, und Reverend Carter hat sich bereit erklärt einen religiösen Liederabend abzuhalten. Er hat auch schon einen Klavierspieler gefunden und der Zahlmeister stellt den Salon der zweiten Klasse zur Verfügung.«

Sie hatte die Mitteilung von der Andacht auch zu den Wartenden gemacht, die jetzt den Lift füllten, und alle diskutierten diese Aussicht und vergaßen darüber, sich zu beschweren.

Jack stand wieder an seinen Knöpfen, den Blick geradeaus, und versuchte vergebens das Mädchen im Spiegel zu finden. Wahrscheinlich saß sie wieder auf der Bank, verdeckt von allen anderen, die sie mit Gesprächsstoff versorgt hatte, und hatte sich in ihr Buch vertieft. Sie war doch nicht etwa ausgestiegen? Er wusste noch nicht einmal ihren Namen!

»Sie haben vergessen die beiden letzten Decks anzusagen«, sagte die Altflötenstimme.

Jack sah sich um. Der Lift war leer und da saß sie auf der Bank, das Buch im Schoß und musterte ihn mit schief gelegtem Kopf.

»Ich . . . ja, das stimmt. Ich glaube, eine Karriere als Liftboy muss ich mir aus dem Kopf schlagen.«

Er drückte auf den untersten Knopf, die Türen schlossen sich, der Lift glitt langsam durch alle Etagen, ohne anzuhalten. Zum Kuckuck mit allen Passagieren! Um die sollte Norman sich kümmern. Er hatte jetzt Wichtigeres zu tun.

Er räusperte sich. »Darf ich Sie etwas fragen?«

»Nein, jetzt noch nicht, erst bin ich dran. Wieso kennen Sie Tony, wenn Sie in der dritten Klasse sind? Der Lift ist doch nur für die erste und zweite Klasse da. Das ist übrigens auch so eine Ungerechtigkeit.«

»Mag sein, aber ich glaube, darüber ist Tony ganz froh. Wenn noch mehr Leute Lift fahren würden, dann würde er vor Überarbeitung zusammenbrechen. Wir haben ihn auf dem Achterdeck kennen gelernt, denn das Schiffspersonal darf in seiner freien Zeit in die Aufenthaltsräume der dritten Klasse.«

»Und wieso habe ich Sie dann noch nie auf dem Achterdeck gesehen? Ich stehe sehr häufig mit Mr Beesley an der Reling und wir schauen uns an, wie fröhlich die Leute da sind und was sie für lustige Spiele spielen. Ich habe mir schon oft gewünscht, ich könnte dort mitmachen.«

»Wer ist Mr Beesley?«, fragte Jack rasch und wollte damit nicht nur von ihrer Frage ablenken.

»Oh, das ist ein sehr netter Herr, der uns immer Gesellschaft leistet.«

Die Gesellschaft des netten Mr Beesley passte Jack überhaupt nicht.

»Und warum finden Sie Mr Beesley so nett?«

»Weil er mir das Buch geliehen hat.«

Sie hob es in die Höhe.

»Kim«, las Jack. »Von Rudyard Kipling.«

»Das ist wirklich das Beste, was ich seit langem gelesen habe. In der Schiffsbücherei gibt es nämlich fast nur Liebesromane und die sind so langweilig. Man weiß immer schon am Anfang, dass sie sich kriegen. Und da ich nicht heiraten will, interessiert mich das überhaupt nicht.«

Aha! Noch mehr eigenwillige Ideen. »Was wollen Sie denn?«

»Ich möchte Lehrerin werden und dann gehe ich nach Indien und leite ein Waisenhaus und eine Schule wie mein Vater.«

»Aber Ihr Vater ist doch auch verheiratet.«

Das Mädchen schüttelte den Kopf. »Indien ist kein Ort für Kinder. Mein Bruder ist kurz nach der Geburt gestorben und meine Mutter gleich mit. Das zweite Kind von meiner neuen Mutter ist auch schon tot und jetzt ist mein kleiner Bruder so krank, dass der Arzt gesagt hat, er muss sterben, wenn er nicht von Indien weggebracht und in Amerika behandelt wird.«

»Oh, das tut mir Leid. Wie geht es ihm jetzt?«

»Schon viel besser. Das kalte Klima tut ihm wohl gut. Aber ich vermisse die Wärme. Und überhaupt alles in Indien. Wenn ich mir vorstelle, dass ich jetzt vielleicht jahrelang in Amerika bleiben muss, dann werde ich ganz traurig.«

Aber ich überhaupt nicht, dachte Jack. Ganz im Gegenteil. Es wäre schrecklich gewesen, wenn sie nach Indien zurückgefahren wäre. Aber ich müsste jetzt wohl irgendwas Teilnahmsvolles sagen. Bloß was? Mein Kopf ist völlig leer. Herrje, ich bin Jack Singer, umschwärmter Millionenerbe, beneidet wegen meiner Begabung zum Flirten und Plaudern, und jetzt stehe ich hier wie ein Klotz und mache den Mund nicht auf. Das Mädchen warf die Haare mit einem Schwung über die Schulter, als ob sie die melancholischen Gedanken abschütteln wollte.

»Warum hat Ihr Freund Sie eben einen Casanova genannt und gesagt, Sie hätten wieder eine Eroberung gemacht?«

»Ach, das sollte nur ein Witz sein. Er . . . er zieht mich immer auf, weil sich nie jemand in mich verliebt.«

»Tatsächlich.« Sie musterte ihn so unbefangen und sachlich, dass Jack Mühe hatte, ernst zu bleiben. Die Mädchen die er kannte, warfen ihm hauptsächlich kokette oder schmachtende Blicke zu. »So hässlich sind Sie doch gar nicht.«

Jack schluckte. Er war gewohnt, dass man ihm Komplimente machte, besonders über seine dunkelbraunen Augen. Dann fiel sein Blick auf den Spiegel. Dieses Käppi sah lächerlich aus. Und es war reine Idiotie gewesen, eine Brille aufzusetzen! Er wirkte wie ein Laufbursche, der als Student durchgehen möchte. Aber das war jetzt nicht zu ändern.

»Norman, das ist mein Freund, der den anderen Lift übernommen hat, also Norman meint, es kommt daher, weil ich so arm bin. (Das war ein guter Einfall! So wie er sie einschätzte, würde das ihn ihr sympathisch machen.) Mein Vater hat nämlich Bankrott gemacht und wir haben gar nichts mehr.«

»Und wieso fahren Sie dann auf der *Titanic*? Selbst die dritte Klasse kostet hier mehr als auf anderen Schiffen.«

Alle Achtung, die Kleine passte auf.

»Meine Tante hat uns das Geld geschickt. Meine Mutter ist Amerikanerin.«

»Das hört man.«

»Das kann man unmöglich hören, zumindest nicht, wenn ich die Decks ansage. Ich habe es mit Tony geübt und er hat mir versichert, ich spräche reinstes Oxford-Englisch.«

»Ich glaube, Tony weiß gar nicht, was das ist. Er spricht nämlich reinstes Cockney.«

»Sie kennen ihn?« Jack fühlte, ebenso wie eben bei der Erwähnung von Mr Beesley, einen lächerlichen Stich von Eifersucht.

»Natürlich. Bei ihm habe ich doch am zweiten Tag das Missgeschick mit dem Rock erlebt. Ich lüge nämlich nie, und was ich dem wütenden Herrn eben erzählt habe, ist tatsächlich passiert, bloß nicht heute. Mr Beesley sagt, Tony ist der hübscheste Liftboy, den er je gesehen hat.«

»Und finden Sie das auch?«

»Oh, mir fehlen die Vergleichsmöglichkeiten. Ich bin in Indien aufgewachsen und war noch nie in einem Hotel, außer jetzt in London, und da gab es zwar einen Lift, aber keinen Boy, sondern einen einbeinigen Veteranen aus dem Burenkrieg. Was wollten Sie mich fragen?«

Das kam sehr unvermittelt. Jack schluckte wieder. Sie hatte eine koboldhafte Schnelligkeit, das Thema zu wechseln. Aber jetzt musste er die Gelegenheit beim Schopf packen.

»Erstens, ob Sie mir erlauben, dass ich mich Ihnen vorstelle. Und zweitens, ob Sie mir dann Ihren Namen verraten.«

Sie kicherte. »Oh, was sind Sie wohlerzogen. Das würde meiner Stiefmutter gefallen, die beklagt sich immer darüber, dass ich total verwilderte Manieren habe. Werden Sie sich jetzt auch verneigen?«

»Natürlich.« Jack machte eine tiefe Verneigung. »Sie gestatten, gnädiges Fräulein? Mein Name ist Jack Taylor [das war nicht sehr originell, aber ihm fiel auf die Schnelle kein anderer Name ein ich bin 20 Jahre alt und will in Amerika mein Glück machen, wie immer es aussehen wird.«

Sie hüpfte von ihrem Sitz. »Jetzt muss ich ›Sehr erfreut‹ sagen, nicht? Und einen Knicks machen?«

»Das tun nur Schulmädchen. Eine junge Dame neigt den Kopf.«

»Ich eine junge Dame? Na schön. So?«

»Perfekt!«

»Ich heiße Ruth Daniels, ich komme aus Guntur in Indien und fahre nach Connecticut.«

Jacks Herz machte einen Sprung. Das war nicht an der Westküste und nicht im äußersten Süden oder Norden, sondern in der Nähe von Philadelphia. Na gut, Nähe war vielleicht etwas übertrieben, aber es war zu erreichen.

»Ich bin sechzehn. Und ich fange gerade an zu wachsen«, fügte sie triumphierend hinzu.

Jack schüttelte den Kopf und lachte. Sie war wirklich süß. Er hätte sie am liebsten in die Arme genommen.

»Mein Vater hat mir immer gesagt, ich soll mich nicht ärgern, dass ich so winzig bin, denn meine Mutter ist auch erst mit sechzehn gewachsen und dann hat sie gar nicht mehr aufgehört und ist fast so groß geworden wie mein Vater und der ist, na ja, nicht ganz, aber fast so groß wie Sie. Seit meinem Geburtstag messe ich mich jeden Sonntagmorgen. Drei Monate ist es schon her und nichts ist passiert, aber heute Morgen war ich anderthalb Zentimeter größer als letzte Woche.«

Sie strahlte ihn an, aber das Lächeln erlosch. »Oh, da kommt meine Stiefmutter.«

»Verraten Sie mich nicht!«, sagte Jack schnell.

Ruth hatte den Blick schon wieder ins Buch gesenkt.

»Aber Kind, wo bleibst du denn?«

Wie alle anderen Passagiere nahm auch Mrs Daniels den Liftboy gar nicht wahr. Jack sah eine hübsche Frau mit blonden, hoch gesteckten Haaren, die ein Kleid von etwas auffallender Machart trug, neben dem Ruths dunkelblaues Matrosenkleid noch bescheidener wirkte. Ob das Absicht war?

»Ich habe Mr Beesley gesucht, aber ich konnte ihn nirgendwo finden, wahrscheinlich ist er in seine Kabine gegangen. Ich habe im Lift noch ein bisschen gelesen, weil es gerade so spannend ist.«

»Es wäre mir lieber, du würdest dich jetzt wieder um Richard kümmern. Er macht mich ganz nervös, wenn er so weinerlich ist, und du wirst ohnehin besser fertig mit ihm.«

Ruth klappte ihr Buch zu und stieg aus. Jack machte sich von außen am Lift zu schaffen, bis er gesehen hatte, in welche Richtung sie ging. Ruth Daniels mit Mutter und Bruder, linke Seite, D-Deck. Wenn man gute Beziehungen zum Chefsteward hatte, würde sich ihre Kabinennummer mühelos feststellen lassen.

Von da an stand Jack wie auf heißen Kohlen und schickte ein Stoßgebet nach dem anderen zum Himmel, dass seine Zeit als Liftboy endlich vorbei sein möge. Das Warten wurde nur dadurch erträglich, dass er sich immer wieder jeden Satz, jeden Blick, jede Bewegung von Ruth in Erinnerung rief, was allerdings recht nachteilige Wirkungen auf seinen Pflichteifer hatte. Wenn die Passagiere nicht durch ein üppiges Mittagessen milde gestimmt und außerdem nicht zahlreich gewesen wären, so hätte Tony seinen Ausflug zu den Deckspielen wohl zu bereuen gehabt. Glücklicherweise erschienen er und sein Kollege weit vor der ausgemachten Zeit, teils weil sie von den Aktivitäten auf dem Achterdeck genug hatten, teils weil sie sich um ihre Stellvertreter Sorgen machten.

Inzwischen hatte Jack einen Schlachtplan für die nächsten Tage entworfen. Die *Titanic* sollte am Dienstagabend in New York eintreffen, am nächsten Morgen würden die Passagiere nach den Pass- und Gepäckkontrollen von Bord gehen. Es blieben ihm also vier volle Tage, dazu noch der Rest des heutigen Tages und vielleicht der Mittwochmorgen. Als Erstes würde er Mr Faulkner bitten in der Bäckerei kandierten Ingwer zu bestellen. Als Nächstes würde er feststellen, ob es in den Bordbüchereien ein Exemplar von »Kim« gab, und den Bibliotheksteward dazu bringen, es ihm zu verkaufen. Und dann musste Mr Faulkner bei dem für Ruths Kabine zuständigen Steward die Gewohnheiten der Familie Daniels erkunden und die günstigen Zeitpunkte für ein Rendezvous. Nein, für viele Rendezvous!

12

Am Sonntagabend war im Salon hinterm Achterdeck das Gedränge auf der Tanzfläche so dicht, dass die Paare ständig mit Lachen und Gekreisch zusammenstießen. Tim Robbins hatte Kate gleich zum ersten Tanz aufgefordert und ihr versichert, dass er sie den ganzen Abend nicht mehr loslassen würde und dass er keine Ruhe geben wolle, bis sie mit ihm an Deck ging, um den Himmel zu bewundern. So viele leuchtende Sterne wie heute Nacht hätte sie noch nie gesehen und er würde ihr alle erklären, denn er kannte sich aus in den Gestirnen und ihren Namen, worauf er Kassiopeiaundcastorundpollux wie ein einziges Wort herunterschnurrte und dabei seine Hand auf eine Art über ihren Rücken gleiten ließ, dass Kate ein halb angstvolles, halb angenehmes Kribbeln am ganzen Körper verspürte.

Mehrere Tänze lang sprachen sie kein Wort. Er hielt sie eng umfasst und drehte sie etwas ungeschickt auf der Stelle. Kate spürte deutlich, dass das Tanzen für ihn nur ein Vorwand war, sie im Arm zu halten. Sie würde mit ihm gehen. Das wusste Kate auf einmal.

Der elegante junge Mann war ihr gleich zu Beginn der Reise aufgefallen. Er stand immer etwas abseits von den anderen Passagieren und wirkte sehr bedrückt. So als ob ihn ein schweres Schicksal belasten würde. Kate war daher überrascht gewesen, als er sie am Nachmittag auf dem Achterdeck angesprochen und für den heutigen Tanz eingeladen hatte.

»Wollen Sie wirklich gleich mitkommen?«, flüsterte er an ihrem Ohr.

Kate nickte. »Meinen Sie nicht, dass es zu kalt ist?«

Er lachte leise und zog sie an sich. »Keine Angst, Sie werden nicht frieren. Wissen Sie, dass ich es für eine Schicksalsfügung halte, dass wir uns begegnet sind. Sie werden mir den Glauben an die Menschheit wiedergeben. Und an die Frauen. Das spüre ich ganz deutlich.«

Wieder lief das eigentümliche Kribbeln durch Kates Körper. Da war der Tanz zu Ende.

»Eine Pause für die Musik. Die Musik hat Durst«, schrie der Mann am Klavier.

Mr Robbins brachte Kate zu einem Stuhl. »Ich hole Ihnen ein Glas Bier.«

»Wissen Sie, eigentlich hätte ich lieber Limonade«, sagte Kate zögernd, aber er war schon verschwunden. Sie fächelte sich mit der Hand Luft zu, um sich etwas abzukühlen, aber das half nichts, denn im Salon war es heiß und stickig. Sie war schrecklich durstig. Was machte er nur so lange? Die Pause war schon vorüber, die Musiker hatten ihre Gläser geleert und fingen an zu spielen.

»Ihr Kavalier hat mich gebeten ihn bei diesem Tanz zu vertreten.«

Kate sah erstaunt auf.

Vor ihr stand der rothaarige Riese, der auf Deck so oft den Dudelsack gespielt hatte.

»Mr Robbins hat Sie gebeten? Aber er hat . . .« Sie unterbrach sich. Sie konnte einem Fremden ja nicht gut erzählen, dass Tim Robbins noch vor wenigen Minuten angekündigt hatte mit ihr an Deck zu gehen, um die Sterne zu bewundern – und noch ganz andere Dinge zu tun, an die sie selbst kaum zu denken wagte, über die sie aber bestimmt nicht reden würde.

Der Riese wartete ihre Antwort nicht ab, sondern streckte ihr gebieterisch die Hand entgegen und sie erhob sich verwirrt und folgte ihm auf die Tanzfläche. Er war so groß und breit, dass sie den Kopf hätte in den Nacken legen müssen, um sein Gesicht zu betrachten, und das kam ihr lächerlich vor. Außerdem musste sie über Tim Robbins' Worte nachdenken. Gleich würden sie zusammen an Deck gehen. Wollte sie das wirklich?

Sie tanzten in der Nähe der Musiker, die so laut spielten, dass jede Unterhaltung unmöglich war, also hatte Kate Zeit, ihren Gedanken nachzuhängen, während sie auf den mittleren Hemdenknopf des Riesen starrte. Sie merkte, dass er trotz seiner Größe erstaunlich leicht und sicher tanzte und sie geschickt aus der Bahn der anderen drehte, denn kein einziges Mal bekam sie einen Ellbogen in den Rücken oder einen Tritt gegen die Ferse wie bei den Tänzen mit Tim Robbins. Es war schön, so geführt zu werden. Als die Musik in einen langsamen Walzer überging, vergaß sie sich steif zu machen oder über Tim zu grübeln und darüber, was sie wollte oder nicht wollte – sie dachte gar nichts mehr und tanzte.

»Es ist ungewöhnlich, dass ein Mädchen, das so gut strickt, auch so gut tanzt«, sagte der Riese, als die Musik schwieg.

»Woher wissen Sie, dass ich gut stricke?«

»Alle wissen das. Ich kenne zwei junge Männer, die sich um eine Weste von Ihnen geprügelt haben. Tim Robbins hat nämlich den Besitzer auf die Idee gebracht, sie meistbietend zu versteigern. ›Wenn ich dir verrate, wie du zu Geld kommen kannst, machen wir dann halbe-halbe?‹, hat er ihn gefragt. Sie haben beide daran verdient.«

Kate zog die Stirn kraus. Ihre Westen waren also mehr wert, als sie dafür bekam? Und Mr Robbins hatte ihr nichts davon gesagt? Wo steckte er überhaupt? Er war nirgendwo zu sehen, sosehr sie sich auch anstrengte ihn zu entdecken. Wie sonderbar.

»Ihre Mutter hat Ihnen doch bestimmt beigebracht, dass man von fremden Männern nie eine Einladung annehmen darf, nicht wahr?«

Kate nickte.

Ja, das hatte sie – und Kate hatte zuerst ein schlechtes Gewissen gehabt, als sie sich von dem eleganten jungen Mann einladen ließ, von dem sie nur den Namen wusste und der nichts von sich erzählen wollte.

»Also, ich heiße Robert Markham, bin dreiundzwanzig Jahre alt, komme aus Edinburgh, mein Vater ist Schmied so wie ich und er spielt auch den Dudelsack und hat es mir beigebracht. Ich habe zwei jüngere Schwestern und zwei jüngere Brüder und ich werde als eine Art Vorhut nach Amerika geschickt. Wenn ich sehe, dass alles okay ist, kommen die anderen nach. So, jetzt kennen Sie mich und dürfen meine Einladung annehmen.«

Kate sah noch einmal rundum. In einer Ecke stand eine Gruppe um den netten rothaarigen Jungen, der den Kleinen das Boxen beibrachte, und sang lautstark »Happy birthday to you«. Doch keine Spur von Tim Robbins. Und sie war wirklich schrecklich durstig. Aber würde er nicht beleidigt sein, wenn sie sich von einem anderen einladen ließe? Sie zögerte und sah den Riesen unschlüssig an. Ob sie sich nicht besser auf die Suche nach Mr Robbins machen sollte?

»Genügen Ihnen die Angaben nicht? Ich kann Ihnen noch mehr erzählen. Ich bin 1,90 m groß und entsprechend schwer, wie viel genau ich wiege, weiß ich nicht, aber jedenfalls ein paar Pfund mehr als zu Hause, denn das Essen hier ist einfach zu gut und mir fehlt die Bewegung. Außerdem bin ich sehr stark und kann einen Zentner Kohlen mit einer Hand hochheben, sehen Sie, ungefähr so.«

Kate spürte einen festen Griff um ihre Taille und schwebte auf einmal in der Luft, in Augenhöhe mit Robert Markham, der weitersprach, als ob nichts geschehen wäre und als ob ihn das Heben überhaupt nicht anstrengen würde. Kate war so verblüfft, dass sie kein Wort herausbrachte.

»Ich will Sie natürlich nicht mit einem Zentner Kohlen vergleichen, Gott bewahre, da könnten sich die Kohlenhändler wohl vor Trägern kaum retten, wenn jeder Sack so schwarze Locken und so violette Augen und so eine schmale Taille hätte wie Sie.«

Was fiel dem Kerl ein? Kate blitzte ihn zornig an. Er hatte krause, rotblonde Haare und einen noch krauseren, noch röteren Vollbart. Die braunen Augen blickten ruhig und die tiefe ruhige Stimme klang freundlich.

»Und um mir das zu sagen, heben Sie mich hoch?«

»Nein, ich wollte Sie einmal richtig ansehen. Ich beobachte Sie schon seit Tagen, aber immer nur von weitem. Wenn man so spielt und herumgeht, lernt man eine Menge über alle möglichen Leute.«

»Und was haben Sie über mich gelernt?«

»Sie sind sehr fröhlich und sehr fleißig und sehr zutraulich. Vielleicht ein bisschen zu sehr.«

»Das ist ja eine gewaltige Erkenntnis«, sagte Kate spöttisch. »Vielen Dank für die Mitteilung. Und jetzt lassen Sie mich gefälligst herunter!«

Inzwischen waren die Umstehenden auf das Paar aufmerksam geworden und fingen an zu lachen und zu klatschen.

»Da ist Robert, unser Kraftmensch, in Aktion.«

»Lass sie nicht herunter, Bobby, sonst geht sie dir laufen!«

»Hab keine Angst, Mädchen, er ist ganz harmlos, nur ein bisschen verrückt!«

»Pass auf, Junge, du musst sie am ausgestreckten Arm halten, sonst tritt sie dich!«

»Die Schwarzen sind gefährlich, die kratzen und beißen wie die Katzen.«

»Hör auf zu strampeln, Mädchen, das nützt dir nichts!«

Kate sah ein, dass es nichts nützte, und hielt still.

»Was fällt Ihnen ein, mich so zu behandeln?«, fauchte sie. »Sie machen mich ja vor allen lächerlich.«

»Aber das will ich nicht, Gott bewahre! Ich will nur mit Ihnen reden.«

»Aber ich nicht mit Ihnen!«

»Natürlich wollen Sie das, Sie wissen's nur noch nicht. Aber ich werd es Ihnen erklären.«

Er setzte Kate oben auf dem Klavier ab und legte ein paar Münzen daneben.

»Die nächste Runde geht auf mich, Jungs. Passt mir eine Minute auf sie auf, ich hol ihr bloß ein Glas!«

Die Musiker drängten sich lachend um das Klavier. Kate wäre in ihren Armen gelandet, wenn sie hinuntergesprungen wäre.

Mit hochrotem Kopf und zusammengepressten Lippen blieb sie sitzen. In erstaunlich kurzer Zeit war der Riese zurück, hob sie herunter, führte sie zu einem freien Tisch, auf dem zwei Gläser standen, und drückte sie auf einen Stuhl.

»Ich will mich nicht von Ihnen einladen lassen«, sagte Kate

wütend. »Am liebsten würde ich Ihnen das Glas ins Gesicht schütten.«

»Ich weiß. Deshalb halte ich es ja fest. Aber eine Limonade können Sie ruhig trinken.«

»Pah! Limonade! Das stellt sich ein Schotte wohl unter einer Einladung vor!«

»Alkohol ist nichts für kleine Mädchen«, sagte er ruhig. »Aber ich hole Ihnen gerne noch ein Ingwerbier, wenn Sie nach der Limonade noch durstig sind.«

Seine Unerschütterlichkeit entwaffnete sie. Und wenn sie ehrlich war, mochte sie gar kein Bier. Man wurde so kreiselig davon im Kopf. Ihr Mund war förmlich ausgedörrt. Halb widerwillig griff sie nach dem Glas, das er sofort losließ.

»Auf Ihr Wohl«, sagte er lächelnd und hob sein Bier.

»Cheers«, murmelte sie und trank hastig, stellte das fast leere Glas ab und stand auf.

»Ich schlafe in einem Raum mit Tim Robbins.«

Sie setzte sich langsam wieder hin und sah ihn beunruhigt an. Es hatte so eigenartig geklungen, wie er das sagte.

»Haben Sie Brüder?«

Was sollte denn das heißen? »Ja«, sagte sie zögernd. »Drei.«

»Dann wissen Sie ja vielleicht, dass es unter Männern eine Art von Kumpanei gibt, besonders, was Mädchen angeht. Man hechelt alle durch, man gibt sich Tipps, man prahlt mit seinen Eroberungen – aber die Mädchen erfahren kein Wort davon. Ich finde, diese Kumpanei hat Grenzen. Ich jedenfalls habe nicht die Absicht, den Mund zu halten, wenn einer etwas Schäbiges vorhat, bloß weil ein Mädchen ja angeblich selbst auf seinen guten Ruf achten muss.«

Ein unbestimmtes Gefühl von Angst breitete sich in Kate aus. Sie trank den letzten Schluck aus ihrem Glas.

»Ich verstehe nicht, was Sie damit sagen wollen«, sagte sie leise.

Er rutschte auf seinem Stuhl hin und her, als ob er nicht wüsste, wie er weiterreden sollte. »Soll ich Ihnen jetzt ein Ingwerbier holen?«

»Nein, danke. Ich bin nicht mehr durstig.«

Die Musik spielte einen Galopp, die Paare stampften über den Boden, dass die Dielen dröhnten.

»Wollen wir nicht nach draußen gehen? Hier kann man sich nicht unterhalten.«

Kate ließ noch einmal ihre Augen durch den Salon wandern, aber sie hatte die Hoffnung, Mr Robbins zu finden, fast aufgegeben. Was mochte nur plötzlich in ihn gefahren sein, dass er einfach verschwand und sie allein ließ?

»Okay. Gehen wir!«

Sie schauerte vor Kälte zusammen, als sie nach draußen traten. Sofort schlüpfte Robert Markham aus seiner Jacke und hängte sie ihr um.

»Einer von der Besatzung hat eben erzählt, dass Eisberg-Warnungen eingegangen sind. Und das Thermometer ist in einer Stunde um sieben Grad gefallen, fast auf den Gefrierpunkt.«

»Was wollen Sie mir sagen?«

»Tim Robbins war gestern Abend ziemlich betrunken. Und da hat er damit geprahlt, dass ihm kein Mädchen widerstehen kann. Seine Familie hat ihn gezwungen auszuwandern, weil er zwei Mädchen ins Unglück gebracht hat. Er will auch Sie dazu bringen, dass Sie ihm all Ihr Geld geben – und noch einiges mehr, bevor wir in New York sind, hat er gesagt. Und er wird Sie genauso sitzen lassen wie die beiden anderen.«

Kate hatte das Gefühl, als ob sie weder eine Jacke noch

Kleider trüge, sodass die beißende Kälte ihr ungehindert bis ins Mark dringen und sie in einen Eisblock verwandeln würde. Sie brachte kein Wort heraus.

»Ich habe ihm gesagt, dass ich ihm jeden Knochen im Leib zerbreche, wenn er nicht seine dreckigen Finger von Ihnen lässt«, fuhr Robert fort. »Aber ich finde, es ist besser, Sie sind gewarnt.«

Kate wusste später nicht, wie sie in ihre Kabine gekommen war. Sie lag in ihrer Koje und zitterte immer noch vor Kälte und wartete nur darauf, dass es zehn Uhr wurde, denn dann wurden alle Lichter in der dritten Klasse gelöscht. Sie würde die ganze Nacht kein Auge zutun. Sie würde nur weinen.

Auf der anderen Seite des Schiffes, ganz vorne im Heck, wälzte sich Alfred in seiner Koje hin und her. Das Erwachsenwerden war verflixt anstrengend. Die Geburtstagsfeier war zwar lustig gewesen, die Goldings hatten ihm eine wirklich sehr schöne Weste geschenkt, von der kleinen Irin, die so rasend schnell stricken konnte, und alle Leute hatten ihm gratuliert, sogar welche, die er gar nicht kannte. Er hatte mit Emmy getanzt, das war überhaupt das Beste gewesen, und dann hatte Mr Golding ihn mit in den Rauchsalon genommen, denn jetzt wäre er ein Mann, und das gehörte dazu, hatte er gesagt.

Dort war die Luft blau gewesen vom Qualm und der Norweger Peer mit den silbernen Haaren und dem lustigen Akzent hatte eine fürchterlich unheimliche Geschichte von einem Geisterschiff erzählt, dem Fliegenden Holländer, der allen den Tod bringt, die ihn sehen. Tatsächlich war Peers Schiff mit Mann und Maus untergegangen und Peer war der Einzige, der gerettet worden war. Alfred hatte auf einmal das Gefühl, als ob er auch auf einem untergehenden Schiff wäre, so stark schwankte seine Koje. Das konnte nur am Bier liegen. Er nahm seinen Mantel, wankte auf den Gang hinaus, in dem nur eine schummerige Nachtbeleuchtung brannte, und erreichte gerade noch den Waschraum.

Anschließend ließ er sich Wasser übers Gesicht laufen und spülte sich gründlich den Mund aus. Als er die Hände aufs Waschbecken stützte, merkte er, dass es im Takt der Schiffsmaschinen zitterte. Das Geräusch der Maschinen war noch nie so deutlich zu hören gewesen. Und noch nie so schnell. Er dachte nicht weiter darüber nach. Er würde jetzt an Deck gehen. Die frische Luft würde ihm gut tun.

Die Luft war nicht nur frisch, sondern eiskalt, der Wind heulte leise und Alfred war froh über seinen dicken Mantel. Er betrachtete das ruhige Schiff. Noch nie hatte er die *Titanic* so menschenleer erlebt. Wer mochte jetzt noch wach sein? Der Kapitän? Alfred hatte ihn einmal von weitem gesehen, in einer dunklen, goldbestressten Uniform, sehr Ehrfurcht gebietend und alt aussehend mit weißem Bart und weißen Haaren, der würde bestimmt längst in seiner prächtigen Koje schlafen. Für den Nachtdienst waren die Offiziere da, die würden ihn wecken, falls etwas passierte, aber was sollte diesem Schiff schon geschehen? Ein oder zwei Offiziere würden in dem Haus auf der Brücke stehen, zusammen mit dem Steuermann, und die *Titanic* sicher durch die Nacht lenken.

Alfred legte den Kopf in den Nacken. In der Nähe der Decksbeleuchtungen glitzerten schmale, bunte Schnüre wie Lichtergirlanden, aber das musste eine Augentäuschung sein, man würde doch wohl mitten in der Nacht keine Festbeleuchtung einschalten?

Nein, das war Eis. Alle Feuchtigkeit auf der Oberfläche des Schiffes war gefroren, und wo das Licht hinfiel, schimmerte es in allen Farben, bis hoch hinauf in die Masten, wo die Nachtwache jetzt in ihrem Ausguck saß. Brrr, was musste es da oben kalt sein! Da hatten es die anderen besser, die tief unten noch wach waren, die Maschinisten und die Ingenieure an den Maschinen und die Heizer an den großen Kesseln. Alfred fröstelte trotz seines Mantels. Das schwindelige Gefühl war ganz vorbei, er spürte sogar einen leichten Hunger. Er würde jetzt zurückgehen in die Kabine und den Apfel essen, den er sich vom Abendbrot mitgenommen hatte. Ob die Bäcker schon aufgestanden waren, um die frischen Brötchen fürs Frühstück zu backen?

Plötzlich ertönte durch das leise Rauschen des Windes ein helles Läuten, und noch einmal, und noch einmal. Alfred sah sich verwundert um. Wer klingelte denn mitten in der Nacht? Es hatte geklungen, als ob es von oben gekommen wäre. Er legte den Kopf in den Nacken und horchte. War da nicht eine Stimme gewesen? Ein paar Wortfetzen wehten an ihm vorbei. Es klang wie ». . . direkt voraus!«.

Auf einmal hörte Alfred ein anderes Geräusch, ein Scharren und Schaben oder, nein, es war eher, als ob ein langes Stück Stoff zerreißen würde. Gleichzeitig traf ihn ein Schwall eiskalter Luft und dann sah er ein riesiges Segelschiff direkt neben der Bordwand auftauchen, so nah, dass seine Segel über die Reling der *Titanic* drängten, und während Alfred sich unwillkürlich zusammenkauerte und an der Bank festklammerte, fest überzeugt, dass jetzt der Fliegende Holländer nach ihm greifen und ihn mit sich reißen würde, erkannte er, dass das Segelschiff ein gewaltiger Eisberg war, nass und glitschig, im vorbeihuschenden Licht der *Titanic* blau und lila und grün-weiß schillernd. Das reißende, scharrende Geräusch verwandelte sich in ein Knirschen und Poltern und Splittern – und dann war es vorbei. Alfred drehte den Kopf, aber der eisige Koloss war schon in der endlosen Dunkelheit hinter der *Titanic* verschwunden.

Alfred blickte sich benommen um. Die Lichtschnurrbärte glitzerten, die Schornsteine und Masten ragten hoch in den sternenübersäten Himmel, der Fahrtwind pfiff um seine Ohren, alles war wie vorher. Uff, das war aber knapp, dachte Alfred und jetzt sah er auch, woher das Knirschen und Poltern und Splittern gekommen war: Das Deck war übersät mit schimmernden, funkelnden, weiß-bunten Steinen. Er bückte sich und nahm einen in die Hand. Tatsächlich, es war Eis.

Alfred kam sich auf einmal ungeheuer klein, verletzlich und unbedeutend vor und nicht nur sich selbst sah er so, sondern all die vielen hundert Menschen auf dem Schiff ebenso, und sogar das Schiff selbst. Noch nie hatte er etwas so Großes gesehen wie die *Titanic* und doch hatte sich der Eisberg wie ein Turm über ihr erhoben, und wenn man bedachte, dass es ja nur seine Spitze war, die aus dem Wasser ragte, so konnte einen das Schaudern überlaufen, und zwar nicht nur wegen der schmerzenden Kälte, die von dem Brocken in seiner Hand ausging. Es war wie eine Erscheinung aus einer anderen Welt gewesen, wo es kein Leben gab und keine Gefühle, sondern nur ... tödliche Schönheit ... Wie hatte der alte Norweger gesagt? Der Eishauch des Todes.

Tief unten bei den Maschinen, im Kesselraum 6, karrte Ben Kohlen durch die Gänge. Heute Nacht war er zum ersten Mal wieder als Trimmer eingeteilt worden, weil jeder Mann gebraucht wurde.

»Wieso feuern sie denn auf einmal alle Kessel?«, fragte er Eddie.

»Wahrscheinlich waren wir die ersten Tage zu langsam. Sie haben angekündigt, dass die Passagiere Mittwoch in New York aussteigen können. Für diese reichen Burschen ist Zeit Geld.«

»Man sollte meinen, dass sie genug davon haben. Was wollen sie mit immer noch mehr?«, fragte ein ausgemergelter Heizer.

»Das verstehst du nicht, Fatty. Aus dir wird nie ein Millionär, wenn du so denkst. Geld kann man nie genug haben, das ist die Devise.«

Ben holte mit einem eisernen Kratzer die Schlacke aus dem Kessel und füllte frische Kohlen nach. Mit einem Schüreisen brachte er die Glut zum Lodern und starrte in die tanzenden Flammen. Eines Tages würde er reich sein. Er würde nicht bei den Kohlen bleiben, er würde Schiffsjunge werden und dann Matrose, vielleicht sogar Offizier und alles Geld würde er Mutter geben, damit sie wegkonnte von diesem Kerl.

»Ich habe gehört, wie die Ingenieure darüber gesprochen haben, dass eine Kursänderung vorgenommen worden ist«, rief ein anderer. »Es soll eine Eisbergwarnung angekommen sein und wir biegen südlich aus.«

»Eisberge? Da hat wohl der Ausguck zu tief ins Glas geschaut. Und zwar in eins mit Eiswürfeln.«

»Haha, das hättest du wohl gerne. Du weißt genau, dass Alkohol für die Besatzung verboten ist. Und all das teure Gesöff on the rocks, das ist nur was für die noblen Herren. Leute wie wir trinken bloß Bier und nicht mal das kriegen wir hier.«

»Mann, hört euch das an! Das reimt sich ja. Du bist glatt ein Dichter.«

Alle riefen im Chor. »Leute wie wir trinken bloß Bier und

nicht mal das kriegen wir hier.« Und noch einmal und noch einmal, unterbrochen von Gelächter.

Später, als alle Kessel brannten wie die höllischen Feuer, saßen sie auf den Eimern und eisernen Schubkarren der Trimmer und warteten auf die Hundewache von Mitternacht bis vier, die sie ablösen sollte. Paddy hatte schon sein eisernes Essgeschirr auf einen Kessel gestellt, um seine Suppe zu wärmen.

»Den Alten muss der Ehrgeiz gepackt haben«, sagte er. »Will wohl unbedingt schneller sein als die *Olympic*. Dabei könnt es ihm doch egal sein, wo's seine letzte Fahrt ist.«

»Eben drum. Das Kommando sollte eine Auszeichnung für ihn sein und jetzt will er sich als würdig erweisen. Außerdem hat er den Reeder an Bord und der wird ihm schon stecken, dass er genau pünktlich ankommt, wie's in den Werbesprüchen steht.«

»Reeder hin, Reeder her, auf seinem Schiff ist der Kapitän der König und nur er hat das Sagen. Diese Landratte wird nicht wagen dem Alten einen Befehl zu geben.«

»Na, ich weiß nicht, einen direkten Befehl vielleicht nicht, aber es gibt auch Andeutungen. Warum fährt er sonst so schnell? Wenn ich Kapitän wäre und eine Eiswarnung bekommen hätte und ich führe durch eine Neumondnacht, dann würde ich das Tempo drosseln statt es zu steigern.«

»Aber du bist kein Kapitän und wirst auch nie einer werden, jedenfalls nicht auf der *Titanic*. Und die nimmt es mit jedem Eisberg auf.«

»Red keinen Unsinn, Harvey! Nichts ist so häufig in der christlichen Seefahrt wie Unfälle im Eis. Und nichts so gefährlich. Wie viele Schiffe sind spurlos verschwunden, untergegangen mit Mann und Maus? Kannst du sie zählen?«

»Nun bleib bei den Tatsachen!« Harvey hatte bessere Tage gesehen, bevor er dem Suff verfallen war, und kehrte immer den Überlegenen heraus. »Wir sind nicht im Eis, wir sind auf der normalen Atlantikroute und das Einzige, was uns hier begegnen kann, ist ein abgetriebener Eisberg. Und dafür stehen die Chancen eins zu einer Million. Das ist nämlich die Zahl, die die Versicherungen als Grundlage ihrer Berechnung nehmen. Stell dir das vor: Ein riesiger Ozean und darin ein einzelnes Schiff und ein einzelner Eisberg. 999 999-mal können die aneinander vorbeischwimmen und sich nicht treffen. Und selbst wenn wir die Millionsten wären, die *Titanic* nimmt es mit jedem Eisberg auf.«

Paddy bekreuzigte sich unwillkürlich. »Mann, fordere den Teufel nicht heraus! Sie mag das größte und schönste und sicherste Schiff sein, das je gebaut worden ist, aber sie ist nur Menschenwerk. Und ein Eisberg ist eine Naturgewalt.«

»Ach, hör auf! Natürlich ist sie Menschenwerk, was sonst. Aber sie ist perfekt, und das heißt bei einem Schiff unsinkbar. Falls uns deine Naturgewalt in die Quere kommt und falls sie es tatsächlich schafft, uns ein Loch in die Seite zu rammen, dann schließen sich automatisch die Schotten. Und selbst wenn eine Abteilung voll Wasser läuft oder sogar zwei, wir schwimmen einfach weiter.«

Ein Stoß erschütterte den Kesselraum. Alle kippten von ihren Sitzgelegenheiten. Eddie verschwand unter einem Kohlenberg, das Kochgeschirr von Paddy flog vom Kessel. Ben rappelte sich auf und sah Eddies verzweifelt fuchtelnde Hände aus den Kohlen herausragen. Er sprang hin, packte zu, zog – Eddie tauchte hustend und nach Luft schnappend auf, doch ehe er etwas sagen konnte, schrillte die Warnsirene. Über den Schotten glühten die roten Lämpchen auf. Sekunden später brach Wasser durch einen Riss in der Seitenwand und strudelte um Röhren und Ventile.

Ben stand und starrte. Aber das war doch nicht möglich! Diese Platten waren dicker als ein Männerarm, geschmiedet aus dem härtesten Stahl, verbunden von tausenden von faustgroßen Schrauben zu einer Wand, die dem Druck des ganzen Ozeans standhielt! Und jetzt klafften sie auseinander, als ob ein Messer durch Papier geschnitten hätte. Da! Da setzten sich die elektrischen Schotten in Bewegung.

Einer brüllte: »Nichts wie raus!«

Die Männer stürzten zu den Schotten. Sie konnten gerade noch in Raum 5 springen, ehe sie zuschnappten. Ben fühlte den Luftzug der aneinander schlagenden Eisenwände an seinem Hinterkopf. Er hatte einen Riesensatz gemacht, kam mit dem Fuß auf einer Schaufel auf, knickte ab – und dann rutschte das Bein unter ihm weg, als ob es nicht mehr zu seinem Körper gehörte. Er versuchte den Fuß zu bewegen, aber er war wie abgetrennt.

»Verdammt!«, stöhnte Ben. »Oh, verdammt!«

Er versuchte sich auf ein Knie aufzurichten. Und da sah er, dass in der Außenwand vom Kesselraum 5 ebenfalls ein Riss klaffte. Ein dicker Wasserstrahl schoss herein. Ben fühlte, dass sein Herz bis in den Hals klopfte, und mit jedem Herzschlag wurden der Riss größer und der Wasserstrahl dicker.

»Ein Mann zum Chef! Einer zur Brücke! Los!«, schrie Harry.

Eddie beugte sich über Ben. »Was ist mit dir?«

»Fuß gebrochen«, krächzte Ben, dem der Schmerz fast den Atem nahm. Ohne ein weiteres Wort hob Eddie ihn hoch und trug ihn in den Pumpenraum nebenan. Als er zurückkam, brach eine Welle aus grünem Schaum zwischen den beiden vorderen Kesseln hervor, überflutete den Boden und stieg. Die elektrischen Pumpen röhrten.

Ben versuchte sich zu beruhigen. Wie gut, dass er auf der *Titanic* angeheuert hatte. Hier gab es einen Operationssaal und eine eigene Krankenabteilung und mehrere Ärzte, die würden ihn schon zusammenflicken. Hoffentlich dauerte es nicht so lange, bis sie mit dem Leck fertig werden würden, die Schmerzen waren kaum noch auszuhalten. Aber da sah man, dass Harvey Recht gehabt hatte mit den Schotten. Verflixt, was schlossen die schnell und dicht, das hatte er am eigenen Leibe erfahren. Die würden keinen Tropfen Wasser durchlassen.

Was machten Eddie und die anderen bloß so lange im Kesselraum? Ob sie versuchten das Leck abzudichten? Aber man brauchte doch bloß auch die Schotten in diesem Raum zu schließen. Die Schmerzen wurden immer teuflischer. Wenn er seinen Fuß in einen offenen Kessel stecken und bei lebendigem Leibe rösten würde, könnte das auch nicht schlimmer sein. Er biss die Zähne zusammen und robbte auf den Ellbogen und dem gesunden Knie ein Stück nach vorn, um in den Kesselraum zu sehen.

Vor seinen Augen bogen sich die Platten des Schotts und wölbten sich nach vorn, als ob sie aus Kuchenteig wären. Eine Wand aus grünem Wasser stürzte in den Raum, eine mächtige, hohe Mauer, eine Mauer aus blasigem, trübem, massivem Glas. Die Mauer schlug um, begrub die Männer unter sich, zerschellte auf dem Boden. Köpfe, Schultern, Hüften tauchten aus dem strudelnden Wasser auf.

Eine Stimme schrie: »Los, nehmt die Fluchtleiter!«

Zwei kletterten schon nach oben. Eddie watete zu Ben und versuchte ihn auf den Arm zu nehmen.

»Nein, Eddie, lauf! Lass mich! Ich . . .«

Bens Stimme ging im Getöse des hereinbrausenden Wassers unter. Eddie riss ihn in die Höhe, geriet ins Straucheln und stürzte. Mit der Macht eines Geysirs schoss das Meer herein, verschlang sie beide und stieg an den Wänden hoch, bis der Raum gefüllt war und die Schotten zum nächsten barsten.

13

Als Alfred aus der Kabine geschwankt war, hatte Olav in seiner Koje gelächelt. Der Junge hatte das erste Bier nicht vertragen, das war offensichtlich. Auch er konnte nicht schlafen, aber nicht, weil er zu viel getrunken hatte, sondern weil er so glücklich war. Er hatte mit Peer Sjoblom gesprochen.

»Ich hab dich jeden Tag unter die Lupe genommen, das hast du ja wohl gemerkt«, hatte Peer gesagt. »Du bist ein guter Junge, da bin ich sicher, und wenn du willst, kannst du zu mir kommen und bei mir arbeiten, da könnt ihr euch besser kennen lernen. Aber geheiratet wird erst später, das bitt ich mir aus. Nichts ist so förderlich für junge Liebe wie eine Seereise, ich weiß auch nicht, wie das kommt, es muss etwas mit der Salzluft zu tun haben. Aber an Land sieht vielleicht alles ganz anders aus und deshalb müsst ihr noch etwas warten.«

Damit hatte Olav sich zufrieden geben müssen, und das war er auch, obwohl er mit Anna noch gar nicht gesprochen hatte. So sicher war er, dass sie genau so fühlte wie er und Ja sagen würde.

Ein ohrenbetäubendes Krachen ertönte und dann kam ein Stoß, der Olav aus der Koje warf. Als er aufstand, stieß er mit Knut zusammen, der laut fluchend ebenfalls auf dem Boden lag. Olav tastete sich zu seiner Koje und zündete die Kerze auf dem Brett am Kopfende an. Alfreds Koje war leer, Tim Robbins war halb von seiner gerutscht, nur Robert lag schnarchend unter seiner Decke. Es würde wohl ein Erdbeben nötig sein, um ihn aus seinem Bett zu werfen. Olav schaute auf die alte Taschenuhr von seinem Großvater, die er nach dem Brand unversehrt unter den Trümmern des Hauses gefunden hatte. Sie zeigte 23.47 Uhr.

»Was war das?«, fragte Knut und rieb die Beule an seiner Stirn.

»Keine Ahnung.«

Sie sahen sich um, aber ihre Kabine schien unverändert. Tim kroch wieder unter seine Decke, aber der Lichtschein weckte Bobby, der grunzte und gähnte und die beiden barsch aufforderte zu Bett zu gehen.

»Hört nur, die Maschinen stehen still«, sagte Olav.

Alle horchten.

»Nein, da laufen sie wieder. Aber viel langsamer.«

Olav und Knut zogen sich an. Irgendetwas war geschehen, und was es war, das wollten sie jedenfalls nicht in Schlafanzügen feststellen. Als sie fertig waren, hatten die Maschinen endgültig gestoppt. Sie traten auf den dämmerigen Gang hinaus. Am vorderen Ende war die eiserne Wendeltreppe, die in die Kesselräume führte. Die beiden zögerten, dann kletterten sie über das Absperrungsgitter und tasteten sich die Stufen hinunter.

Von unten klangen aufgeregte Stimmen. Im schwachen Lichtschein, der aus dem untersten Postdeck fiel, glänzte Wasser am Ende der Treppe. Olav und Knut gingen schneller. Im Postlager standen fünf Postangestellte bis zu den Knien im Wasser und wuchteten die Postsäcke in die oberen Abteilungen der Regale.

»Das hat keinen Zweck«, keuchte einer, »wir müssen sie nach oben ins Büro schaffen.«

Olav und Knut zogen sich ein Stück zurück, um nicht entdeckt zu werden.

Die Angestellten schleppten die Postsäcke über die Wendeltreppe eine Etage höher, doch nach wenigen Minuten kamen sie alle herausgerannt.

»Lauf zur Brücke! Sag, dass das Wasser im Postbüro bis zur Decke steht! Verdammter Eisberg!«

Um die Treppenstufen schwammen Briefe und Pakete. Oben beugte sich ein älteres Ehepaar über das Geländer. »Na, Jungs, da werdet ihr aber Ärger kriegen in New York. Das kann doch kein Mensch mehr entziffern.«

»Vielleicht sind Liebesbriefe dabei. Wie traurig!«

»Na, das könnt ich verschmerzen! Aber wenn Zigarren in den Päckchen sind, das wäre bitter.«

Die Postangestellten lachten und machten beruhigende Gesten.

»Halb so schlimm. Ist alles versichert. Kommt, Jungs, wir holen uns trockene Sachen, hier ist im Moment nichts zu machen, sie müssen erst das Leck flicken.«

Olav und Knut rannten in ihre Kabine. Sie hatten das Wort Leck nicht verstanden, aber das Wort Eisberg wohl, und das steigende Wasser sprach für sich. Noch immer schwiegen die Maschinen. Der Gang war auf einmal voller Leute, teilweise beladen mit Gepäck, die zu der Treppe gingen, die auf Deck und in die Aufenthaltsräume führte.

»Es ist Wasser im Schiff«, sagte Olav. »Und es kommt nach oben. Da war ein Eisberg.«

Mit einem Satz war Tim Robbins aus dem Bett, riss seinen Koffer vom Schrank und warf seine Sachen hinein. Als Olav sich nach seinem Koffer bückte, merkte er, dass der Boden nass war. Deshalb also hatten die Leute ihre Kabinen verlassen. Einige Sekunden stand er unschlüssig. Er fasste nach seinem Brustbeutel. Seit Robert ihm gesagt hatte, dass Tim Robbins ein Schuft wäre, trug Olav sein bisschen Geld und seine Papiere bei sich. Der Brustbeutel und seine beiden Koffer waren alles, was er auf der Welt besaß. Aber das Gepäck war jetzt unwichtig. Wichtig war nur Anna.

»Wenn's geht, nimm auch was von mir mit!«, rief er Knut zu. »Ich sag Edvard und Sigrun Bescheid und hole Anna und Ragnhild.«

Es waren noch mehr Menschen auf dem Gang als eben, doch sie bewegten sich so ruhig, als ob sie auf dem Weg zum Essen wären. Warum gingen sie nicht schneller? Warum war dieses Schiff so groß? Noch nie waren ihm die Gänge derart endlos vorgekommen. Endlich! Hier war die Treppe nach oben. Alle Leute stiegen sie hinauf, nur Olav nicht. Jetzt konnte er rennen.

Da war schon der Mittelteil mit den Familienkabinen. Warum war alles so still? Jede Tür war verschlossen, kein Mensch bewegte sich auf dem Gang. Er rannte weiter ins Heck, bis ganz nach hinten, wo die Mädchen untergebracht waren. Hier waren sie beide entlanggestolpert, beladen mit ihrem Gepäck, Annas Kopf an seiner Schulter. War das wirklich erst wenige Tage her? Er hörte Stimmen und Gekicher hinter der Tür 88 und klopfte. Anna öffnete sofort.

»Schnell, zieht euch an! Wir sind mit einem Eisberg zusammengestoßen!«

Ragnhild lachte hell auf. »Mach keine Witze! Du hast zu viel Bier getrunken, Olav, und dann hast du schwer geträumt.«

Olav beachtete sie nicht. »Habt ihr den Stoß nicht gemerkt? Und den Krach? Es war ein richtiges Donnern.«

»Unsinn! Wir waren beide noch wach und haben geschwätzt und wir haben nicht das Geringste gehört.«

»Hier! Schaut euch meine Schuhe an!«

»Sie sehen nass aus«, sagte Anna verwundert.

»In unserer Kabine steht schon das Wasser auf dem Boden. Wenn ihr wollt, könnt ihr es auch ansehen.«

»Oh, Olav, du bist wirklich ein ganz Gerissener. Du willst uns wohl in eure Kabine lotsen. Und ich weiß auch, wer dich geschickt hat. Dein schöner Vetter Knut. Aber auf so etwas fallen wir nicht herein.«

»Nun sei doch nicht so albern, Ragnhild«, sagte Anna unwillig. »Man muss sich ja schämen für dein Gerede.«

»Packt am besten eure Koffer! Und vergesst nicht eure Schwimmwesten anzuziehen!«

Jetzt sah sogar Ragnhild beunruhigt aus. »Aber du hast ja auch keine an.«

»Ich laufe jetzt zurück und hole sie und ihr macht euch fertig. Wir treffen uns im Aufenthaltsraum.«

»Aber . . . aber«, sagten Anna und Ragnhild wie aus einem Munde, doch er wartete ihre Einwände gar nicht ab, sondern lief schon den Gang hinunter, wobei er sich wunderte, dass kein Alarm gegeben wurde. Ob er übertrieben war in seiner Vorsicht? Jeder wusste schließlich, dass die *Titanic* unsinkbar war. Trotzdem klopfte er an Edvards und Sigruns Kabine, klopfte immer lauter, hämmerte schließlich mit beiden Fäusten dagegen.

»Bist du denn total verrückt geworden? Es ist Mitternacht und wir schlafen längst!« Edvard betrachtete ihn ehrlich empört.

Olav haspelte seine Nachricht herunter, erklärte, drängte bis Edvard endlich begriffen hatte, und rannte dann weiter in den Bug. Der Gang vor den Kabinen war leer, viele Türen standen offen und zeigten ebenfalls leere Räume. Als Olav die Tür zu seiner Kabine öffnete, schwappte ihm das Wasser über die Füße.

Er watete hinein. Wo war wohl seine Schwimmweste? Unter der Matratze? Er hob sie auf. Tatsächlich, da lag ein Paket aus Gummi. Er griff danach, als mit lautem Splittern und Knirschen die hölzerne Zwischenwand zu der Nachbarkabine brach und ein gewaltiger Schwall Wasser hereinstürzte. Innerhalb von Sekunden stand es bis zu seinen Hüften.

Er watete hinaus so schnell er konnte und platschte mit großen Sätzen den Gang hinunter. Das Wasser schoss hinter ihm her, umschloss seine Knöchel, seine Knie . . . dahinten war die Treppe! Er keuchte die Stufen hoch, die waren noch trocken, und blickte sich um. Das Wasser stieg an den Wänden hoch und flutete in die offenen Kajüten.

Auf dem Weg zum Aufenthaltsraum kam ihm Alfred entgegen. »Geh schnell nach oben, Olav, es sind schon ganz viele da und es ist richtig lustig! Das ganze Deck ist voll von Eisbrocken und man kann Fußball damit spielen. Die aus der zweiten Klasse stehen an der Reling und schauen zu und lachen und wollen ein paar Brocken hochgeschmissen kriegen für ihren Whiskey.«

»Lustig?«, keuchte Olav. »Lustig? Geh die Treppe hinunter und schau in den Gang, dann bist du nicht mehr lustig!«

Der Liftboy Tony gähnte. Er war zum ersten Mal für die Nachtschicht eingeteilt worden und wartete jetzt auf die Herren aus der ersten Klasse, die immer noch rauchend und trinkend und Karten spielend im Salon saßen. Es war gleich Mitternacht und dann sollten eigentlich in allen Gesellschaftsräumen die Lichter gelöscht werden, aber es gab natürlich immer ein paar Nachtschwärmer, die sich nicht daran hielten.

Tony zuckte zusammen und nahm Haltung an. Wer da auf den Lift zukam, das war – er traute seinen Augen nicht – das war Kapitän Smith! Und neben ihm ging Mr Andrews, der Chefkonstrukteur, der die *Titanic* entworfen und gebaut hatte und den garantiert jedes Mitglied der Besatzung kannte, weil er von früh bis spät in alle Winkel kroch, um zu entdecken, ob man irgendwo noch etwas verbessern konnte. Die beiden betraten den Lift.

»Schnell nach unten«, sagte der Kapitän bloß und dann: »Warte, bis wir wieder kommen!«

Es dauerte keine zehn Minuten, da waren sie zurück, mit einem Ausdruck auf den Gesichtern, dass Tony Mühe hatte, seine Augen auf der Knopfleiste zu halten.

»Ich fasse zusammen«, sagte Mr Andrews mit tonloser Stimme. »Es ist Wasser im Vorschiff. Kesselraum Nummer 1 und 2 sind bereits voll, das Postbüro und Kesselraum Nummer 5 und 6 sind fast voll, der Wasserstand beträgt gut 4 Meter über Kielebene in den ersten zehn Minuten. Das bedeutet einen Wassereinbruch in einer Länge von mindestens 100 Metern. Die *Titanic* kann sich mit zwei gefüllten, wasserdicht geschotteten Abteilungen über Wasser halten, sogar mit drei oder vier. Aber wenn alle fünf vorderen Abteilungen unter Wasser sind, wird der Bug sich langsam senken. Das bedeutet, dass das Wasser aus den fünf vorderen Abteilungen über das nur bis zum E-Deck reichende Schott in die sechste laufen wird, dann weiter in die siebte und so weiter.«

»Und das bedeutet?«, fragte der Kapitän heiser.

»Dass keine Rettung möglich ist. Wir sinken.«

»Aber ich habe nur sechzehn Boote! Sechzehn Boote und vier Ersatzboote für 2 200 Menschen! Selbst wenn ich sie voll lade bis zum Rand, kann ich nur 1 200 retten.«

»Ich weiß«, sagte Mr Andrews leise. »Ich hatte bei den Entwürfen doppelt so viele Rettungsboote vorgesehen, aber die Reederei war der Ansicht, dass die 20 schon mehr sind, als die Gesetze vorschreiben.«

Die beiden schwiegen. Tony vergaß die erste und oberste Regel seines Berufes, die man ihm mit vielen Ohrfeigen eingebläut hatte: Er drehte sich um und starrte seine Passagiere an. Dies ist ein Alptraum, dachte er flehend. Ich bekomme jetzt einen Schlag ins Gesicht wie während der Ausbildung immer, weil ich nicht nach vorn schaue und so tue, als ob ich ein Teil der vergoldeten Wandverkleidung bin, und dann werde ich wach und merke, dass ich in meiner Koje liege. Aber nichts dergleichen geschah. Die beiden Männer, die er anstarrte, waren und blieben Kapitän Smith und Mr Andrews, die beiden wichtigsten Männer auf dem Schiff, und sie redeten weiter.

»Ich habe nur 83 Matrosen. Ich brauche acht bis zehn Mann, um ein Rettungsboot klarzumachen, und weitere acht, um es zu bemannen.« Die Stimme das Kapitäns klang brüchig, sein Gesicht sah uralt aus. »Aber das ist nicht das Schlimmste. Können Sie sich an die Katastrophe vor vierzehn Jahren erinnern? Vor den Neufundlandbänken?«

»Sie meinen den Zusammenstoß des englischen Seglers mit dem französischen Dampfer? Im Juni 1898?«

Der Kapitän nickte. »Unter den Zwischendecklern ist eine Panik ausgebrochen. Sie haben sich einen gnadenlosen Kampf um die Boote geliefert und allein durch diese Panik sind 570 von den 600 Menschen an Bord umgekommen.«

»Dann müssen Sie eben eine Panik verhindern.«

Der Kapitän blickte einige Sekunden vor sich hin. »Die einzige Möglichkeit dazu ist, keinen Alarm zu geben.«

»Aber wie wollen Sie dann alle warnen?«

Smith zuckte mit den Achseln. »Es ist besser, einige nicht zu warnen, wenn dadurch der Rest gerettet wird.«

»Einige?? Um Himmels willen! Sie meinen tausend.«

»Nun gut, tausend. Aber das ist die einzige Chance für 1 200. Und vielleicht hat Gott ein Einsehen und schickt ein Schiff.«

Er sah Tonys aufgerissene Augen und seinen offenen Mund, aber er gab ihm keine Ohrfeige und rügte ihn nicht einmal. »Bete, Junge!«, sagte er. »Bete um ein Schiff!«

Im Funkraum der *Titanic* saß der Funker Phillips an der Morsetaste. Er hatte einen langen Tag hinter sich und noch viel Arbeit vor sich.

Im Laufe des Nachmittags waren mehrere Eiswarnungen von anderen Schiffen eingegangen, die er sofort an die Kommandobrücke weitergeleitet hatte. Kurz nach 21.30 Uhr war die letzte gekommen: Im Bereich 42 Grad bis 41,25 Grad nördlicher Breite, 19 Grad bis 50,3 Grad westlicher Länge große Mengen Packeis und zahlreiche Eisberge sowie Treibeis gesichtet. Wetter gut, klare Sicht.

Obwohl das die erste Nachricht war, die von einem zusammenhängenden Eisfeld sprach, auf das die *Titanic* direkt zuhielt, blieb sie im Funkraum liegen, da Philipps inzwischen Kontakt mit der Funkstation in Cape Race in Neufundland aufgenommen hatte, um einen ganzen Stapel von Meldungen der Passagiere durchzufunken, die im Laufe des Nachmittags eingegangen waren. Es war schon nach 23 Uhr und er war immer noch bei der Arbeit, als er plötzlich in seinem Kopfhörer ein Funkspruch von der *Californian* erhielt: »Guter Mann, wir liegen fest und sind von Eis umgeben.«

Der Dampfer war so nah, dass Phillips das Gefühl hatte, die Morsezeichen brächten sein Trommelfell zum Platzen. Was fiel dem Kerl ein, ihn mit einer Eiswarnung, von der sie doch weiß Gott genug bekommen hatten, bei der Arbeit zu stören?

»Halt's Maul! Ich hab zu tun. Ich steh mit Cape Race in Kontakt«, sagte er wütend.

Der Funker der *Californian* wartete noch einige Zeit, aber er hörte nur Phillips' unentwegte Morsezeichen. Die *Californian* war in gut zehn Seemeilen Entfernung von der *Titanic* vor Anker gegangen, nachdem sie sich einige Stunden langsam und vorsichtig durch das Eisfeld bewegt hatte. Dann war dem Kapitän die Weiterfahrt zu riskant geworden und er hatte die Maschinen stoppen lassen. Der Funker gähnte. Es war bald Mitternacht und sein vierzehnstündiger Arbeitstag war längst vorbei. Er gähnte noch einmal, schaltete sein Gerät ab und ging zu Bett. Er konnte nicht ahnen, dass die *Californian* das Schiff war, um das Tony betete, und dass die *Titanic* jetzt keine Möglichkeit mehr hatte, mit ihr in Funkkontakt zu treten.

In der Bäckerei herrschte Hochbetrieb. Dort war man schon dabei, das Frühstück für den nächsten Morgen vorzubereiten.

Plötzlich erschütterte ein Stoß den ganzen Raum. Töpfe und Schüsseln tanzten, Besteck klirrte, Tische zitterten. Ein Blech mit Brötchen polterte auf den Boden, die nächsten gerieten ins Rutschen, Chris sprang hinzu und konnte sie gerade noch auffangen.

Alle schauen unwillkürlich zur großen Wanduhr. Die Zeiger standen auf 23.46 Uhr.

»Gibt's hier vielleicht Felsen?«, fragte Chris in die allgemeine Stille hinein.

»Oh, du ahnungslose Landratte«, sagte einer. »Die Schraube hat ein Blatt verloren, das ist klar. Der Stoß war ganz typisch und das Geräusch auch.«

»Und was bedeutet das?«, fragte jemand.

»Dass du vorläufig nicht nach New York kommst, du Dummkopf. Ade, ihr Kneipen von Manhattan. Ade, ihr schönen Mädchen von Harlem. Wir werden den nächsten Hafen anlaufen zur Reparatur.«

»Aber das Frühstück wird morgen pünktlich serviert, also jetzt weiter mit der Arbeit«, rief Chefbäcker Jones und alle gehorchten. Chris stand am Herd und war gerade dabei, Butter für das Maisbrot zu schmelzen, das alle Amerikaner am liebsten hatten, als die Türe aufgerissen wurde.

»Alle Mann an Deck! Schwimmwesten mitbringen!«

»Moment mal!«, Mr Jones war nicht so leicht aus der Ruhe zu bringen. »Soll ich für eine Übung die ganze Bäckerei im Stich lassen?«

»Das ist keine Übung! Wir sind in einen Eisberg gekracht. Sie leckt wie ein rostiger Eimer.«

Die Tür knallte zu. Wieder herrschte Schweigen in der Bäckerei und jetzt merkte jeder, dass die Maschinen nicht mehr liefen. Die *Titanic* lag still, obwohl den ganzen Abend lang der Boden leise gebebt hatte, weil das Schiff mit Höchstleistung fuhr. Die Leute sahen sich an und jedes Gesicht zeigte Fassungslosigkeit. Nur der Chefbäcker behielt die Nerven.

»Wenn das keine Übung ist, sondern ein Ernstfall, dann werden die Rettungsboote bemannt. Und die brauchen Proviant. Also geht ihr jetzt der Reihe nach in die Vorratskammern und packt euch so viele Brote, wie ihr tragen könnt. Bringt sie an Deck und sorgt dafür, dass sie in die Boote kommen! Die Rettungswesten könnt ihr später holen, so eilig wird's schon nicht sein.«

Auf dem Weg zum Deck fiel Chris die Butter ein, die er auf dem Herd vergessen hatte und die inzwischen bestimmt verbrannt war. Er gab Henry seine Brote und rannte zurück, um den Topf vom Feuer zu nehmen. Als er in die Bäckerei stürzte, stand Mr Jones vor einem Schrank und setzte eine Flasche an den Mund. Er zuckte zusammen, als Chris hereinstürzte, und ließ die Flasche sinken, dann lächelte er etwas verlegen.

»Die Nacht ist kalt und wer weiß, was sie noch bringt. Da ist es gut, sich rechtzeitig zu stärken. Willst du auch einen Schluck?« Er hielt Chris die Flasche entgegen.

»Nein, ich – ich hatte bloß die Butter vergessen und ich wollte nur – ach herrje, jetzt ist sie verbrannt.«

»Macht nichts«, sagte Mr Jones großzügig. »Wenn's sein muss, machst du neue. Aber ich glaube fast, wir brauchen keine mehr.« Er nahm wieder einen tiefen Zug aus der Flasche. »Weißt du, Langer, Leute wie ich haben einen siebten Sinn. Ich geb dir einen guten Rat: Nimm einen ordentlichen Schluck!«

Chris griff zögernd nach der Flasche und trank. Die Flüssigkeit lief wie ein Feuerstrom durch seinen Mund und seine Kehle und brannte in seinem Magen. Er schnappte nach Luft und hustete.

»So ist's recht«, sagte Mr Jones. »Whiskey ist Lebenswasser und hält Leib und Seele zusammen.«

Die Kobra hatte sich auf die Schwanzspitze erhoben und wiegte sich vor und zurück. Ihr Nackenschild war gebläht, die gespaltene Zunge glitt hin und her, die starren Augen glitzerten. Wenige Schritte von ihr entfernt spielte Richard im Gras und brabbelte fröhlich vor sich hin. Ruth wagte nicht sich zu rühren. Eine falsche Bewegung und der Kopf der Schlange würde nach vorne schießen. Ihre mörderischen Zähne würden zuschlagen und sich entweder in ihren Bruder bohren oder in sie selbst.

»Wo bist du Ruth? Wo bist du?« Die Stimme klang genauso fröhlich wie Richards. Millimeterweise drehte Ruth den Kopf. Jack lief durch das Gras auf sie zu, lachend und winkend. Sie sah seine dunklen Locken, die ihm zerzaust in die Stirne hingen, seine braunen Augen, die sie anstrahlten – und aus dem Augenwinkel sah sie die Schlange, die ihren züngelnden platten Kopf dem ahnungslos Herankommenden zugewandt hatte.

»Bleib stehen, Jack! Bleib stehen!«, kreischte Ruth.

Er glaubte wohl, sie wollte einen Scherz machen, denn er lachte lauter und winkte mit beiden Armen und lief schneller. Der Kopf der Schlange schoss vor. Ruth schrie. Und schrie.

»Um Himmels willen, was hast du?« Mrs Daniels fuhr in die Höhe und machte die Nachttischlampe an.

»Die Schlange«, wimmerte Ruth. »Die Schlange.«

»Du hast geträumt. Schlangen gibt es nur in Indien und Indien ist vorbei für uns, Gott sei Dank.«

»Aber ich habe sie zischen gehört, ganz deutlich. Vor dem Fenster hat es gezischt.«

»Sei still, sonst werden die Kleinen wach!«, flüsterte Mrs Daniels energisch. »Es ist Viertel vor zwölf. Du hast geträumt.«

Ruth konnte nicht wieder einschlafen, der Traum war zu schrecklich gewesen. Ob Jack etwas passieren würde? Morgen früh, wenn sie sich wieder im Lift trafen, würde sie ihm von der Schlange erzählen und er würde sie auslachen. Er hatte ein sehr ansteckendes Lachen. Und er war überhaupt der netteste und lustigste und höflichste junge Mann, der ihr je begegnet war. Was nicht wunderlich ist, denn er ist ja auch der erste, dachte sie selbstironisch. Aber jedenfalls konnte er gar nicht genug hören von Indien und – sie hob den Kopf vom Kissen und horchte.

»Die Maschinen laufen nicht mehr«, flüsterte sie.

»Tatsächlich. Wie sonderbar.« Mrs Daniels zog ihren Morgenmantel über und ging auf den Gang hinaus. Ruth sah durch die offene Tür, dass dort schon mehrere Leute, ebenfalls in Morgenmänteln, den Steward umringten.

»Ich weiß nicht, was passiert ist, aber es kann nichts Ernstes sein.« Alle gingen zögernd wieder in ihre Kabinen.

»Es schickt sich nicht, im Morgenmantel herumzulaufen, ich ziehe mich besser an«, sagte Mrs Daniels und griff nach ihrem Korsett. »Hör nur, die Maschinen laufen wieder, aber sehr langsam! Herrje, jetzt haben sich die Bänder verheddert.«

Auf dem Gang brüllte eine Männerstimme: »Bitte in Schwimmwesten an Deck! Nehmen Sie nichts mit. Es handelt sich um eine Vorsichtsmaßnahme. Sie können später wieder in Ihre Kabinen zurückkehren.«

Das war doch nicht die Stimme von Mr Ryan, ihrem Steward? Ruth öffnete die Türe einen Spalt. Ein Matrose lief hastig den Gang hinunter und wiederholte alle paar Meter seine Befehle.

»Komm herein und schau dir dieses Mädchen an!«, sagte ihre Nachbarin, die nette Miss Evans, und zog sie in die Kabine nebenan. In der oberen Koje, zugedeckt bis zur Nasenspitze, sodass nur der Hinterkopf und ein dicker Zopf zu sehen waren, lag ihre Schwester und rührte sich nicht.

»Lucy, Liebe, du solltest wirklich aufstehen. Schau nur, hier ist Ruth Daniels, sie geht gleich auch nach oben.«

»Ich denke nicht daran. Du bringst mich nicht dazu, mein warmes Bett zu verlassen, um mitten in der Nacht aufs kalte Deck zu gehen. Ich weiß was Besseres. Ich werde schlafen.«

Ruth lachte. Miss Evans auch und redete weiter auf die Schwester ein. In ihrer Kabine kämpfte Mrs Daniels immer noch mit ihrem Korsett. Ruth nahm es ihr resolut aus der Hand.

»Lass das jetzt, Mutter! Es ist besser, wir beeilen uns und ziehen die Kleinen an.«

Es war nicht einfach, die zwei überhaupt wach zu bekommen. Beide waren so schlaftrunken, dass sie anfingen zu weinen. Marion wie immer durchdringend, was Mrs Daniels noch nervöser machte.

»Marion, hör zu, ich verrate dir jetzt ein Geheimnis, aber Mutter und Richard dürfen es nicht hören.«

Marions Geschrei mäßigte sich zu einem leisen Weinen.

»Wir haben eine Einladung gekriegt, eine Einladung von Mr Porter, das ist der nette Decksteward, weißt du, und zwar zu einer Abenteuerfahrt. Aber er hat gesagt, es ist nichts für kleine Kinder und ihr müsst in der Kabine bleiben. Wenn du jetzt mäuschenstill bist, sodass keiner dich hört, dann nehme ich dich mit und schmuggle dich aufs Boot.«

»Aufs Boot?« Marion weinte nicht mehr und ließ sich sogar die Schwimmweste anziehen. »Was für ein Boot?«

»Es gibt doch viele Boote hier, die an den langen Haken hängen, mit denen machen wir jetzt eine Nachtpartie.«

Ruth nahm noch schnell die Wolldecken von den Betten, bevor sie die Kabine verließen. Draußen gingen viele Passagiere Richtung Treppenhaus, aber niemand rannte oder schien beunruhigt. Aus dem Zahlmeisterbüro am Ende des Ganges fiel Licht. Eine Stimme rief: »Alles Wertvolle zum Zahlmeister der ersten Klasse. Falls es ernst wird, wird alles von dort mitgenommen.«

Man hörte den metallenen Klang der sich schließenden Safetür, dann liefen zwei Matrosen und der Zahlmeister mit Eisenkoffern zu den Treppen nach oben.

Die Daniels fuhren mit dem Lift aufs Bootdeck. Ruth lächelte Tony zu, aber er lächelte nicht zurück, sondern sah so abwesend und ja, erstarrt aus, als ob er ein Gespenst gesehen hätte. Ruth wunderte sich, denn in Tonys Lift traf sie sich immer mit Jack und der Junge strahlte sonst jedes Mal, wenn er sie sah. Wahrscheinlich war er auch aus dem Bett geholt worden. Auch die Passagiere wirkten verschlafen, nur zwei redeten eifrig von einem Eisberg und einem Leck, ernteten aber nur ungläubiges Kopfschütteln.

Als sie auf das Bootsdeck hinaustraten, ertönte ein Gebrüll, als ob 20 Lokomotiven gleichzeitig in einer niedrigen Halle bremsen oder starten würden. Alle zogen unwillkürlich den Kopf ein. Ruth sah, wie einige Leute nach oben zeigten und einander erklärten, dass aus den Überdruckventilen hoch oben an den Schornsteinen der Dampf der Kessel entweiche. Sie mussten schreien, um sich bei dem Lärm verständlich zu machen, selbst Marions durchdringende Stimme wurde übertönt und sie musste sich damit begnügen, mit dem Finger auf die Leute zu zeigen, die ihr auffielen. Mrs Daniels, die sich zunächst entsetzt die Ohren zugehalten hatte, war bald dankbar für den Lärm, denn manche Passagiere waren so sonderbar angezogen, dass Marions Kommentare bestimmt peinlich gewesen wären.

Ein Herr trug seine Schwimmweste über Bademantel und

gestreiftem Pyjama, eine Dame die ihre direkt über dem Nachthemd, allerdings mit einer Pelzstola darüber. Zwei Frauen wirkten wie einem Modejournal entstiegen, mit wagenradgroßen Hüten und pelzbesetzten Mänteln, deren Wirkung durch die Schwimmwesten allerdings ziemlich beeinträchtigt wurde. Eine Dame hatte zu Automantel und Automütze gegriffen, trug darunter aber ein Nachthemd und seidene Hausschuhe. Alle standen ruhig da und beobachteten die Mannschaft an den Rettungsbooten.

Ruth sah über das dunkle Meer und hatte auf einmal das Gefühl wunderbarer Sicherheit, als ob sie auf einem großen Felsen mitten im Ozean stünde. Es gab nicht das geringste Anzeichen eines Unglücks. Es hatte keinen Alarm gegeben und keine Panik, ja, keine Bewegung außer dem langsamen Hinundhergehen der Passagiere. Kein Sturm tobte, keine See brüllte, nicht einmal ein Lufthauch war zu spüren, denn die *Titanic* lag still, sodass selbst der Fahrtwind sich gelegt hatte. Jetzt verstummte auch der Dampf. Das Meer dehnte sich glatt und ruhig. Kein Mond war zu sehen, doch der Himmel war übersät mit riesigen, funkelnden Sternen.

Ruth malte sich seufzend das Theater aus, das Marion veranstalten würde, wenn die Ausflugsfahrt nicht stattfinden würde, denn allmählich kam es ihr immer unwahrscheinlicher vor, dass man die Rettungsboote tatsächlich zu Wasser lassen würde. Aber es kamen immer mehr Menschen die Treppe hinauf.

Auf einmal blitzte ein grelles Licht vom vorderen Deck, ein lautes Heulen ertönte und schwoll an. Alle fuhren herum. Eine Rakete stieg aufwärts, hoch, immer höher, dann zerriss eine Explosion die Stille der Nacht, eine Wolke von Sternen sank langsam herab und verlöschte. Es ging ein Seufzer durch die Menge. Da heulte schon die nächste Rakete. Alle flüsterten halb unwillkürlich nur ein Wort: Raketen. Und viele wussten, was das bedeutete. Marion klatschte in die Hände und jubelte: »Oh, wie schön. Lauter silberne Sterne.«

Ein Herr strich ihr über den Kopf. »Du Lämmchen, das sind Notraketen. Die *Titanic* ruft um Hilfe.«

Ruth spürte einen Schauder zwischen ihren Schulterblättern. Die Szene hatte auf einmal etwas Gespenstisches. Die emporgewandten Gesichter der Menschen, die hohen Schornsteine und die aufragenden Masten hatten geisterhaft ausgesehen in dem grellweißen, jäh aufflammenden und dann wieder verlöschenden Licht der Raketen.

Ein Offizier kam vom Erste-Klasse-Deck herunter und rief: »Alle Frauen und Kinder gehen auf das Promenadendeck! Alle Männer treten von den Booten zurück!«

Frauen und Kinder drängten zur Treppe. Eine Frau versuchte vergebens sich gegen den Strom zu stemmen und schrie: »Walter, du musst bei mir bleiben.«

»Nein, Liebes, ich muss mich benehmen wie ein Gentleman.«

»Ich gehe nicht ohne dich!«

»Aber sicher gehst du.«

»Nein, das werde ich auf gar keinen Fall.«

»Liebling, wir wollen uns doch nicht hier vor den Leuten streiten. Du gehst ja nur vor, ich bleib noch ein bisschen und komme später nach. Ich verspreche es! Geh brav mit aufs Promenadendeck!«

Sie zögerte, schloss sich aber schließlich den anderen an. Ruth sah, wie der Cellist des Salonorchesters über das Deck lief und sein Instrument hinter sich herzog, der Sporn kratzte über den Boden. Seine Kollegen drängten sich gegen den

Strom die Treppe hinauf und hielten ihre Instrumente hoch über die Köpfe, damit sie nicht beschädigt wurden.

Wenige Minuten später erklang Musik, eine schmissige Melodie, mit Tanzrhythmen unterlegt. Die Frau neben Ruth fing an sich im Takt hin- und herzubewegen.

»Wie schon! Das ist mein Lieblingslied!« Sie sang halblaut mit: »Oh Susanna, oh don't you cry for me . . .«

Mrs Daniels drehte sich um. »Aber ich bitte Sie«, sagte sie entrüstet, »am heiligen Sonntag!«

Die Frau schüttelte lächelnd den Kopf, ohne ihr Singen zu unterbrechen, und zeigte auf die Taschenuhr, die an ihrem Revers baumelte. Tatsächlich, es war zehn vor eins. Mrs Daniels entschuldigte sich widerstrebend.

»Macht nichts«, sagte die Frau gutmütig. »Sie wissen sicher nicht, wo Ihnen der Kopf steht mit den Kleinen. Man hätte für eine Übung ja auch eine passendere Zeit für Kinder aussuchen können als mitten in der Nacht.«

»Glauben Sie denn, dass das nur eine Übung ist?«

»Aber sicher. Was soll uns denn mitten auf dem Atlantik passieren? Es ist doch weit und breit niemand da außer der *Titanic*, kein anderes Schiff, kein Eisberg, nichts. Glauben Sie, die Jungs würden Ragtime spielen, wenn es etwas Ernstes wäre? Da, hören Sie, das mag ich auch.« Sie sang schon wieder.

»Ich wünschte bloß, du hättest mich in der Kabine bei meinem Buch gelassen«, sagte ein Herr hinter Ruth ungehalten. Seine Frau hatte sich an ihm festgeklammert und ihn mitgezogen.

»Aber der Steward hat gesagt, dass alle an Deck kommen sollten.«

»Ich halte das für einen Unsinn. Man kann auch übervorsichtig sein. Die *Titanic* wird ein Schraubenblatt verloren haben, genauso hat es sich angehört und ich verstehe etwas von Maschinen, das weißt du. Wir werden den nächsten Hafen anlaufen müssen, falls wir das überhaupt aus eigener Kraft tun können und nicht abgeschleppt werden müssen, und das ist schon unangenehm genug, denn wir werden mehrere Tage verlieren, wenn wir nicht sogar auf andere Schiffe umsteigen müssen, je nachdem, wie groß der Schaden ist. Ich begreife nicht, dass der Kapitän die Leute jetzt auch noch durch eine Nachtübung aufregt. Warum ist sie nicht gestern Vormittag abgehalten worden, so wie das angekündigt war?«

»Vielleicht ist es doch etwas Ernstes. Molly hat mir eben gesagt, dass sie gehört hat, wie eine Dame und ein Steward von einem Eisberg gesprochen haben.«

Ihr Mann lachte kurz auf. »Ein Eisberg? Weißt du, was ein Zusammenstoß mit einem Eisberg bedeutet? Wir hätten einen Stoß gekriegt, dass wir aus dem Bett gefallen wären.«

In der ersten Klasse rannten keine Matrosen schreiend durch die Gänge, hier klopften die Stewards diskret an die Türen. Jack schlief noch nicht. Vorgestern Abend, als er Ruth das erste Mal getroffen hatte, da hatte er sich spontan entschlossen ein Tagebuch zu führen und alles aufzuschreiben, was sie sagte. Und wie sie ihn dabei anschaute. Und was er dabei fühlte. Er saß im Bett und schrieb, das Fenster stand offen, weil er nach dem Aufenthalt im Rauchsalon mit seinem Vater und Norman und dessen Vater das Bedürfnis nach frischer Luft hatte. Er hob den Kopf und schnupperte. Es roch auf einmal wie . . . ja, wie in der Eishöhle am Eiger-Gletscher, die sie besichtigt hatten. Ein Frösteln überlief ihn. Wieso war es plötzlich so kalt? Er spürte einen leichten Stoß, so als ob von unten jemand gegen seine Matratze drückte, dann stoppten die Maschinen und das Rauschen des Fahrtwindes vor seinem Fenster hörte auf. Er zögerte und schrieb dann weiter, bis ein Klopfen an seiner Türe ertönte. Es war Chefsteward Faulkner, wie immer in makellos gestärktem und gebügeltem Anzug.

»Der Kapitän lässt Sie bitten Ihre Schwimmwesten anzulegen und aufs Bootsdeck zu kommen.«

»Soll das ein Witz sein?«

Faulkner lächelte. »Das hat mich Ihr Vater auch gefragt. ›Aber gewiss nicht, Sir‹, habe ich gesagt, ›ich würde mich nie erdreisten solche Scherze zu machen.‹ Ihr Herr Vater war noch im Abendanzug, ich habe mich erboten ihm beim Umkleiden zu helfen, aber er meinte, es wäre eine völlig neue Erfahrung, den Frack mit einer Schwimmweste zu kombinieren, die wollte er sich nicht entgehen lassen. Für Ihre Frau Mutter habe ich die Zofe geweckt, damit sie ihr beim Ankleiden behilflich ist. Sie war etwas unsicher wegen ihres Schmuckes, aber ich habe ihr versichert, dass sie ihn getrost in der Kabine lassen kann, ich werde gleich hinter ihr abschließen.«

Jack lachte, während er eilig in Pulli und Hose fuhr. »Wissen Sie, welcher Gedanke mir gerade kommt? So ein Alarm wäre doch eine ideale Gelegenheit für einen Dieb. Meine Mutter hat bestimmt für 10 000 Dollar Schmuck dabei und allein die Perlen von Mrs Bishop sollten noch mehr wert sein, von den Sachen von Mrs Astor und Mrs Vanderbilt ganz zu schweigen.«

Der Steward lächelte nur duldsam, als ob so unerhörte Dinge wie Diebstähle auf der *Titanic* auszuschließen seien, und murmelte etwas von »in der Nachbarskabine behilflich sein«.

»Ich glaube, ein wahrer Profi würde sich mit dem Schmuck der Damen nicht aufhalten, mein Junge«, sagte sein Vater von der Tür her. »Wie ich unter dem Siegel der Verschwiegenheit erfahren habe, bringt die *Titanic* Diamanten im Wert von 90 Millionen von Amsterdam nach New York.«

»Donnerwetter. Aber die sind sicher im Safe und der bleibt verschlossen, auch bei einem Alarm.« Er hakte sich bei seinem Vater unter. »Elegant siehst du aus, Dad. Du wirst bestimmt eine Moderichtung begründen. Komm, jetzt holen wir Mutter ab! Es ist unhöflich, den Kapitän so lange warten zu lassen.«

»Einen Augenblick, Sir, wenn Sie mir noch eine Bemerkung gestatten würden.« Mr Faulkner hatte die Tür nicht mit der üblichen Lautlosigkeit, sondern etwas hastig geöffnet.

»Aber, Faulkner, was werden Sie denn auf einmal so förmlich? Wir kennen uns schließlich doch schon viele Jahre, da brauchen Sie doch nicht um Erlaubnis zum Reden zu fragen. Sie wissen doch, dass ich nur Ihretwegen auf der *Titanic* gebucht habe.«

»Gewiss, Sir. Es ist mir eine große Ehre, Sir, Ihr Vertrauen, meine ich...« Der unerschütterliche Chefsteward war nicht wieder zu erkennen, er suchte nach Worten und sein freundliches Lächeln war wie weggewischt. Etwas hatte ihn aus der Reihe gebracht, und zwar sehr nachdrücklich. Mr Singer sah ihn scharf an.

»Also, was ist passiert?«

»Ich habe es soeben vom Kapitän selbst erfahren, Sir. Wir sind mit einem Eisberg zusammengestoßen.«

»Einem Eisberg? Aber das hätten wir doch merken müssen.«

»Er hat uns am Bug erwischt, Sir. Nicht voll von vorn, das hätte einen mächtigen Stoß gegeben, sondern seitlich, und da hat er den Rumpf aufgerissen.«

Jacks Vater blieb ganz ruhig. »Und jetzt meinen Sie...?«

Faulkner nickte. »Wir sind schwer getroffen, Sir. Viel schwerer, als die meisten glauben. Aber der Kapitän sagt, es darf keiner erfahren, sonst gibt's eine Panik und dann ist alles aus. Es kann sein, dass wir's nicht schaffen, Sir.«

Mr Singer stand einige Sekunden lang sehr still und drehte geistesabwesend an den Schnüren seiner Schwimmweste. »Danke«, sagte er dann leise. »Vielen Dank. Aber ob wir es schaffen oder nicht, wir können nichts daran ändern. Wir stehen alle in Gottes Hand, Faulkner, immer und überall, das wissen Sie doch.«

»Gewiss, Sir, das weiß ich. Die rückwärtigen Schotten dürfen nicht brechen, dann können wir uns über Wasser halten.«

»Na, sehen Sie, da ist ja noch ein Lichtblick. Wir können nur beten, dass sie nicht brechen. Und kein Wort zu den Damen, Faulkner. Es würde eine schreckliche Aufregung geben und vielleicht ganz grundlos. Und das wollen wir doch vermeiden, nicht wahr?«

Er drehte sich um und ging in das Zimmer seiner Frau.

»Wird die zweite Klasse auch gewarnt?«, fragt Jack hastig.

»Aber selbstverständlich. Sie kommt ebenfalls auf das Bootsdeck.«

»Dann sagen Sie bitte meinen Eltern, dass ich schon vorgegangen bin und dass wir uns dort treffen.«

Auf dem Gang rief eine Stewardess Mr Faulkner zu: »Ich ziehe so ein Ding nicht an. Es sieht unmöglich aus.«

»Das ist egal. Ziehen Sie sofort die Weste an und gehen Sie damit herum! Zeigen Sie sich den Passagieren!«

»Aber es sieht lächerlich aus.«

»Ziehen Sie sie an, wenn Ihnen Ihr Leben lieb ist!«

Jack ging so schnell, dass er fast mit Norman und dessen Vater zusammenstieß. »Wir sind gegen einen Eisberg gefahren!«, rief er.

»Ich weiß. Vater hat schon mit dem Ersten Offizier gesprochen. Vielleicht wird's ein paar Stunden dauern, aber es ist keineswegs gefährlich.«

»Ich gehe wieder in meine Kabine und lese weiter«, sagte Mr Willis. »Es ist für mich nichts Neues.«

»Aber Vater, das ist kein Schweizer Alpengletscher, das ist ein richtiger Eisberg vom Nordpol.«

»Besorg mir einen Drink und ich werde ihn mit Polareis kühlen!«

»Kommen Sie lieber mit, Mr Willis! Und ziehen Sie Ihre Schwimmweste an! Das ist ein Befehl des Kapitäns.«

»Na gut, wenn euch das beruhigt. Was meint ihr, soll ich meine Nuggets mitnehmen?«

»Vater hat gerne schieres Gold in der Hand«, sagte Norman lachend zu Jack. »Das ist sein Talisman. Nein, lass sie da, sie sind zu schwer! Schließ nur gut ab!«

Aus der Nachbarkabine kam lautes Rufen und Pochen. »Hilfe! Das Schloss klemmt. Hilfe! Holen Sie mich heraus! Bitte, holen Sie mich raus!«

Sie rüttelten an der Klinke, aber die Tür ließ sich nicht öffnen. Die Stimme drinnen wurde hysterisch.

»Los, wir alle zusammen. Eins, zwei, drei!«, kommandierte Mr Willis. Sie warfen sich gegen die Tür. Das Holz zersplitterte mit lautem Krachen.

»Sind Sie wahnsinnig geworden«, schrie ein Steward, der herbeigestürzt kam. »Das ist französisches Walnussholz.

Wie können Sie es wagen, die Einrichtung zu demolieren? Ich werde Sie anzeigen! Ich werde Sie dem Kapitän melden! Wenn wir in New York sind, werden Sie für den Schaden aufkommen müssen.«

Der Befreite, der wie Jacks Vater einen Abendanzug unter der Schwimmweste trug, betrachtete ihn mit einem derartig verächtlichen Blick, dass der Steward ins Stottern geriet und schließlich schwieg. Dann machte er eine lässige Geste zu seiner Kabinentür, als ob er sagen wollte, dass sich an der Nummer ja sein Name feststellen lassen würde, und wandte sich zu den anderen.

»Sich vor dem Personal zu rechtfertigen, das fehlte mich gerade noch!« Er drehte dem Steward betont den Rücken zu. »Ich bin Ihnen sehr verbunden für Ihre Hilfe! Wollen wir jetzt an Deck gehen?« Er ließ den um Fassung ringenden Steward stehen und zog Mr Willis zur Treppe, wobei er ihn etwas verlegen anlächelte. »Sie müssen mich für einen Hasenfuß halten. Erst heute Abend hat der Kapitän beim Dinner versichert, dass er sich keine Katastrophe vorstellen könnte, die die *Titanic* zum Sinken brächte, weil der moderne Schiffsbau dergleichen unmöglich gemacht hat. Ich bin auch nicht in Panik geraten, weil ich einen Schiffsuntergang befürchte, Gott bewahre, das wäre ja lächerlich, sondern weil ich . . .«

Er sprach jetzt so leise, dass Jack ihn nicht mehr verstehen konnte, aber er interessierte sich auch nicht für seine Erklärung, denn er hatte eine Entdeckung gemacht.

»Merkst du das auch?«, fragte er Norman, der neben ihm die Treppe hinaufging. »Die Stufen stehen anders als sonst. Es ist, als ob man bei jedem Schritt stolpern würde.«

»Du hast Recht. Sie haben irgendwie einen anderen Winkel. Wie sonderbar.«

14

Auf dem Promenadendeck drängten sich Frauen und Kinder um die Matrosen, die ihnen beim Besteigen des Rettungsbootes halfen. Einer hob Marion zuerst hinein, dann Richard. In diesem Augenblick schob sich eine Frau, die ein Baby auf dem Arm trug, an Mrs Daniels vorbei und drückte dem Matrosen das Baby in die Arme, der es ins Boot reichte und dann der Frau hineinhalf.

»Los! Fiert ab!«, schrie der Offizier, der das Beladen überwachte. »Es sind schon zu viele. Fiert sofort ab!«

Die Matrosen lösten die Seile, mit denen das Rettungsboot an den Davits befestigt war, und es setzte sich langsam in Bewegung.

»Meine Kinder!«, kreischte Mrs Daniels. »Oh Gott! Meine Kinder! Lassen Sie mich zu meinen Kindern!«

Ehe jemand sie zurückhalten konnte, hatte sie sich über die Reling geschwungen und einen Satz in das Boot gemacht. Es schwankte hin und her, die Frauen stießen Schreckensschreie aus. Alle Achtung, dachte Ruth bewundernd, das hätte ich ihr nicht zugetraut. Alle Achtung! Dann kam ihr auf einmal zu Bewusstsein, dass sie allein zurückgeblieben war.

»Ruth!«, gellte Marion. »Ruth! Komm zu uns! Spring auch!«

Jetzt war der Matrose geistesgegenwärtig. »Das geht nicht!« Er hielt Ruth am Arm fest. »Ausgeschlossen. Das Boot ist jetzt schon überladen. Es wird auseinander brechen, wenn ich Sie hineinlasse. Da vorne wird Nr. 13 fertig gemacht, laufen Sie dorthin.«

»Ruth!«, heulte Marion. »Ruth!« Sie übertönte mühelos die fetzige Melodie, die die Band auf dem Promenadendeck gerade schmetterte.

»Ich nehme das nächste Boot«, rief Ruth, aber sie war nicht sicher, dass ihre Familie sie verstanden hatte, denn am Boot Nr. 13 machte eine große, fette Frau Marion Konkurrenz im Schreien.

»Ich will nicht ins Boot!«, kreischte sie. »Ich habe mein Lebtag noch in keinem Boot gesessen. Ich gehe nicht!«

Ein Steward fasste sie energisch am Ellenbogen. »Natürlich gehen Sie! Und zwar sofort! Das ist ein Befehl des Kapitäns!«

Die Dicke riss sich los. »Nein, ich will nicht! Ich fürchte mich!«

»Dann lasst sie doch!«, rief ein Mann. »Warum wollt ihr sie zwingen? Nehmt mich stattdessen. Ich will gerne!«

»Wir auch!«, riefen andere Männer und lachten. »Nehmt uns!«

»Frauen und Kinder zuerst!«, dröhnte eine tiefe Stimme. Ein riesiger, ganz in Weiß gekleideter Mann, eine weiße Bäckermütze auf dem Kopf, stand auf einmal neben der Dicken, packte sie um die Taille, hievte sie über die Reling und ließ sie ins Boot plumpsen. Ruth stellte sich neben ihn.

»Darf ich auch hinein?«, fragte sie.

»Aber selbstverständlich, kleines Fräulein.« Die großen Hände hoben sie hoch, als ob sie eine Puppe wäre. »Du hast keine Angst, nicht wahr?«

»Nein«, log Ruth. Sie hatte eben nach unten geschaut und die Vorstellung, an zwei Seilen schwebend in diesen Abgrund hinabgelassen zu werden, brachte sie zum Zittern.

»Tapferes Mädchen! Die alte Fregatte kann einem ja den letzten Nerv rauben mit ihrem Geheule.« Die Dicke lamentierte immer noch, obwohl sie inzwischen auf einer Bank saß und sich festklammerte. »Reich mir die Kinder an, Langer!«

Ruth sah, dass neben dem Riesen mit der Bäckermütze ein magerer, hoch aufgeschossener Junge in weißer Jacke stand, der einer wartenden Mutter ihr Baby aus dem Arm nahm.

»Los, los, ein bisschen dalli! Bildet euch nicht ein, dass ihr alle Zeit der Welt habt.« Er warf das Baby ins Boot, einfach einer Frau in die Arme, und die Mutter gleich hinterher. »Wenn ich meine Brote so langsam in den Ofen brächte wie ihr, dann würdet ihr nie ein Frühstück kriegen«, brummte er, während er schon nach der nächsten Frau griff.

»An Backbord sind noch mehr Boote, dort lassen sie auch Männer rein!«, rief jemand. Eine Welle der Bewegung ging über das Deck und fast alle wandten sich nach Backbord.

»Alle Frauen und Kinder in Boot Nr. 13!«, schrie der Offizier.

Nichts rührte sich.

»Sind noch Frauen da?«

Keine Antwort.

»Letzter Aufruf für Boot Nr. 13! Alle Frauen und Kinder in Boot Nr. 13!«

Niemand kam.

»Fiert ab!«, sagte der Offizier. »Und wenn ihr schwimmt, rudert zur Gangway, da werden noch welche warten.«

Das Boot begann zu zittern und zu rütteln und bewegte sich mit kurzen Rucken nach unten.

»Halt! Wartet! Da kommen noch welche!«

Ein junger Mann rannte über das Deck, ein Bündel an sich gepresst, und zerrte eine junge Frau hinter sich her. Neben ihnen liefen eine ältere und eine jüngere Frau. Der Mann warf dem Steward im Boot das Bündel zu, das laut zu schreien anfing, und hob seine Frau ins Boot.

»Gehen Sie nur!« Die Jüngere half der Älteren über die Reling. »Sie haben Mann und Kinder, die Sie brauchen. Ich werde schon noch woanders Platz finden.«

Das Boot ruckte tiefer.

»Da ist noch Platz im Bug«, rief der junge Mann. »Springen Sie!«

»Das wage ich nicht. Ich gehe lieber nach Backbord hinüber.«

Als sie sich umdrehte, schwang sich der junge Mann auf die Reling und sprang in den Bug.

»Quartermaster Hitchens meldet: Nur ein paar Heizer und ein einziger Matrose an Bord!«, kam eine Stimme aus dem Boot.

Diese Meldung schien die Männer an den Seilen zu erschrecken, sie hörten jedenfalls sofort auf das Boot abzulassen.

»Lasst mich raus!«, schrie die Dicke. »Ich will zurück! Ein Boot ohne Matrose, das ist ja Selbstmord!«

»Ich brauche meine Männer zum Fieren«, rief der Offizier und sah sich suchend um. »Ist hier zufällig ein Seemann?«

»Ich bin Segler«, erwiderte ein Herr. »Major Peuchen aus Toronto, Vizecommodore des Royal Canadian Yacht Club.«

»Na, wenn Sie Seemann genug sind, um da runterzukommen, dann sind Sie richtig.«

Der Major schwang sich wortlos auf die Reling, hangelte sich am Davit entlang und ließ sich an den Tauen heruntergleiten. Der Offizier nickte zufrieden und ging ebenfalls nach Backbord.

»Sind noch Frauen da?«, schrie Hitchens.

Ein Mann beugte sich über die Reling. »Hier ist niemand mehr. Ich bin ganz allein.«

»Mr Beesley!«, schrie Ruth. »Springen Sie! Wir haben noch Platz.«

Mr Beesley setzte sich auf die Reling und warf seinen Mantel ins Boot. Einen Augenblick zögerte er und Ruth konnte sich vorstellen, wie er bei dem Blick nach unten schauderte. Dann ließ er sich fallen.

Ruck für Ruck, Fuß für Fuß senkte sich das Boot nach unten. Die Seile quietschten. Hitchens rief nach oben: »Fier vorn! Fier achtern! Fier zusammen!«, und jedes Mal veränderte sich die Lage. Im Licht der Fenster und Bullaugen, an denen sie vorbeischwebten, sah Ruth, dass das Boot nicht voll war. Nur auf zwei Bänken saßen die Menschen dicht gedrängt und hatten kaum Platz sich zu bewegen, die anderen Bänke waren fast leer. Auf der einen Seite glänzte der schwarze Schiffsrumpf, auf der anderen ging es in die Tiefe und unten schimmerte die schwarze See. Ruth war froh, dass sie nicht am Rand saß, sondern dass ihre Nachbarinnen den Blick in den dunklen Abgrund verdeckten.

Auf einmal stockte das Boot und sie hatte ein Bullauge direkt neben sich und konnte, wenn sie sich vorbeugte, in eine Kabine sehen. Es musste eine Achterkabine sein, denn der Raum war voller Menschen. Einer stand in der offenen Tür, ein junger, rothaariger Mann oder eher ein Junge, der eifrig auf den Mann einredete, der vor ihm stand, neben einer Frau und mehreren Kindern. Das Boot rührte sich immer noch nicht und Ruth zählte die Kinder, eins, zwei, drei, vier, fünf. Das größte und das kleinste waren Mädchen mit langen dunklen Haaren. Die ganze Familie war noch im Nachthemd, nur der Junge an der Tür war angekleidet. Der sah auf einmal in ihre Richtung und stieß wohl einen Ruf aus und zeigte zum Bullauge, denn alle drehten sich um und Ruth erkannte die fünf Geschwister vom Dritte-Klasse-Deck, die sich so sehr glichen. In diesem Moment setzte sich das Boot wieder in Bewegung.

»Die haben aber Nerven. Wieso sind die noch im Nachthemd?«

»Vielleicht wissen sie noch gar nichts.«

»Na ja, wir wissen ja auch nichts. Oder kann mir ein Mensch sagen, warum wir hier zwischen Himmel und Erde hängen und fürchten müssen, dass uns diese Meister da oben an den Seilen umkippen? Haben die denn noch nie ein Boot abgelassen?«

»Zwischen Himmel und Erde ist gut. Wir können froh sein, dass unten das Meer ist, denn wenn sie uns umkippen, brechen wir uns wenigstens nicht den Hals, sondern werden nur nass.«

Das Boot wackelte tatsächlich bedenklich, mal ragte der Bug, mal das Heck höher.

»Wir sind gleich am Kühlwasser-Auslauf«, rief Hitchens. »Wir müssen schnell weg, sonst laufen wir voll. Runter auf den Boden und zieht den Leckstopfen raus. Und rudert sofort los, wenn wir aufschwimmen und die Taue freikommen.«

Ruth spürte eine Bewegung an ihren Füßen. Ein Mann tastete auf allen vieren die Planken ab.

»Verdammt, wo ist denn dieser Leckstopfen? Ich kann den Leckstopfen nicht finden.«

»Hier ist er auch nicht«, kam eine Stimme von einer anderen Stelle des Bootes. »Himmel, man hört es schon zischen.«

Und tatsächlich hörte man deutlich ein Brausen wie von einem kleinen Wasserfall. Auf einmal wurde das Boot durchgeschüttelt und von Gischt übersprüht.

Ruth wurde von ihrer Bank geschleudert, fiel aber weich, weil ihre Nachbarin schon vor ihr zu Boden gegangen war. Dann gab es einen kräftigen Stoß von unten, der das Boot erschütterte, und dann hörte jede Abwärtsbewegung auf. Sie mussten auf dem Meer angekommen sein.

Ruth schaute nach oben und sah im Sternenlicht undeutlich einen mächtigen Wasserstrahl über ihren Kopf hinwegdonnern und jenseits des Bootes im Meer aufkommen.

»Er treibt uns zurück ans Schiff. Wir können nicht weg.«
»Da kommt schon das nächste Boot von oben. Stopp, Stopp! Um Gottes willen! Nicht weiter!«

Zwei Männer waren aufgesprungen. Sie schrien und fuchtelten wie wild mit den Armen. Weit oben an Deck zischte eine Rakete in den Himmel und verströmte ein grelles weißes Licht.

Ruth sah, dass die meisten Menschen im Boot von den Sitzen geschleudert worden waren und sich gerade wieder aufrappelten und dass direkt über ihnen ein anderes Rettungsboot die Schiffswand entlang herabkam.

Aus dem Boot beugten sich Köpfe, die zurückfuhren, und dann hörte man auch aus diesem Boot Schreie: »Lasst uns nicht weiter ab! Da ist ein anderes Boot unter uns! Hört auf! Wir werden es unter Wasser drücken! Wir werden beide umschlagen!«

Aber die Seeleute an Deck schienen das Geschrei nicht zu hören oder jedenfalls nicht zu verstehen, denn das Boot senkte sich weiter und weiter, bis auf 15, auf fünf Meter über ihnen. Gleich würde es sich mit seinem ganzen Gewicht auf ihren Körpern niederlassen. Es würde sie zerquetschen und zermalmen.

Die Männer stemmten ihre Hände gegen den Boden des über ihnen hängenden Bootes und versuchten das eigene aus der Falllinie wegzudrängen, aber es bewegte sich nicht.

»Hier, nehmen Sie mein Taschenmesser, schnell!«, rief der Major. Eine Gestalt sprang zu den Heckseilen, schrie: »Eins, zwei, ab!« Das Boot schwang zur Seite und nur wenige Herzschläge später landete das zweite Boote genau an der Stelle, wo eben noch das erste gelegen hatte. Ruth konnte den Bug ihres Bootes nicht sehen, aber auch dort musste jemand die Seile gekappt hatten, die sie immer noch mit der *Titanic* verbunden hatten, denn das Boot wurde jetzt von der Strömung des Kühlwassers abgetrieben.

Ein Seufzer der Erleichterung ging durch die Reihen, aber niemand schrie, niemand sagte ein Wort. Die Menschen setzten sich schweigend auf die Bänke, die Frau neben ihr bekreuzigte sich fortwährend und Ruth merkte, dass sie die Luft angehalten hatte, denn sie musste so schnell atmen, als ob sie gelaufen wäre. Sie faltete die Hände. Lieber Gott, ich danke dir. Du hast mich errettet. Aus höchster Not schrei ich zu dir. Höre, oh Herr, meine Stimme.

Sie betete den Psalm zu Ende und beruhigte sich langsam. Neben ihr türmte sich die *Titanic* auf wie ein Gebirge. Ruth kam sich winzig und verloren vor in diesem Boot, das wie eine Nussschale auf den Wellen tanzte. Nein, das war Unsinn. Das war nur eine Redewendung, denn es tanzte nicht und es gab auch keine Wellen, sondern das Wasser lag so blank und ruhig da wie ein Spiegel und all die zahllosen, hell erleuchteten Fenster und Bullaugen der *Titanic* wurden ohne Kräuseln und Zittern zurückgeworfen. Sie war enorm, sie war gewaltig, sie war eine Masse aus Lichterreihen und Schwärze, die fast den ganzen Himmel verdeckte, und einige Augenblicke lang fragte sich Ruth entsetzt, warum um alles in der Welt sie dieses wunderbare, große, sichere Schiff verlassen hatte.

Was war überhaupt passiert? Es hatte keinen Alarm gegeben und niemand hatte gesagt, warum sie in Schwimmwesten an Deck kommen sollten. Oben hatte dann niemand etwas verstehen können bei dem Gebrüll aus den Schornsteinen, und als sie die Treppe hinuntergestiegen waren, hatte der eine Mann von der Schiffsschraube gesprochen und seine Frau von einem Eisberg, aber niemand hatte etwas Genaues gewusst. Noch vor einer guten Stunde hatte sie in ihrem Bett mit den knisternden neuen Laken gelegen und von der Kobra geträumt. Ihr klang noch das laute Zischen in den Ohren. Ob das der Eisberg gewesen war, den die Frau erwähnt hatte? Oder drohte eine Gefahr für Jack und der Traum hatte eine Wahrnehmung sein sollen? Unsinn, das war Aberglaube. Ruth versuchte die Erinnerung an den Traum abzuschütteln. Sie hatte mit Jack ein weiteres Treffen vor dem Lift verabredet. Ob sie rechtzeitig wieder zurück sein würden, dass sie das noch vor dem Lunch schaffen würde? Denn der Steward hatte ja gesagt, dass alle wieder in ihre Kabinen gehen könnten. Sie legte den Kopf in den Nacken. Welches von den vielen Bullaugen mochte zu ihrer Kabine gehören?

Das Boot war ein Stück vom Schiff weggetrieben worden und auf einmal machte Ruth eine schreckliche Entdeckung: Die Linien der Bullaugen und des Wassers bildeten keine Parallele, so wie es richtig war, so wie jeder es erwarten und niemand bezweifeln würde. Sie bildeten einen grauenvollen Winkel. Die untersten Bullaugen sanken vorne schon unter die Wasseroberfläche, während die hinteren sich hoben. Jetzt sahen auch andere den Winkel.

»Das hat nichts zu bedeuten«, versicherte eine Frau. »Sie kann noch tagelang so liegen, hat mein Mann gesagt.«

»Nee, Madam, da irren Se Ihnen gewaltig.« Die raue Stimme mit dem starken Akzent gehörte einem Heizer, der an seiner Jacke aus schwerem Tuch zu erkennen war. »Tagelang – das schafft sie nie. Ich war im Kesselraum, als das Wasser kam. Ich hatte grad meinen Suppentopf auf die heiße Maschine gestellt, weil bald Mitternacht und Schichtwechsel war. Also, ich sitz auf 'ner Schubkarre vor meinem Feuerloch und auf einmal bricht die ganze Seitenwand ein. Der Stoß haut uns alle um. Mein Suppentopf fliegt von der Maschine und das Wasser strömt um meine Füße. Ich rappel mich auf, da gehn schon die Sirenen los und ich spurte durch das Schott, das knallt hinter mir zu wie eine Fallbeil. Der Ingenieur schickt mich an Deck, Meldung machen, und der Offizier schickt mich gleich wieder runter, ums Feuer unterm Kessel zu löschen. Da sind die andern schon im nächsten Raum und haben die Feuer gelöscht und stehn an den Pumpen. Auf einmal bricht auch hier das Wasser ein und die Schotten knallen zu. Uns bleiben nur die Notleitern. Ich dreh mich oben um, ob's alle geschafft haben, und da seh ich zwei im Wasser verschwinden. Zwei Vettern waren's, Eddie und Ben Dickinson. Für den Kleinen war's die erste Fahrt.«

Alle Leute saßen starr. Es gab Tote? Während auf Deck die Kapelle Ragtime spielte und die Unbekümmerten sich für den nächsten Tag zum Squash oder zum Tanzen verabredeten, waren tief unten in den Kesselräumen Menschen ertrunken? Und während sie hier im Rettungsboot saßen und den langsam tiefer sinkenden Bug der *Titanic* betrachteten, wurden dort unten vielleicht immer mehr Menschen von den eindringenden Wassermassen verschlungen?

Alfred hämmerte mit beiden Fäusten an die Türe der Goodwins. »Um Gottes willen, machen Sie auf! Schnell! Um Gottes willen!«

»Was fällt dir ein, du lästerlicher Bengel? Wie kannst du es wagen den Namen Gottes im Munde zu führen?« Mr Goodwin sah in Nachthemd und Barthalter ziemlich lächerlich aus, aber Alfred hatte im Moment keinen Sinn für Komik. »Und was fällt dir ein uns mitten in der Nacht zu wecken? Weißt du überhaupt, wie spät es ist? Nach Mitternacht!«

»Es ist bald für alles zu spät. Die *Titanic* geht unter!«

»Was?« Mr Goodwin schnappte nach Luft. »Du musst betrunken sein. Wenn du mein Sohn wärst, dann würde ich dir eine ordentliche Tracht Prügel verpassen. Mach, dass du wegkommst.«

»Mr Goodwin, bitte, hören Sie mich an. Ich bin nicht betrunken, bestimmt nicht. Ich habe schon die Goldings gewarnt und sie ziehen sich an.«

Diese Versicherung besänftigte Mr Goodwin nicht. »Wenn du einen Vorwand suchst, um dich an meine Tochter heranzumachen, dann kann ich dir nur sagen, dass du dir dafür etwas weniger Dummes ausdenken musst.«

»Aber es hat einen Unfall gegeben und alle sollen an Deck kommen und in die Boote steigen.«

»Du hast wohl den Verstand verloren. Dieses Schiff ist das größte und stärkste, was die Welt je gesehen hat. Wie soll das einen Unfall haben?«

»Wir sind mit einem Eisberg zusammengestoßen und dabei ist die Schiffswand kaputtgegangen, denn das Wasser läuft schon in unsere Kabine.«

»Und wennschon. Die *Titanic* ist unsinkbar, das weiß doch jeder. Scher dich fort und lass uns schlafen!«

Alfred klemmte den Fuß zwischen die Türe. »Mr Goodwin, es ist wirklich ernst. Oh Gott! Da! Da! Sehen Sie nur!« Er zeigte auf das Bullauge. Alle drehte sich um und sahen durch die kleine Scheibe. Von draußen starrten Gesichter herein und verschwanden dann nach unten.

»Sie lassen schon die Rettungsboote ab«, rief Alfred.

Zum ersten Mal wirkte Mr Goodwin unsicher. »Aber es hat keinen Alarm gegeben. Es ist nicht mal ein Steward da gewesen. Du glaubst doch wohl nicht, dass sie uns alle schlafen lassen würden, wenn wirklich etwas Ernstes passiert wäre. Wahrscheinlich ist das Ganze nichts als die Übung, die für heute Morgen angesetzt war und die sie dann verschoben haben. Ziemlich idiotisch, so etwas mitten in der Nacht zu machen.«

»Das ist keine Übung! Gehen Sie doch bloß einmal den Gang hinunter, Mr Goodwin. Viele Kabinen sind schon leer und die Leute haben alles mitgenommen.«

»Vielleicht hat er Recht, Charles«, gab Mrs Goodwin zu bedenken. »Hör doch nur, es ist alles still, das Schiff fährt nicht mehr.« Sie hielt ihm seine Jacke hin und ihr Mann ging widerstrebend den Gang hinunter, nachdem er nachdrücklich die Tür hinter sich geschlossen hatte. Kaum war er ein Stück weg, machte Alfred die Tür wieder auf.

»Mrs Goodwin, schnell, ziehen Sie allen Schwimmwesten an.«

»Aber Junge, was fällt dir ein, wir sind doch alle im Nachthemd.«

»Dann ziehen Sie sich schnell an, bitte, beeilen Sie sich!«

»Alle Mann in Schwimmwesten an Bord!«, tönte eine Stimme den Gang hinunter. Ein Steward ging von einer Tür zur nächsten, klopfte kräftig und wiederholte in regelmäßigen Abständen seinen Befehl. Die Tür zur benachbarten Kabine öffnete sich und die Goldings kamen heraus, alle in Mänteln und Schwimmwesten, jeder einen Koffer in der Hand.

»Da bist du ja, Alfred. Gott sei Dank. Komm mit!«

»Ich – ich wollte den Goodwins mit den Schwimmwesten helfen.«

»Das kommt nicht in Frage. Ich habe deiner Mutter hoch und heilig versprochen, dass ich dich behandeln würde wie meinen eigenen Sohn, also kommst du jetzt mit uns.«

»Geh nur, Junge!«, sagte Mrs Goodwin freundlich. »Ich habe ja Emmy und Tom, die helfen mir.«

»Na klar!« Tom zerrte sich schon seinen Pullover über den Kopf. »Endlich ein richtiges Abenteuer! Und das auf der *Titanic*! Wer hätte das gedacht!«

Wenig später kam Mr Goodwin zurück. »Der Junge übertreibt. Es sind tatsächlich viele Kabinen leer, aber das sind sicher die Ausländer, die verlieren gleich die Nerven. Ich habe mit einigen Engländern gesprochen, wir wollen uns später im Aufenthaltsraum treffen. Zieht euch in Ruhe an und dann gehen wir.«

»Und das Gepäck?«

»Das bleibt natürlich hier. Ich werde abschließen.«

»Und die Schwimmwesten? Alfred hat gesagt, wir sollen alle eine anziehen, aber wir haben nur drei gefunden.«

»Ich bin ein Junge«, sagte Tom verächtlich. »Ich ziehe so ein Ding nicht an. Das ist etwas für Mädchen.«

»Ich lasse euch nicht ohne Schwimmwesten in ein Rettungsboot«, erklärte Mr Goodwin entschieden. »Wir werden im Aufenthaltsraum warten. Da sind wir sicher.«

Es klopfte leise und ihre andere Nachbarin, Mrs Weaver,

die mit ihren beiden Söhnen auf dem Weg zu ihrem Mann in New York war, steckte den Kopf durch die Tür.

»Meinen Sie wirklich, ich soll Phil und Tim schlafen lassen, Mr Goodwin? Haben Sie nicht gerade den Steward gehört?«

»An Ihrer Stelle würde ich ruhig noch eine halbe Stunde warten, Mrs Weaver. Die zwei haben es im Bett bequemer als im Aufenthaltsraum. Sie können ja immer noch nachkommen.«

Mrs Weaver ging wieder in ihre Kajüte. Phil und Tom schliefen fest. Nicht einmal das Geschrei des Stewards hatte sie geweckt. Auf einmal fiel Mrs Weaver siedend heiß ein, dass er Schwimmwesten verlangt hatte. Sie suchte die ganze Kabine ab, aber sie fand nur zwei. An der Unruhe auf dem Gang hörte sie, dass immer mehr Menschen ihre Kabinen verließen, und so weckte sie ihre beiden Jungen. Die hielten das Ganze für ein großartiges Abenteuer, aber Mrs Weaver machte die fehlende Schwimmweste Sorge, und als sie hinten auf dem Gang einen Matrosen sah, rannte sie hinter ihm her und fragte ihn. Er betrachtete sie einen Augenblick unschlüssig, dann zuckte er mit den Schultern.

»Na gut, dann kommen Sie mit. Ich wollte meine gerade holen.«

Sie nahm die Kinder an die Hand und er führte sie schnell durch ein Gewirr von Gängen zu seiner Kajüte und zog ihr die Weste an.

»Wenn Sie mit dem Leben davonkommen, dann beten Sie für mich«, sagte er dabei.

Mrs Weaver starrte ihn an. »Was ... was soll das heißen?«

»Wir gehen unter, gute Frau. Die *Titanic* sinkt. Sie hat schon so starke Schlagseite, dass man kaum noch die Treppen steigen kann. Rennen Sie an Deck und versuchen Sie noch ein Boot zu erwischen! Sie kennen ja jetzt den Weg. Ich will noch die hinteren Kajüten absuchen, vielleicht finde ich noch irgendwo eine Weste.«

Er verschwand und Mrs Weaver lief mit weichen Knien den Gang zurück. Wir gehen unter, dachte sie pausenlos, wir gehen unter. Sie konnte keinen anderen Gedanken mehr fassen und bewegte mechanisch die Füße, ohne auf den Weg zu achten. Schließlich hielt der elfjährige Phil sie fest.

»Wir haben uns verlaufen, Mutter«, sagte er ruhig. »Das ist schon die dritte verschlossene Tür, an die wir kommen.«

Mrs Weaver brach in Tränen aus. »Wir werden sterben. Wir werden in diesem vermaledeiten Schiff ertrinken. Oh Gott, warum habe ich auf Mr Goodwin gehört? Warum sind wir nicht gleich nach oben gegangen? Jetzt sitzen wir hier unten in der Falle.«

Die Jungen waren so erschrocken über diesen Ausbruch, dass sie auch zu weinen anfingen. Die Mutter nahm sie in die Arme. Einige Minuten standen sie so und schluchzten. Phil fasste sich zuerst. Er holte eine Kordel aus der Hosentasche und knotete damit die Schnüre ihrer Schwimmwesten zusammen.

»Wenn das Wasser kommt, schlagen wir ein Fenster ein und schwimmen nach draußen.«

Diese Vorstellung brachte Mrs Weaver völlig außer sich.

»Collin, komm und hilf uns!«, schrie sie, »Collin, wir müssen ertrinken!«

Auch Tim heulte laut, aber Phil versuchte die Fassung zu bewahren. »Vater kann uns jetzt nicht helfen, Mutter. Wir...«

»Warum gehen Sie nicht an Deck, gute Frau?«, unterbrach ihn eine raue Stimme. »Da gibt es Rettungsboote.«

»Wir haben uns verlaufen«, sagte Phil, weil seine Mutter keinen Ton herausbrachte.

»Na, dann kommt mal mit! Frauen und Kinder in die Boote!«

Die Goldings und Alfred hasteten hinter dem Steward her durch die schwach beleuchteten Gänge. Viele Türe öffneten sich auf sein Klopfen und einige Auswanderer schlossen sich der kleinen Gruppe an, aber die meisten wirkten schlaftrunken und stellten nur Fragen, die der Steward in seiner Eile nicht beantwortete.

»Ziehen Sie die Schwimmwesten an!«, rief er nur. »Ich komme gleich zurück und hole Sie.«

Aber Mrs Goldings pausenlosem Fragen und Jammern konnte er nicht entgehen.

»Ein Eisberg? Aber den hätte man doch merken müssen! Es war doch überhaupt nichts zu spüren, kein Krachen, kein Stoß.«

»Das kommt, weil das Heck so weit vom Bug entfernt ist, Madam. Vorne war der Krach höllisch und der Stoß war so stark, dass wir aus unseren Kojen gekippt sind.«

»Aber was sollen wir denn in einem Rettungsboot? Es ist doch mitten in der Nacht! Wo sollen wir denn hin?«

»Nur aus Sicherheitsgründen, Madam, es ist nur aus äußerster Vorsicht.«

»Aber warum bleiben wir denn dann nicht auf dem Schiff? Da sind wir doch sicher! Und es war schon so schrecklich kalt heute Abend. Die Boote sind doch bestimmt nicht geheizt, oder?«

»Nein, Madam, natürlich nicht, es sind Rettungsboote.«

»Aber wie soll uns denn jemand retten, wir sind doch auf

dem Meer und es gibt hier bestimmt keine Inseln, nicht wahr?«

»Die würden wir auch gar nicht sehen in der Dunkelheit«, sagte jemand düster.

»Die *Titanic* soll entlastet werden, dann kann sie sich über Wasser halten, bis andere Schiffe kommen und sie abschleppen«, sagte der Steward geduldig und blieb stehen, als eine Tür auf sein Klopfen hin aufgerissen wurde und ein schwarzbärtiger, dunkelhäutiger Mann ihn mit einem unverständlichen Wortschwall überschüttete. Hinter ihm drängten sich mehrere verschleierte Frauen. Der Steward trat hastig in die Kabine, zog eine Rettungsweste unter einer Matratze hervor und versuchte sie einer Frau anzulegen. Der Bärtige packte ihn an der Schulter, riss ihn zurück und drohte ihm mit erhobener Faust, während er ihn mit verzerrtem Gesicht anschrie. Der Steward trat eilig den Rückzug an.

»Herr im Himmel! Wie soll ich diesen Leuten helfen, wenn sie kein Wort Englisch verstehen?«

Er rannte weiter. Sie keuchten alle, als sie auf dem obersten Deck ankamen. Eine weiße Rakete stieg zischend in den Himmel und in ihrem Licht sah Frank eine Reihe von Matrosen, die sich untergehakt hatten, und vor ihnen einen Offizier mit gezückter Pistole.

Obwohl das Deck voller Menschen war, hörte man nichts außer dem Zischen der Rakete und dem Weinen einiger Kinder.

»Frauen und Kinder zuerst!«, rief der Offizier.

Frankie sah, dass die Gesichter seiner Eltern unnatürlich bleich waren, aber das mochte an dem weißen Licht der Rakete liegen. Sein Vater umarmte seine Mutter schweigend und drückte sie einige Sekunden fest an sich, dann legte er

Frankie den Arm um die Schultern. »Mach's gut, mein Sohn. In New York sehen wir uns wieder.«

Der Steward schob die beiden an dem Offizier vorbei und griff dann nach Alfred.

Der wich zurück. »Ich habe heute Geburtstag. Ich bin sechzehn. Ich gehöre zu den Männern.«

»Bravo!«, sagte der Offizier. »Du bist ein tapferer Junge.«

Frankie drehte sich fassungslos um. Alfred sah ihn an und brachte so etwas Ähnliches zu Stande wie ein Grinsen, während er den Arm hob und die Faust in Siegergeste ballte.

»Box dich durch!«, sollte das heißen, das wusste Frankie ganz sicher.

Dann trat Alfred zur Seite und ein Mädchen mit hüftlangen, silberblonden Haaren und zwei Kindern an der Hand wurde zum Boot geschoben.

Olav stand am Eingang des Aufenthaltsraumes für die dritte Klasse und versuchte Anna und Ragnhild zu entdecken. Aus einer Ecke kamen dröhnende Lachsalven, dort erzählte man sich offensichtlich Witze. An mehreren Tischen saßen Männer und spielten Karten, andere rauchten, wieder andere sangen im Chor. Die meisten schienen sich prächtig zu amüsieren und niemand wäre auf die Idee gekommen, dass es einen ungewöhnlichen Anlass für dieses Treffen nach Mitternacht gab.

Auf einmal drängte eine Gruppe von italienischen Familien herein, beladen mit Gepäck, mehrere Dutzend kleiner Kinder auf den Armen oder an den Händen. Sie scharten sich um einen katholischen Priester in einer schwarzen Soutane, der beide Hände hob, um seine Schäfchen zum Schweigen zu bringen, und dann zu ihnen sprach. Plötzlich sanken alle in die Knie, beteten laut, weinten, riefen die Madonna an, schlugen sich an die Brust oder reckten die gefalteten Hände in die Höhe.

Die anderen hörten auf zu lachen, zu rauchen, zu spielen, zu singen und betrachteten sie verblüfft. Dann schrie einer von den jungen Iren: »Jetzt schaut euch die Spagetti an! Die glauben glatt, es geht ihnen an den Kragen! Hört auf zu flennen, Leute, wir werden alle gerettet. Los, Jungs, wir heitern sie auf!«

Im Nu hatte sich eine Kette von Männern gebildet, die grölend und lachend um die Gruppe herumtanzte. Olav schüttelte den Kopf. Die Italiener waren offensichtlich außer sich vor Angst, musste man sich da noch über sie lustig machen? Ein kräftiger Rippenstoß seines Zimmergenossen Robert Markham riss ihn aus seinen Gedanken.

»Kennst du die kleine Iris, die so gut stricken kann? Die mit den schwarzen Haaren und den violetten Augen. Sie heißt Kate.«

Olav nickte. Natürlich kannte er sie. Anna und Ragnhild hatten sich gar nicht beruhigen können über ihre Strickkünste.

»Weißt du, wo sie wohnt?«

Wieder nickte Olav. Natürlich wusste er das. Gleich neben Anna und Ragnhild, denn die hatten ihm erzählt, dass man Kate unentwegt stricken sah, wann immer die Tür zur Nachbarkabine sich öffnete.

»So red doch, Mann! Wo?«

»Eighty-six«, sagte Olav. »Or ninety.« Er hob sicherheitshalber die entsprechende Anzahl Finger, denn er wusste nicht, ob er die Worte richtig aussprach.

»Danke!« Robert drehte sich auf dem Absatz um und lief

hinaus, was ihm trotz des Gedränges keine Schwierigkeiten bereitete, denn seine mächtige Gestalt drückte alle zur Seite. Olav sah Annas helle Haare leuchten und bahnte sich einen Weg zu ihr und den anderen Norwegern, die alle zusammenstanden.

»Wir müssen so schnell wie möglich zu den Booten. Wir sinken.«

»Ich glaube es einfach nicht«, sagte Edvard. »Wenn ein Schiff sinkt, dann läuft Wasser rein, das ist doch wohl klar. Wo ist denn hier Wasser? Kannst du mir einen Tropfen zeigen? Nein, das kannst du nicht, es ist alles genauso trocken wie sonst.«

»Dann sieh mich an! Warum, glaubst du, ist meine Hose nass? In unserer Kabine stand das Wasser eben schon hüfthoch. Und es ist so schnell hinter mir hergeschossen, dass ich kaum noch zur Treppe gekommen bin.«

Peer Sjoblom wurde so weiß wie seine Haare. Dann griff er in sein Hemd, holte einen Brustbeutel heraus und hängte ihn Anna um den Hals. »Damit kannst du beweisen, dass du meine Erbin bist. Leb wohl, mein Mädchen! Gott wird dich schützen.«

Anna umarmte ihn heftig. »Aber Onkel Peer, was redest du da? Die *Titanic* kann nicht untergehen.«

»Sie wird untergehen. Ich spür's in meinen Knochen. Und ich bin zu alt, um gegen den Atlantik zu kämpfen. Einmal bin ich ihm entkommen, ein zweites Mal gelingt mir das nicht. Ich vertrau dir Anna an, Olav. Bring sie in Sicherheit!«

Er setzte sich ruhig auf einen Stuhl neben dem Klavier. Eine junge Frau saß dort mit einem kleinen Kind auf dem Schoß und spielte »Auld lang syne«. Viele Auswanderer standen um sie herum und sangen leise mit. Onkel Peer lächelte Anna zu und machte ihr ein Zeichen, dass sie gehen sollte. Sie ließ sich von Olav aufs Welldeck ziehen. Die anderen Norweger folgten zögernd. Draußen war es genauso voll wie im Aufenthaltsraum, aber viel stiller, denn die Menschen hörten einem Offizier zu, der ihnen von oben zurief: »Bewahrt die Ruhe, Leute! Kein Grund zur Aufregung! Wir haben Funkkontakt zu anderen Schiffen. Sie werden bald hier sein und alle übernehmen. Oder wir lassen Boote für euch herunter.«

»Da stimmt doch was nicht«, brummte Olav. »Warum sollen sie uns Boote geben, wenn die Schiffe schon unterwegs sind? Wir müssen hier schleunigst weg. Ich habe doch gesehen, wie schnell das Wasser gestiegen ist. Jede Minute ist wichtig.«

»Aber wir dürfen doch nicht einfach auf ein anderes Deck. Wir müssen hier in der dritten Klasse bleiben.«

»Anna, bitte, versteh mich doch! Das hier ist ernst, das ist lebensgefährlich. Die Rettungsboote sind oben und da müssen wir hin. Komm jetzt sofort mit!«

»Ihr seid ja verrückt«, sagte Ragnhild. »Wir werden von anderen Schiffen übernommen, das habt ihr doch gehört.«

Olav zog Anna an die Reling und hob sie hinüber. »Wir müssen außen am Schiff hochklettern, das ist der einzige Weg nach oben. Siehst du, hier sind die Notleitern für die Besatzung. Schau nicht nach unten, klettere einfach hoch! Es kann dir nichts passieren, ich bin hinter dir und halte dich.«

Anna umklammerte die Sprossen und machte die ersten Schritte.

Ich bin zu Hause, dachte sie. Ich bin auf der Leiter zum Dachboden, wo die Hühner immer Eier legen. Noch eine Sprosse. Und noch eine. Und noch eine. Am Anfang ging es ganz einfach. Aber sie hatte oft genug an der Reling gestanden und hinuntergeschaut, um zu wissen, in welch schwindelnder Höhe sie jetzt über dem Meer war. Bald waren ihre Finger nass von Schweiß. Sie blieb stehen.

»Ich habe solche Angst.«

»Du brauchst keine Angst zu haben, es kann dir nichts passieren. Es sind überall Emporen eingebaut, die dich auffangen. Die Matrosen müssen hier doch auch ständig klettern. Meinst du, sie riskieren, dass einer ins Meer fällt? Geh ruhig weiter! So ist's gut. Siehst du, hier ist schon eine Empore. Und hier ist die nächste Leiter. Ein Deck haben wir schon geschafft.«

Das kann er doch nicht ernst meinen, dachte Anna, die mit zusammengebissenen Zähnen weiterkletterte. Es ist ausgeschlossen, dass dieser lächerliche Vorsprung einen Menschen auffangen kann, der abgleitet und stürzt. Sie merkte, wie ihre Wade steif und hart wurde vor lauter Anspannung.

»Ich kann nicht weiter. Ich habe einen Krampf im Bein.«

»Dann bleib still stehen!« Sie spürte, wie er hinter sie kletterte und sie gegen die Leiter drückte. »So, jetzt lehn dich gegen mich und ruh dich aus! Dir kann nichts geschehen. Ich halte dich ganz fest. Spürst du mich?«

Oh ja, sie spürte ihn sehr gut. Sie hatte auf einmal ein Gefühl, als ob sie ihn an jeder Stelle ihres Körpers spürte, obwohl sich nur seine Füße seitlich gegen ihre pressten und seine Beine gegen ihre und sein Bauch gegen ihren Rücken. Die Anspannung ließ nach, der Krampf auch.

»Tut dir die Leiter nicht weh?« Er schob seinen rechten Arm zwischen ihre Rippen und die Sprossen.

»Danke, so ist es besser«, sagte Anna und lehnte ihren Kopf gegen seine Brust. »Du musst mich für einen Feigling halten.«

Er beugte sich hinunter und küsste sie auf die Stirn. »Nein, das tue ich nicht. Ich liebe dich. Und wenn du mich liebst, dann kletterst du jetzt weiter, ja?«

Anna rührte sich nicht. Was hatte er gesagt? Dann atmete sie tief. »Ja«, sagte sie und griff nach der nächsten Sprosse.

Sie kamen an großen Fenstern vorbei, durch die man in einen Saal mit goldbraun getäfelten Wänden sehen konnte, mit Spiegeln, Gemälden, verglasten Bücherschränken und vielen grünen Ledersesseln um glänzende Tische.

»Sieh nur, die Leuchter hängen ganz schräg von der Decke«, sagte Anna verwundert. »Und auf den Tischen sind die Lampen umgefallen. Was hat das zu bedeuten?«

»Dass wir uns beeilen müssen. Soll ich ein Fenster einschlagen?«

»Nein, um Gottes willen, sonst müssen wir in New York den Schaden bezahlen. Es ist ja nicht mehr weit, ich kann schon die obere Reling sehen.«

Obwohl Kate geglaubt hatte, dass sie die ganze Nacht kein Auge zutun würde, hatte sie sich nach einiger Zeit in den Schlaf geweint. Auch ihre Zimmergenossinnen, die alle drei Mary hießen, schliefen tief und fest und hörten nichts von der Unruhe auf dem Gang. Sie fuhren erst in die Höhe, als jemand gegen ihre Tür hämmerte, als ob er sie einschlagen wollte, und dabei schrie: »Kate! Kate Gilnagh! Mach sofort auf! Ich bin's! Robert Markham! Wir hatten einen Unfall! Mach schnell!«

Kate war so schlaftrunken, dass sie weder wusste, wer Robert Markham war, noch woher er sie kannte, aber die Stimme hatte so gebieterisch geklungen, dass sie aus dem Bett stieg und öffnete. Vor der Tür stand ein riesenhafter Mann mit rotblonden Haaren und noch röterem Bart, der sich einfach an ihr vorbeidrängte und das Kommando übernahm.

»Steht sofort auf! Wir sind mit einem Eisberg zusammengestoßen. In unserer Kabine steht schon das Wasser. Für Frauen und Kinder werden die Rettungsboote fertig gemacht. Zieht euch Jacke und Rock übers Nachthemd und darüber einen Mantel, es ist eisig kalt draußen. Haltet euch nicht mit eurem Gepäck auf, dafür ist keine Zeit mehr. Beeilt euch!«

Die Mädchen waren benommen seinen Befehlen gefolgt, aber jetzt begehrte eine der Marys auf. »Soll das heißen, dass ich meine Koffer hier lassen soll? Aber darin ist alles, was ich besitze.«

»Das Kostbarste, was du besitzt, ist dein Leben. Und das wirst du vielleicht verlieren, wenn du dich jetzt nicht beeilst.«

Kates Hände zitterten, sodass sie kaum die Schnürsenkel binden konnte. Sie wusste jetzt wieder, woher sie Robert Markham kannte. Und sie konnte sich an jedes Wort erinnern, das er ihr gesagt hatte.

»Steckt Geld ein, falls ihr welches habt, und dann kommt!«

Die drei Marys schüttelten die Köpfe, aber Kate griff unter ihr Kopfkissen und holte ihren prall gefüllten Geldbeutel hervor. Sie hatte jede Weste verkauft, die sie auf der *Titanic* gestrickt hatte.

»Hier sind eure Schwimmwesten. Ihr könnt sie später anziehen.«

Er lief schon den Gang hinunter und die Mädchen rannten hinter ihm her, die Schwimmweste in der Hand, eine Treppe hinauf, durch einen anderen Gang. Eine Traube von Menschen hatte sich vor einer verschlossenen Tür gebildet und die ersten trommelten dagegen und verlangten schreiend, dass sie geöffnet würde. »Lasst uns an Deck! Wir wollen zu den Booten! Lasst uns an Deck!«

Robert und die Mädchen blieben schwer atmend stehen und er nutzte den Aufenthalt, um ihnen die Schwimmwesten anzuziehen. Kate betrachtete die dicht gedrängte Menge. Es gab also tatsächlich eine Gefahr. All diese Menschen wollten die angeblich unsinkbare *Titanic* verlassen, also musste Robert Recht haben. Sie hatte es fast nicht glauben wollen, aber der Anblick der stoßenden und schreienden Auswanderer überzeugte sie.

Sie fuhr zusammen. Da stand doch tatsächlich Tim Robbins, in einem eleganten Mantel, in jeder Hand einen Koffer, offensichtlich bereit zum Verlassen des Schiffes. Auch er schien es also für gefährlich zu halten, auf der *Titanic* zu bleiben. Kate fröstelte. Und an sie hatte er nicht gedacht! Er hatte Zeit gefunden seine Koffer zu packen, aber das Mädchen, das ihm angeblich den Glauben an die Frauen und an das Leben zurückgeben sollte, ließ er in der Gefahr zurück, ohne es auch nur zu warnen.

»Es hat keinen Zweck, hier die Zeit zu vertun. Wir müssen es anderswo versuchen«, sagte Robert.

In diesem Augenblick wandte Mr Robbins den Kopf. Als er Kate sah, errötete er leicht, dann lächelte er, etwas verlegen zwar, aber im Grunde unbekümmert wie ein kleiner Junge, der etwas angestellt hat, aber sicher ist, dass man ihm verzeihen wird. Kate sah ihn an, das Gesicht so starr wie ein Maske, dann drehte sie sich um und lief hinter Robert und den drei Marys her, wieder durch Gänge und über Treppen, bis sie zu einer Sperre kamen, an der ein Matrose Wache hielt.

Robert schob die vier Mädchen an den wartenden Männern

vorbei. Der Matrose hob den Arm. »Hier kommt niemand durch.«

»Großer Gott, Mann. Mach sofort die Tür auf und lass die Mädchen durch!«, brüllte Robert.

»Hier kommt niemand durch!«, wiederholte der Matrose.

Robert schnaubte und rannte die Treppe hinauf, doch der Matrose gab ihm einen Stoß vor die Brust, dass er zurücktaumelte und die Stufen hinunterstürzte. Er blieb ein paar Sekunden liegen, dann kam er wieder auf die Füße und alle wichen zurück vor dem Ausdruck auf seinem Gesicht.

»Ein wütender Bulle is 'n Kätzchen dagegen«, murmelte ein Mann. »Dem möcht ich nicht in die Finger kommen.«

Der Wache stehende Matrose schien Ähnliches zu empfinden, denn er riss plötzlich die Tür auf, machte einen Satz nach hinten und schlug sie hinter sich zu. Robert stürmte die Treppe empor und warf sich mit seinem ganzen Gewicht gegen die Tür. Das Holz knirschte und splitterte, nach einem erneuten Stoß brach es auf. Kate sah nur noch die Beine des Matrosen, der die nächste Treppe hinaufhastete. Robert schleuderte die Bretter zur Seite und rannte hinter ihm her.

»Ich bring dich um, du Hund!«, schrie er. »Wenn ich dich erwische, bring ich dich um!«

Der Weg war frei. Die Mädchen liefen die Treppe hinauf, dann noch eine und da war wieder eine Tür, diesmal unverschlossen, und dahinter ein Gang, der sich bald verzweigte. Kate bog nach links. Sie keuchte so laut, dass sie kaum ihre Schritte hörte, aber nach einiger Zeit merkte sie doch, dass sie allein war. Die Marys mussten nach rechts abgebogen sein. Sie blieb stehen und sah sich um. Der Gang lag verlassen da, viele Türe standen offen und die Kabinen waren leer. Aber dahinten – da war eine offene Tür – und sie schien ins

Freie zu führen. Sie rannte wieder. Das war ein Deck! Gott sei Dank, das war ein offenes Deck und da mussten die Rettungsboote sein.

Sie blickte nach rechts und links. Es war nirgendwo eine Seele zu sehen. Und auch keine Boote. Das Deck war so verlassen wie ein Friedhof um Mitternacht. Kate spürte einen Schauder über ihren Körper rieseln. Ob sie jetzt allein durch die leeren Gänge zurücklaufen musste? Aber wie sollte sie den Weg finden? Ein Geräusch ließ sie herumfahren.

»Ist da jemand?«, rief sie ängstlich.

Eine Gestalt löste sich von der Reling, kam auf sie zu und verneigte sich höflich. »Darf ich mich vorstellen? Ich bin Jacob Milling aus Kopenhagen, auf dem Weg nach Detroit. Pardon, ich fürchte, das ist nicht ganz korrekt, es sieht momentan nicht so aus, als ob ich Detroit erreichen werde.«

»Aber wo sind denn alle anderen Passagiere?«

»Ich nehme an, auf der Suche nach einem Rettungsboot. Auf diesem Deck sind bereits alle abgefahren.«

»Und warum suchen Sie nicht?«

»Mein kleines Fräulein, wissen Sie, wie viele Rettungsboote es auf der *Titanic* gibt? Sechzehn! Sechzehn Boote für über 2 000 Menschen. Und wissen Sie, wie das eherne Gesetz der Seefahrt heißt? Frauen und Kinder zuerst! Warum sollte ich da suchen?« Er sprach im Plauderton, als ob die Frage ihn gar nicht berührte. »Aber da Sie ein weibliches Wesen sind, wird es Sie sicher interessieren, dass es auf dem oberen Deck noch Boote geben soll.«

Kate dachte mutlos an die Gänge und Treppen. »Ich finde den Weg nicht.«

»Oh, das ist ganz einfach. Sie nehmen die *direttissima*.«

»Ich verstehe nicht.«

»Sie steigen auf meine Schultern und klettern dann nach oben.« Er beugte sich über die Reling und stieß einen gellenden Pfiff aus. »Meine Herrschaften, ich brauche einen starken Mann für ein zartes junges Mädchen, das noch mitfahren möchte.«

»Okay, Kumpel«, kam eine Stimme von oben. »Reich Sie rauf.«

»Darf ich bitten, mein Fräulein?« Jacob Milling half Kate auf die Reling und ging in die Knie, bis seine Schultern vor ihren Füßen waren.

»Aber – aber – ich werde Ihren Anzug schmutzig machen.«

»Das ist ein Problem, das mir im Moment höchst nebensächlich erscheint. Nur Mut! Erst den rechten, dann den linken Fuß.«

Kate klammerte sich an der langen Stange fest, die die Reling mit der darüber liegenden verband, und stellte sich auf die Schultern des freundlichen Herrn. Der richtete sich langsam auf, während Kate mit den Händen die Stange emporrutschte, bis sie den untersten Balken des oberen Decks zu fassen bekam. Kräftige Finger packten ihre Handgelenke.

»Okay, Schätzchen, ich hab dich, du kannst loslassen.«

»Sind Sie wahnsinnig?«, dröhnte eine Stimme von unten. »Das ist doch lebensgefährlich! Wollen Sie das Mädchen umbringen?« Kate hatte das Gefühl, als ob ihre Fußgelenke in einen Schraubstock gespannt würden. »Keine Angst, Kate! Du kannst nicht fallen. Ich halte dich ganz fest.«

Oh Himmel. Das war Robert Markham.

»Lass mich los!«, schrie Kate, aber niemand hörte sie, denn die Kapelle hatte wieder zu spielen begonnen und zu den Klängen des »Yankee Doodle« schwebte Kate hoch über dem Atlantik, im eisenharten Griff zweier Männer, die jeder in eine andere Richtung zogen. Sie schloss die Augen. Die Tränen liefen ihr übers Gesicht.

»Mutter!«, jammerte sie laut. »Mutter!«

Sie würde ihre Mutter nie wieder sehen und ihren Vater nicht und ihre Geschwister auch nicht. Sie würde in die schwarzen Wellen stürzen und ertrinken, denn wenn einer der beiden plötzlich aufgeben würde, dann würde der andere des Gleichgewicht verlieren und auch loslassen. Der Schraubstock um ihren Fuß löste sich, fast im gleichen Moment zitterte die Reling und dann stand Robert Markham neben ihr und hielt sie fest.

»Du bist zu zutraulich, das habe ich dir schon einmal gesagt«, bemerkte er streng. »Wie kannst du dich von zwei wildfremden Männern in eine so gefährliche Lage bringen lassen? Lass los da oben, du reißt ihr ja die Arme aus! Ich heb sie jetzt hoch und dann fasst du sie unter den Achseln.«

Ehe Kate eine Wort herausbringen konnte, schwebte sie schon wieder in der Luft, diesmal in Roberts sicherem Griff, und wurde wenige Sekunden später auf das Deck gezogen. Und da hing tatsächlich ein Rettungsboot an den Davits, aber ein Matrose vertrat ihr den Weg.

»Das Boot ist voll.«

Kates Lippen begannen zu zittern. Der Matrose zögerte, als die riesigen Augen in dem tränenverschmierten Gesicht ihn flehend anblickten.

»Meine kleine Schwester«, schluchzte Kate. »Ich muss zu meiner Schwester.« Eileen lag um diese Zeit garantiert in ihrem Bett in Queenstown und schlief, aber Kate war ganz sicher, dass der liebe Gott ihr diese Lüge verzeihen würde.

»Na gut, dann geh zu deiner Schwester.« Der Matrose tätschelte ihr gerührt den Kopf und hob sie ins Boot.

»Was soll denn das heißen? Das Boot ist voll!«

Kate zog schnell den Kopf ein und versuchte sich noch kleiner zu machen, als sie ohnehin schon war, merkte aber dann, dass die unfreundliche Frage gar nicht ihr gegolten hatte.

Der Mann in der schwarzen Uniform mit den vielen goldenen Schnüren musste ein Offizier sein und er hatte eine Pistole in der Hand, die auf etwas in der nächsten Reihe gerichtet war.

»Mach sofort, dass du herauskommst!«

Kate richtete sich verstohlen auf und sah über die Schultern der vor ihr sitzenden Frauen. Unter der Sitzbank krabbelte ein junger Mann heraus, den die Frauen mit ihren weiten Röcken verdeckt hatten. Er starrte mit aufgerissenen Augen die Pistole an.

»Die D-Damen haben nichts da-dagegen, w-wenn ich mitkomme«, stotterte er. »S-sie haben mich sogar v-versteckt.«

»Verschwinde. Das Boot ist überlastet.«

»Aber ich bin so klein und leicht. Sie werden mich kaum merken. Ich brauche auch keinen Sitzplatz, ich bleibe hier hocken.«

»Solange noch Frauen und Kinder an Bord sind, kommt kein Mann in ein Rettungsboot.«

»Aber ich bin erst fünfzehn!«, rief der Junge und brach in Tränen aus. »Bitte! Lassen Sie mich hier, bitte!«

Auch die Frauen neben ihm begannen zu schluchzen. »So lassen Sie ihn doch! Er ist doch noch ein Kind. Und er hat eine Mutter.«

»Reiß dich zusammen, Junge, und benimm dich wie ein Mann!«

»Ich will kein Mann sein! Ich will nicht sterben!«

»Du stehst jetzt sofort auf und verlässt das Boot!«, befahl der Offizier und machte eine drohende Bewegung mit der Pistole.

Ein kleines Mädchen weinte laut auf. »Oh, bitte, Mr Matrose, nicht schießen. Nicht den armen Jungen totschießen.«

Der Offizier lächelte sie beruhigend an. »Natürlich schieße ich nicht. Er weiß, was die Pflicht eines jeden Mannes ist, und er wird jetzt dieses Boot verlassen.«

Der Junge sah ihn an wie ein gehetztes Tier, dann kletterte er über den Bootsrand, machte ein paar unbeholfene Schritte, stolperte über eine Taurolle und blieb mit dem Gesicht nach unten darin liegen. Seine Schultern bebten vor Schluchzen.

Er ist so alt wie Sammy, dachte Kate. Und er hat auch Sammys dunkle Locken und ist so klein und schmal wie er. Es könnte Sammy sein, der da liegt. Und wenn er hier wäre, dann dürfte er nicht zu mir ins Boot, auch wenn ich hundertmal rufen würde: Er ist doch mein Bruder! Sie schlug die Hände vors Gesicht, um die schluchzende Gestalt nicht mehr zu sehen.

Plötzlich geriet das Boot so stark ins Schwanken, dass sie sich an der Bank festklammern musste. Eine Gruppe Männer versuchte das Boot zu stürmen und zwei Matrosen waren aufgesprungen und wehrten sie mit den Rudern ab. Die vorderen Männer versuchten den Schlägen auszuweichen und drängten zurück, aber die hinteren warfen sich rücksichtslos nach vorn.

»Wer einen Schritt näher kommt, kriegt eine Ladung verpasst!«, schrie der Offizier und schoss in die Luft.

Jetzt blieben auch die hinteren stehen. Der Offizier nutzte die momentane Stille, um ins Boot zu springen und das Kommando zum Abfieren zu geben.

»Macht langsam!«, befahl er. »So langsam es geht. Hey,

ihr Trottel! Langsam, habe ich gesagt. Wollt ihr, dass das Boot bricht? Wollt ihr uns alle ersäufen? Ein Ruck – oder ein Mann mehr – und wir liegen alle im Wasser.«

Und es sah tatsächlich so aus, als ob mehr als ein Mann sich vorgenommen hatte, das Boot zum Umschlagen oder Zerbrechen zu bringen, denn auf den beiden nächsten Decks, an denen sie langsam vorbeiglitten, saßen dutzende von Männern auf der Reling, mit Todesangst im Gesicht und mit der Entschlossenheit, dem Tod zu entrinnen. Sie wirkten sprungbereit wie wilde Tiere.

»Wahrschau!«, schrie der Offizier. »Wahrschau!«

Es war zweifelhaft, ob die Männer diese alte Seemannswarnung verstanden, aber sie verstanden die Schüsse aus der Pistole. Der Offizier zielte haarscharf an der Schiffswand vorbei und die Männer mussten den Luftzug der Kugel gespürt haben, denn sie fuhren alle zurück und keiner wagte zu springen. Kate schaute sich die Augen nach Robert Markham und nach dem freundlichen Herrn aus, aber sie waren nicht mehr zu sehen.

»Wirf mir dein Messer runter, ich muss gleich die Leinen kappen«, schrie der Matrose seinem Kollegen auf Deck zu.

»Aber vergiss nicht es mir in Southampton wiederzugeben«, schrie der zurück, während er das Messer fallen ließ.

Kate sah während dieses Wortwechsels den Offizier an und folgte seinem Blick durch die Bullaugen in die Kajüten, in denen die Möbel umherschwammen und die Lampen grün durch das Wasser blinkten. Der Ausdruck auf seinem Gesicht ließ sie schaudern.

Als Olav und Anna das Bootsdeck erreicht hatten, drängten sich dort die Menschen. Olav konnte über die Köpfe hinwegsehen. Dahinten wurde ein Boot fertig gemacht. Er nahm Anna in den Arm und schob sich durch die Menge. Kinder schrien, Frauen weinten, von unten klang Musik. Plötzlich erhob sich eine wütende Stimme über den Lärm: »Macht, dass ihr aus dem Boot kommt, ihr feigen Hunde! Raus mit euch oder ich werde euch Beine machen!«

Olav drängte weiter. Es war ein Offizier, der so schrie. Mehrere Matrosen versuchten ein Dutzend Männer aus dem Boot zu zerren, aber die Männer wehrten sich. Von den Passagieren kam ein vielstimmiger Aufschrei.

»Ihr Feiglinge! Ihr Schufte! Kennt ihr nicht die Regel? Frauen und Kinder zuerst! Wir schlagen euch zu Brei, wenn ihr nicht verschwindet.«

Mit einigen Sätzen war ein rotbärtiger Riese bei dem Boot, verteilte mehrere gezielte Fausthiebe, packte die Getroffenen nacheinander und warf sie auf die Planken.

»Los, Robert, zeig's ihnen! Hau sie zusammen!«, schrien die anderen, packten die Männer bei den Füßen und schleiften sie weg. Robert Markham stand schwer atmend da. Als er sah, dass das Boot leer war, trat er zurück.

Der Offizier hatte auf einmal eine Pistole in der Hand.

»Ich erschieße jeden Mann, der sich dem Boot nähert!«

Die Worte wurden nach hinten weitergegeben. Schweigen bereitete sich aus, nur die weinenden Babys waren zu hören und der Ragtime von unten. Der Offizier sagte etwas zu den Matrosen, die hakten sich unter, bildeten einen Ring um das Boot und riefen im Chor: »Frauen und Kinder zuerst!«

Der Offizier stand mit gezogener Pistole vor ihnen und ließ nur Frauen und Kinder durch die Öffnung in der Kette.

»Du musst gehen, Anna, schnell! Wir treffen uns bei Peer.«

Anna klammerte sich an ihn. »Bei Peer? Aber wir kommen

doch morgen zurück. Oder wir treffen uns auf dem anderen Schiff.«

»Ja, ja, das tun wir. Jetzt lauf, sonst kommst du nicht mehr mit!«

Anna stellte sich auf Zehenspitzen und küsste ihn. Ein sehr ausländisch aussehender Mann mit zwei kleinen Jungen an der Hand drängte sich an ihnen vorbei.

»Sie können nicht durch, Sir«, sagte der Offizier bestimmt.

»Das will ich auch gar nicht. Aber retten Sie meine Kinder!«

Anna war auf einmal ganz ruhig. Sie hatte Olav geküsst. Sie war jetzt erwachsen. Sie ließ Olav los, stellte sich neben den Mann und nahm die Kinder an die Hand.

»I take them«, sagte sie zu dem Offizier. Englisch sprach sie natürlich auch. Das war die Sprache des Landes, in dem sie mit Olav leben würde. Der Offizier machte den Matrosen ein Zeichen und die Kette öffnete sich für sie und die Kinder. Gleich neben dem Boot standen noch zwei Matrosen, die die Kleinen über Bord hoben und auch ihr hineinhalfen. Der Vater sprang in die Höhe, um über die Matrosen wegschauen zu können. Er rief einen Satz in einer fremden Sprache. Dann sprang er noch einmal und rief wieder etwas. Eine Dame in einem großen Hut starrte ihn an und schüttelte dann den Kopf.

»Was hat er gesagt?«, fragte Anna.

»Nun, das ist wirklich sonderbar«, sagte die Dame. »Er hat doch allen erzählt, dass er Witwer ist.«

»Witwer?«, fragte Anna. Das Wort kannte sie nicht.

»Die Dame zeigte auf die Kinder. »Mutter tot.« Anna nickte. »Aber jetzt hat er gerufen: ›Sagt Mami, ich liebe sie.‹ Anna nickte wieder. I love her. Das verstand sie. »Und dann hat er gerufen: ›Sagt Mami, ich wollte sie zurückholen.‹ Ist das nicht tatsächlich erstaunlich? Nun, er ist mir die ganze Zeit etwas sonderbar vorgekommen.«

Sie redete weiter, aber Anna hörte nicht mehr zu. Sie vergewisserte sich, dass die beiden Kleinen sicher neben ihr saßen, und versuchte in der Menge auf dem Deck Olav zu erkennen, aber es waren einfach zu viele Menschen dort. Doch nein, da war einer auf die Reling geklettert und schwenkte seine Mütze, das Licht aus den Scheinwerfern an den Masten leuchtete auf seinen hellen Haaren. Das musste Olav sein. Er rief etwas, aber Anna konnte es nicht verstehen, denn die Band spielte so laut und wild, dass alle Geräusche überdeckt wurden.

Als das Boot über die Reling geschwenkt wurde, schaute Anna nach unten. Aber sie waren ja gar nicht turmhoch in der Luft, so wie sie sich das eben, außen auf der Leiter, vorgestellt hatte! Das Wasser war nur ein paar Meter unter ihnen. Da hätte sie sich ja gar nicht so zu fürchten brauchen! Aber dann hätte Olav sie auch nicht festgehalten und das war überhaupt das Beste an der letzten Stunde. Dann kam ihr zu Bewusstsein, was das hieß: Das Wasser war nur ein paar Meter unter ihnen. Die *Titanic* ging unter. Der riesige Koloss, der höher war als die Hochhäuser, von denen Onkel Peer erzählt hatte, war in der letzten Stunde Stockwerk für Stockwerk unter Wasser gesunken.

Das Rettungsboot ruckelte am A-Deck vorbei, dort wurden die Lichter schon rot, und setzte auf dem Wasser auf. Zwei Männer stürzten aus einer Tür, rannten zur Reling, hechteten dem Boot hinterher. Einer landete im Bug, der andere halb im Wasser und wurde von den Frauen hereingezogen. Er saß keuchend auf dem Boden und hielt sich die Rippen. Beide trugen einen Frack und Lackschuhe. Plötzlich ertönte eine Stimme vor ihnen aus dem Wasser: »Mary, Mary, wo bist du?«

»Das ist mein Mann!«, schrie eine Frau. »Oh Gott, Frederick, Gott sei Dank, wo kommst du her, oh Gott sei Dank.« Sie lachte und weinte gleichzeitig, während ihr Mann an Bord gezogen wurde.

»Es ist alles okay, Schätzchen, reg dich nicht auf! Ich bin in eure Richtung gesprungen und hab mir schon gedacht, dass ihr mich auffischen werdet. Bei allen Heiligen, das Wasser ist eisig. Tut mir Leid, meine Herrschaften, ich fürchte, ich bin triefnass, am besten lassen Sie mich an ein Ruder, damit mir wieder warm wird.«

Anna schaute nach oben. War das Olavs Gestalt da auf der Reling? »Spring, Olav, spring, wir nehmen dich mit!«, schrie sie. »Hier ist noch Platz.« Aber ihre Stimme ging unter in den schmetternden Melodien der Kapelle.

15

»So, Langer, jetzt haben wir uns eine Stärkung verdient.« Bäckermeister Jones rieb sich zufrieden die Hände. Er war von einem Offizier in ein Rettungsboot beordert worden, aber als er gesehen hatte, dass eine Reihe Frauen sich weigerten einzusteigen, war er wieder hinausgeklettert und hatte die Damen ziemlich unsanft gezwungen ihre Plätze auf den Bänken einzunehmen. Chris hatte ihm dabei geholfen, so gut es ging.

»Ich steige nicht ein!«, erklärte Mr Jones schließlich, als das Boot voll war. »Sie haben genug Männer an Bord, um zu rudern, und ich würde ein schlechtes Beispiel geben. Ich helfe lieber beim Abfieren. Und dann muss ich meine Küche inspizieren.«

Er zwinkerte Chris dabei zu und der stellte sich mit leisem Abscheu vor, dass der Chef ihm bestimmt wieder dieses brennende Zeug aufnötigen würde.

»Ich komme gleich nach. Ich will nur sehen, wo Henry steckt.«

Wo mochte sein Freund geblieben sein? Auf dem Promenadendeck, wo alle Lehrlinge der Besatzung unbekümmert und laut kreischend Nachlaufen spielten, war er nicht. Auch Tony fand er dort nicht. Ob der immer noch den Lift bediente? Chris konnte nicht ahnen, dass die Türen des Lifts sich durch die Schräglage der *Titanic* verkantet hatten, und dass Tony und seine Passagiere verzweifelt versuchten sie zu öffnen oder aufzubrechen.

Chris spähte in den Rauchsalon. Dort tat man, als ob man von einem Unglück nichts wüsste. Herren in Abendkleidung saßen an den Tischen und spielten Karten, andere plauderten miteinander und rauchten und tranken, obwohl die Tische schon so schräg standen, dass Gläser und Aschenbecher ins Rutschen gerieten. Die Bar war noch geöffnet und Chris sah zu seinem Erstaunen, dass zwei Heizer dort standen und ein Glas nach dem anderen kippten. Heizer im Erste-Klasse-Salon der *Titanic*? Einer der beiden sah sein fassungsloses Gesicht und winkte ihm zu.

»Komm her, Junge! So billig kriegst du nie wieder einen Rausch. Heute geht alles aufs Haus.«

Chris schüttelte den Kopf und ging in den Nachbarraum. Dort saß ein Herr allein in einem grünen Ledersessel und starrte vor sich hin. Seine Schwimmweste hatte er achtlos auf einen Spieltisch geworfen. Aber das war doch Mr Andrews, der Konstrukteur der *Titanic*, einer der wichtigsten Männer auf dem Schiff! Chris kannte ihn vom Sehen, denn er war oft in der Bäckerei gewesen und hatte sich bei Mr Jones nach Vorschlägen für mögliche Verbesserungen erkundigt. Ein Steward schaute durch die Tür, sah den einsamen Mann, zuckte zusammen, als er ihn erkannte, und näherte sich zögernd.

»Mr Andrews! Wollen Sie nicht versuchen sich zu retten?«

Er erhielt keine Antwort. Mr Andrews saß bewegungslos da, die Augen auf den Spieltisch gerichtet, dessen Platte sich immer mehr neigte.

»Mr Andrews! Sir!«

Der Konstrukteur ließ seinen Blick an ihm vorbeigehen, als ob er ihn überhaupt nicht wahrnehmen würde, dann geriet Chris in sein Blickfeld. Er fixierte ihn, hob die Hand und winkte ihn heran. Chris zögerte. Langjährige Erfahrung hatte ihn gelehrt, dass es am klügsten war, sich außerhalb der Reichweite von Respektspersonen zu halten. Dann trat er langsam näher.

»Du hast keine Schwimmweste, Junge, wie ich sehe. Hier, nimm meine, ich brauche sie nicht.«

Chris schüttelte stumm den Kopf.

»Los, zieh sie an! Du bist noch jung. Dich interessiert die *Titanic* nicht. Aber ich – ich will lieber bei ihr bleiben.« Er sah schweigend zu, wie Chris die Weste anzog, und nickte ihm dann zu. »Gut. Jetzt geh! Und viel Glück!«

In der Tür drehte Chris sich noch einmal um. Mr Andrews starrte wieder reglos geradeaus. Er schien die lauten Stimmen aus dem Nachbarraum gar nicht zu hören.

»Jungs, wer wettet mit mir? Ich gebe ihr noch sechs Stunden.«

»Ich halte dagegen. Ich gebe ihr höchstens noch zwei.«

Chris hastete die Treppen zur Küche hinunter, sie standen so schief, dass er ständig stolperte. Mr Jones saß auf einem Schemel und bot einem alten Herrn gerade seine Flasche an. Der nahm einen Schluck und reichte sie dann zurück.

»Danke, das genügt. Habe schon in der Bar getankt. Gehe jetzt zu meinem Vorrat im Operationssaal.«

Er schwankte hinaus und Mr Jones hielt Chris die Flasche hin.

»Das war Dr. O'Loughlin. Feiner Kerl! Er muss ein guter Arzt sein. Hält Whiskey für die beste Medizin.«

Diesmal tat Chris einen tiefen Zug und dann gleich noch einen. Er war durchgefroren von der kalten Luft auf Deck und der ungewohnte Alkohol jagte einen Strom von Wärme durch seine Glieder. Mr Jones nickte zufrieden.

»Trink sie nur leer! Ich hol uns Nachschub.«

Er rumorte in der Speisekammer, während Chris tatsächlich die Flasche leerte. Er fand den Geschmack immer noch unangenehm, aber die Wärme war wunderbar. Er hockte sich auf eine Mehlkiste und lehnte den Kopf gegen die Wand. Auf einmal war er schrecklich müde. Er blickte zur Uhr hoch und merkte, dass deren Zeiger hin und her schwankten. Er rieb sich die Augen, aber er konnte die Zeit nicht ablesen.

»Gleich halb zwei«, sagte Mr Jones, der eine neue Flasche geöffnet hatte. »Hier, probier den mal, der ist noch besser.«

Aber das war gar nicht eine Flasche. Das waren zwei. Und es standen auch zwei Bäcker da von derselben mächtigen Gestalt und mit genau denselben hohen Mützen.

»Später«, sagte Chris undeutlich. »Später«, und war schon eingeschlafen. Ein Rippenstoß weckte ihn.

»Zwei Uhr vorbei, Langer. Ich war mal kurz auf Deck inzwischen. Alle Boote haben abgelegt, aber ich hab ein paar Dutzend Deckstühle über Bord geworfen, vielleicht werden wir gleich froh sein, wenn wir uns daran festhalten können. Ich glaube, allmählich wird's Zeit für uns. Schau mal nach unten!«

Chris blickte auf den Boden und sah, dass seine Füße im Wasser standen. Der Bäcker hielt ihm die Flasche an den Mund.

»Trink ordentlich, wir werden's brauchen.«

Noch während Chris trank, flogen ihnen auf einmal Teller und Schüsseln um die Ohren. Kuchenbleche, Backformen, Töpfe, Tiegel und Pfannen polterten auf den Boden. Die Lichter flackerten und wurden rot. Mr Jones stöpselte die Flasche zu, schob sie in die Jackentasche, packte Chris am Arm und rannte mit ihm aus der Küche.

»Jetzt schau dir das an!« Norman wies mit einer Kopfbewegung zur Seite. »Man sollte doch annehmen, dass sie wenigstens Leute in die Rettungsboote setzen, wenn sie welche zu Wasser lassen. Bloß zwölf Menschen in einem Boot. Das ist doch absurd.«

»Sind das nicht die Duff Gordons?« fragte Mr Willis.

»Tatsächlich! Ich denke, der englische Adel wankt und weicht nicht, wenn es brenzlig wird? Und jetzt sind sie bei den Ersten und nehmen sogar ihren Hund mit. Kommt, wir gehen in den Turnsaal und bewegen uns ein bisschen, hier wird es mir zu kalt.«

Jack und Norman setzten sich auf eine Ruderbank. Mr Willis wählte das mechanische Kamel. Der Turnlehrer, wie immer in makellosem weißem Anzug, sprang zwischen den Geräten herum und kümmerte sich unermüdlich um die zahlreichen Passagiere, die sich aufwärmen wollten. Ab und zu hörte man draußen Kapitän Smith durch das Megafon brüllen: »Sind noch Damen da? Im Boot sind noch Plätze frei. Bitte, steigen Sie ein!«

Der Turnlehrer grinste: »Die Damen wollen wohl nicht. Kein Wunder bei der Kälte.«

»Aber Mr McCawley, warum tragen Sie denn keine Schwimmweste?«

»Ich glaube nicht, dass ich die brauchen werde. Außerdem ist sie im Wasser nur hinderlich. Ich schwimme lieber ohne.«

Nach einiger Zeit hatte Mr Willis genug von seinem Kamelritt. »Sollen wir nachsehen, ob sie Boot 4 endlich flottgemacht haben?«

Das Rettungsboot Nr. 4 war für die Bewohner der Luxuskabinen gedacht. Es war schon kurz nach Mitternacht zum A-Deck gefiert worden und man hatte die Passagiere auch dorthin gebeten. Aber dort ragte eine Funkantenne aus der Schiffswand, an der das Boot nicht vorbeikam. Der Offizier schickte zwei Matrosen nach einer Axt, um sie abzuhacken. aber die zwei fanden keine, jedenfalls kamen sie nicht wieder. Die Millionäre wanderten geduldig auf und ab und unterhielten sich, aber nachdem sie dort eine lange Zeit gewartet hatten, bat ein anderer Offizier sie wieder nach unten. Mrs Singer verlor schließlich die Geduld.

»Was soll das für einen Sinn haben, uns derartig herumzuscheuchen? Wenn Sie uns in ein Rettungsboot setzen wollen, dann tun Sie es doch endlich.«

»Reg dich nicht auf, Mutter! Ich laufe noch mal nach oben und sehe, ob in einem anderen Boot Platz ist.«

»Und ich hole meinen Pelzmantel.« Norman fror sichtlich.

Als Jack sich umdrehte, hörte er, wie Mr Astor zu dem Offizier sagte: »Ich werde meine Frau begleiten. Sie ist in anderen Umständen und ich kann sie nicht allein lassen.«

»Das geht auf keinen Fall, Sir. Solange noch Frauen an Bord sind, kommt kein Mann in ein Boot.«

»Das kann doch wohl nicht Ihr Ernst sein. Ich hab zig Männer in andere Boote einsteigen sehen.«

»Bei mir kommt kein Mann in ein Boot. Ich halte mich an die Vorschrift«, sagte der Offizier unerschütterlich.

Jack war überrascht, wie wenig ihn die Neuigkeit von Madeleines Schwangerschaft berührte. Er machte einen Umweg über das Deck der zweiten Klasse, erfuhr von einem Steward, dass alle Damen evakuiert worden waren und dass außer den Notbooten auf dem obersten Deck alle Boote das Schiff verlassen hatten. Er rannte zurück zu Boot Nr. 4.

»Sie sind schon weg«, sagte Norman. »Das war vielleicht ein Theater. Erst haben sie die Fenster einbrechen müssen und dann hing das Boot so schief, dass man Liegestühle auf die Fensterbänke und den Bootsrand legen musste. Da mussten alle drüberkrabbeln. Du hättest sie hören müssen! Und Offizier Lightoller hat tatsächlich keinen einzigen Mann mitgenommen, sondern die Auswandererfrauen, die plötzlich da standen. Er hat zuerst sogar den kleinen Johnny Ryerson zurückgewiesen, aber da hat Mr Ryerson ihn angeschrien, dass der Junge erst dreizehn ist und bei seiner Mutter bleiben muss. Und Mrs Spedden hat beinahe Zustände gekriegt, weil ihr Sohn schon vierzehn ist, aber Mr Astor hat ihm den Hut von seiner Frau aufgesetzt und eine Schleife drumgebunden, sodass er aussah wie ein Mädchen, und er ist tatsächlich ins Boot gekommen.«

»Und mein Vater?«

»Der ist nach oben gegangen und wollte dich suchen.«

»Dann lasst uns auch gehen!«, sagte Jack. »Auf dem obersten Deck gibt es angeblich nur noch Notboote.«

Dort standen hunderte von Menschen schweigend an der Reling und sahen zu, wie das letzte Boot abgefiert wurde. Plötzlich entstand eine Bewegung. Ein Mann im Frack hechtete dem Boot hinterher, landete glücklich im Bug und richtete sich auf.

»Aber das ist ja Mr Ismay, der Reeder«, rief Norman. »Sollen wir auch springen?«

»Besser nicht. Das Ding sieht aus, als ob es jeden Augenblick umschlagen würde.«

In diesem Augenblick klopfte der Bandleader an seine Geige. Die wilde Ragtime-Musik verstummte. In die Stille hinein hörte man die Stimme des Kapitäns: »Wer kann Lichtzeichen geben?«

»Ich, Sir! Zu Befehl, Sir!«

»Es ist ein Schiff in der Nähe, aber es antwortete nicht auf unsere Funksprüche. Wenn es auf Lichtzeichen reagiert, sagen Sie: ›Wir sind die *Titanic*, wir sinken. Bitte, schickt uns eure Boote.‹«

»Aye, aye, Sir.« Pause. »Das Schiff antwortet nicht, Sir.«

»Versuchen Sie es weiter.«

Das Orchester spielte jetzt eine langsame Melodie, süß und traurig zugleich. Mr Willis summte einige Takte mit.

»Das kenne ich! Was ist das? Das muss dieser Ohrwurm sein, den sie seit Jahren in allen Musichalls spielen.«

Auf der Brücke der *Californian* standen der wachhabende Offizier und ein Matrose und zählten die Raketen, die am Horizont aufblitzten. Eine Stunde nach Mitternacht waren es schon fünf.

»Schätze, ich muss den Alten wecken«, brummte der Offizier. »Das Ganze kommt mir sonderbar vor.« Er klopfte an die Kajüte von Kapitän Lord und erstattete Bericht.

»Könnt ihr die Signale erkennen?«

»Ja, Sir. Aber es sind weiße Raketen.«

»Dann kann es nichts Ernstes sein. Notraketen sind rot. Die *Titanic* ist irgendwo in der Nähe. Sähe ihr ähnlich, dass sie ein Feuerwerk veranstaltet für ihre reichen Passagiere. Habt ihr versucht Lichtzeichen zu geben?«

»Sie ist zu weit weg, Sir.«

»Dann beobachtet sie weiter.«

Der Offizier und der Matrose nahmen ihren Platz auf der Brücke wieder ein.

»Siehst fast so aus, als ob sie Schlagseite hätte, Sir.«

»Schlagseite? Die *Titanic*? Du bist ja verrückt. Sie wird beigedreht haben.«

Eine weitere halbe Stunde verging.

»Komisch, das rote Seitenlicht ist weg.«

Der Offizier gähnte. »Und seit zwanzig Minuten keine Rakete mehr. Wahrscheinlich ist das Feuerwerk zu Ende und sie dampft ab.«

Olav zuckte zusammen, als jemand ihn am Ärmel zupfte.

»Wir sind's«, sagte Ragnhild. »Der Offizier hatte allen Dritte-Klasse-Leuten erlaubt aufs Bootsdeck zu gehen.«

»Wieso lassen sie uns jetzt erst rauf, wo keine Boote mehr da sind?«, fragte Knut. »Und Schiffe sind auch keine zu sehen, bloß das eine dahinten am Horizont, das sich nicht vom Fleck rührte.«

»Es sind noch zwei Notboote da, sie kriegen sie bloß nicht flott. Seht ihr, da oben auf dem Dach der Offizierskajüten.«

Ein halb nackter, rußbeschmierter Heizer riss an den Seilen, mit denen die Boote festgebunden waren.

»Das darf doch nicht wahr sein!«, schrie er. »Das ist doch nicht möglich! Hier sind zwei Boote und keiner kriegt sie flott. Ist denn hier kein Seemann?«

Edvard machte einen Schritt nach vorn, aber Sigrun hängte sich an seinen Arm. »Bitte, Edvard, geh nicht, das ist doch gar kein richtiges Boot, das besteht ja bloß aus Stoff. Lass uns lieber hier bleiben, vielleicht kommt doch noch ein Schiff.«

»Ja, bitte, Edvard, bleib bei uns, du bist der Einzige, der Englisch spricht, ohne dich sind wir in Amerika ganz hilflos«, bat Ragnhild.

»Es ist sehr fraglich, ob wir je nach Amerika kommen werden«, murmelte Olav, aber die vier sahen ihn so fassungslos an, dass er nicht weitersprach.

Mittlerweile waren ein paar Männer auf das Dach geklettert und hatten die Boote losgeschnitten. Aber wie sollte man sie aufs Deck bekommen? Olav lehnte alle Liegestühle gegen die Dachkante, die anderen halfen ihm dabei und die Männer ließen die Boote daran herabgleiten. Das eine stürzte um und landete kieloben auf dem Deck, das andere kam richtig auf, aber die *Titanic* hatte sich mittlerweile so weit geneigt, dass man die Boote hätte bergauf schieben müssen.

Plötzlich ertönte ein dumpfes Dröhnen, vermischt mit gedämpften Explosionen. Alle Menschen zogen unwillkürlich den Kopf ein. Es war, als ob ein Eilzug über eine stählerne Eisenbahnbrücke brauste oder als ob ein Eisenwerk in die Luft flöge, vermischt mit dem Klirren von zerbrechendem Glas und Porzellan. 7 000 Säcke Kaffee, 4 000 Kisten Tee, 35 000 frische Eier, 25 000 Pfund Geflügel, 40 Tonnen Kartoffeln, 7 000 Kohlköpfe, 2 750 Kilo Tomaten, 36 000 Apfelsinen, 7 000 Liter Milch, 12 000 Flaschen Mineralwasser, 15 000 Flaschen Bier, 34 050 kg Fleisch, 45 000 kg Mehl, 5 000 kg Zucker, 640 kg Fisch, 400 kg Sahne und Eiscreme, 1 150 kg Butter, 2 500 Flaschen Wein, 56 000 kg Eis waren in Southampton an Bord genommen worden, und was davon nicht verbraucht worden war, ergoss sich jetzt aus den Vorrats- und Kühlräumen durch das Schiff, zusammen mit 25 000 Stück Porzellan, 7 000 Gläsern, 26 000 Silberbestecken und 21 000 Schüsseln und Töpfen. Die Möbel stürzten um, die Bilder fielen von den Wänden, die sechs großen Flügel krachten durch die Wände, die Herde in den Küchen lösten sich aus ihren Verankerungen. Tausende von Kisten und Koffern sausten hinterher.

16

Im Aufenthaltsraum der dritten Klasse scharte sich eine Gruppe um den katholischen Priester, der jetzt die Beichte abnahm, eine andere um das Klavier, an dem noch immer die junge Mutter mit ihrem Kind auf dem Schoß saß und spielte; eine andere um Mr Goodwin, der mit gefalteten Händen und entrücktem Gesicht Psalmen rezitierte.

»Der Herr ist mein Hirte, mir wird nichts mangeln. Er weidet mich auf einer grünen Aue und führet mich zum frischen Wasser. Er erquicket meine Seele, er führet mich . . .«

Ein grollendes Donnern unterbrach ihn. Das Schiff schüttelte sich wie ein tödlich getroffenes Tier.

»Wir müssen an Deck«, rief Mrs Goodwin. »Nimm Rose, Emmy, und lass sie nicht los, ich bitte dich!«

Emmy nickte nur und nahm ihre Schwester auf den Arm.

»Ich nehme David!«, rief Alfred.

Mrs Goodwin warf ihm einen dankbaren Blick zu und umarmte ihren Mann, der noch immer mit gefalteten Händen dastand. »Bitte, Lieber, hör auf zu beten, lass uns an Deck gehen.«

Emmy und Alfred liefen schon, zusammen mit vielen schreienden, kreischenden Menschen. Die Treppen waren so steil, dass man sie kaum noch betreten konnte.

Oben standen alle, die sich aus dem Inneren des Schiffes haben retten können. Mrs Weaver umklammerte ihre Söhne.

»Ihr müsst mir versprechen, dass ihr füreinander sorgen werdet, wenn ich ertrinke!«

»Du ertrinkst nicht, Mutter. Ich habe Pfadfinderknoten in die Schnur gemacht, die halten immer. Wir bleiben zusammen.«

»Los, wir springen!«, rief Knut. »Das Schiff bricht auseinander!«

»Nein, wir springen nicht!«, befahl Olav ruhig. »Wir sind noch viel zu hoch über dem Wasser. Sie muss erst tiefer sinken.«

»Lebt wohl, ihr Lieben daheim«, sagte Mr Willis leise.

Jack dachte an seinen Vater, den er vergebens in der Menschenmenge gesucht hatte, an Ruth und seine Mutter, die in Rettungsbooten saßen, aber er fühlte sich weit entfernt von ihnen, so als betrachte er alles, auch sich selbst, von weit her, von einem anderen Ort.

»Es ist besser, wenn wir jetzt springen, Jungs, sonst nimmt sie uns mit in die Tiefe.«

In diesem Augenblick drängte eine Menschenmenge aus dem Zwischendeck von unten herauf.

»Um Gottes willen! Das ist doch nicht möglich!«, rief Jack. »Sie haben doch die ganze Zeit geschrien: ›Frauen und Kinder zuerst.‹ Aber das sind ja noch hunderte!«

Ein Mädchen mit langen, dunklen, wehenden Haaren und ein rothaariger Junge rannten an Jack vorbei, beide trugen ein kleineres Kind auf dem Arm. Neben ihnen lief ein Steward mit zwei Babys und einer Gruppe von verschleierten Frauen.

»Haltet euch fest!«, schrie Mr Willis. »Haltet euch fest! Lasst euch nicht von den Leuten mitreißen!«

Wasser strömte über das Deck und erfasste die fliehenden Menschen. Jack umklammerte die Reling. Direkt vor ihm verschwanden die beiden Mädchen und die beiden Jungen in dem strudelnden Wasser. Auch der Steward und die Frauen wurden über Bord geschwemmt.

Mr Willis schwang sich auf die Reling.

»Ich springe als Erster, ihr kommt nach.«

Er stieß sich ab, wenige Sekunden später folgte Norman.

Der Fall kam ihm endlos vor, ein sausendes, zischendes Stürzen. Dann tauchte er ins Wasser ein, aber noch ehe er eine Schwimmbewegung machen konnte, riss ihn ein Wasserschwall mit, der in das Schiff hineinströmte. Norman spannte alle seine Kräfte an und versuchte sich aus dem Sog herauszukämpfen, aber er war so hilflos wie ein Eisenstäubchen, das von einem Magnet angezogen wird. Auf einmal war die rasende Fahrt zu Ende, irgendetwas versperrte den Weg in die Tiefe. Er tastete mit der Hand, es schien ein Gitter zu sein. Aber wie lange würde es dem gewaltigen Sog standhalten?

Luft!, dachte Norman. Luft! Ich ersticke! Plötzlich brach ein Schwall von heißem Dampf aus dem Gitter und blies ihn nach oben, gegen den Sog, gegen das gierige Wasser, zurück an die Oberfläche. Norman rang nach Atem, keuchte, hustete, spuckte Wasser. Er wollte rufen, aber es kam nur ein Krächzen heraus. Endlich gehorchte ihm seine Stimme wieder.

»Vater!«, schrie er. »Vater! Wo bist du?«

Ganz in der Nähe ertönte die Stimme seines Vaters.

»Bleib, wo du bist! Ich komme!«

In wenigen Metern Entfernung erkannte er eine winkende Gestalt, die auf ihn zuschwamm. Von der *Titanic* ertönte ein grauenvolles, knirschendes Krachen. Norman drehte sich um. In einem rot glühenden Funkenregen stieg der erste Schornstein wie eine riesige Rakete in die Höhe und krachte mit einem donnerähnlichen Knall direkt vor ihm aufs Wasser. Norman sah noch, wie sein Vater unter ihm begraben wurde. Dann spürte er ein beißendes Stechen in den Augen und sah nichts mehr. Er jammerte laut auf und begann vor Schmerzen zu weinen. Die Tränen spülten Ruß und Asche aus seinen Augen. Nach einiger Zeit ließ das Brennen nach und er konnte wieder sehen.

Der Anblick war schrecklich. Auf dem Wasser trieben in weitem Umkreis reglose Körper. Norman schwamm zum nächsten. Das war ein Heizer, der keine Antwort gab, als Norman ihn anrief. Der nächste war ein rundbackiger Junge in einer weißen Bäckerjacke, der ebenfalls tot zu sein schien, der nächste ein Musiker, der seine Geige umklammert hielt und laut jammerte, dass er blind wäre. Mitten im Wort verstummte er und sein Gesicht tauchte ins Wasser. Der nächste trug einen Anzug und ein Hemd mit Frackschleife.

»Vater!«, rief Norman. »Vater!«

Der Mann antwortete nicht. Norman tastete nach seinem Kopf. Das Gesicht war eine unkenntliche Masse. Er zuckte zurück, dann überwand er sich und griff nach der Hand des Toten. Im Licht der sinkenden *Titanic* funkelte der berühmte Brillantring. John Jacob Astor, der reichste Mann Amerikas, trieb neben den Leichen eines Heizers, eines Bäckerjungen und eines Geigers im eiskalten Atlantik.

Norman schwamm weiter, suchte und rief, aber seinen Vater fand er nicht. Die See um ihn herum war übersät von Leichen mit zerschmetterten Gesichtern, ohne Hände und Arme. Allmählich machte die Kälte ihn taub und ließ auch sein Gefühl ersterben. Der Pelzmantel hing schwer an ihm, aber Norman hatte das unklare Gefühl, dass er ihn gegen die Kälte schützen würde, auch wenn er durchtränkt war von Wasser.

Zehn Sekunden nach Norman stieß sich Jack mit aller Kraft ab und sprang, so weit er konnte. Das eiskalte Wasser verschlug ihm den Atem. Er schnappte nach Luft, schwamm dann mit mächtigen Stößen weg vom Schiff. Nach ungefähr fünfzig Zügen hielt er inne und sah zurück. Die *Titanic* schien von einem grellen Licht umgeben zu sein; sie ragte im Dunkeln empor, als ob sie in Flammen stünde. Jack starrte sie an. Er wusste, dass er wegschwimmen musste, so schnell wie möglich, aber er brachte es nicht fertig, den Blick von ihr zu wenden. Das Licht brannte von der höher steigenden Wasserlinie bis zum Heck. In allen Kabinen, auf allen Decks, auf allen Mastspitzen leuchteten die elektrischen Lampen, sogar im untergetauchten Teil brannten sie noch und schimmerten mattgrün durch das Wasser. Jack sah die dunklen, winzig wirkenden Umrisse von Menschen, die einzeln, zu zweit, zu mehreren ins Meer sprangen. Er hörte deutlich, wie sich im Inneren des Schiffes schwere Gegenstände losrissen und nach unten polterten, doch über dem Lärm erhob sich noch immer die süße, traurige Melodie der Bordkapelle. Plötzlich riss die Bespannung des Schornsteins, er schoss Funken sprühend in die Höhe und stürzte auf die im Wasser treibenden Menschen herab. Jack wurde von der entstehenden Welle gegen das umgeschlagene Notboot getrieben, das kieloben im Wasser trieb. Ein paar Männer hatten sich darauf festgeklammert und auch Jack schob sich mühsam hinauf.

Das Deck richtete sich immer steiler auf, die Menschen verloren den Halt und fielen übereinander oder über Bord. Die Musik brach ab, denn niemand konnte sich mehr auf den Beinen halten. Um zwei Uhr fünfzehn verschwand die Brücke im Wasser. Olav schaute auf seine alte Uhr. Es würde das letzte Mal sein, sie würde das Salzwasser nicht überstehen. Und er selbst? Würde er am Leben bleiben? Plötzlich erloschen alle Lichter, flackerten noch einmal auf und erstarben. Auf einmal war es stockfinster. Olav brauchte einige Minuten, bis er sich an das Dunkel gewöhnt hatte. Dann merkte er, dass vom Himmel ein klares, kaltes Licht leuchtete, denn er war übersät mit Sternen. Um ihn herum brach ein Schreien und Kreischen und Heulen aus, das kaum mehr menschenähnlich klang.

»Fasst euch an!«, brüllte er. »Jetzt springen wir.«

Während sie sprangen, erschütterte ein grauenvoller Ruck das ganze Schiff. Der Bug und das Mittelstück brachen ab und versanken in der Tiefe. Das Heck richtete sich auf und schleuderte die Menschen in wirren Haufen gegen die Reling oder über Bord. Auch Mrs Weaver und ihre Söhne stürzten ins Meer. Nur Mr Jones und Chris behielten ihr Gleichgewicht, obwohl der Junge hin und her schwankte. Das Deck hob sich noch mehr.

»Du tust jetzt genau, was ich dir sage, Langer!«

Chris nickte mechanisch. Er sah alles durch einen Nebel. Was ging hier überhaupt vor? Er begriff es nicht.

»Stell dir vor, die Reling wäre eine Leiter. Kannst du das?«

Chris schüttelte benommen den Kopf. Reling? Leiter? Wieso?

»Macht nichts! Schlüpf nach außen und klettere hoch! Ich komme hinter dir her.«

Er schob Chris durch die Eisenstäbe. Während das Deck immer höher stieg, hangelten sie sich nach oben, bis sie auf den weißen Stahlplatten des Achterdecks standen. Wenn Chris noch hätte klar denken können, wäre er sich vorgekommen wie auf der gerundeten Spitze eines Turmes und hätte sich vielleicht gefürchtet, dass er ohne Geländer in fünfzig Meter Höhe über dem Meer schwebte, aber er begriff gar nichts. Mr Jones zog seine Uhr aus der Hosentasche heraus.

»Zwei Uhr zwanzig«, sagte er. »Gleich geht sie unter.«

Das Heck glitt langsam nach unten. Chris hatte das Gefühl, als ob er in einem Fahrstuhl stünde. Das weckte eine Erinnerung in ihm.

»Muss nach Tony suchen«, sagte er undeutlich. »Und nach Henry.«

»Du bleibst bei mir!«, befahl Mr Jones und fasste ihn am Kragen. Chris spürte die schwere, warme Hand in seinem Nacken und blieb geduldig stehen. Er würde die beiden später suchen, dachte er und hatte seinen Vorsatz schon eine Sekunde später vergessen. Immer noch glitt der Fahrstuhl nach unten. Dann machte Mr Jones einen Schritt, zog Chris mit, das Heck tauchte unter ihnen weg und sie schwebten im Wasser. Die *Titanic* war verschwunden. Die hohe weiße Mütze des Chefbäckers war nicht einmal nass geworden.

Sobald das Boot auf dem Wasser aufgekommen war, setzte Frankie sich so, dass er die *Titanic* im Blickfeld hatte. An Deck erkannte er Trauben von Menschen und sah, wie sie einzeln oder in Gruppen an den erleuchteten Fenstern vorbei ins Wasser sprangen. Auf einmal ertönten ohrenbetäubende Schüsse. Wie eine Fontäne spritzten kleine Teile aus dem Wasser, regneten nach unten. Einige trafen Frankie im Gesicht, aber sie taten nicht weh. Er hob ein paar vom Boden auf, es waren Korkbrocken. Auch das Meer um das Boot war übersät davon.

»Das muss die Korkisolierung sein«, sagte jemand. »Die Schotts sind gebrochen. Jetzt ist sie hin.«

Stöhnend und ächzend hob sich das Heck immer höher. Die Musik war verstummt; auf dieser ansteigenden Fläche, schräg und steil wie eine riesige Rutschbahn, konnte niemand stehen. Wer sich nicht irgendwo festklammern konnte, wurde nach unten geschleudert. Mrs Golding packte Frankies Kopf und drückte ihn an ihre Brust. »Schau nicht hin, Junge, schau nicht hin!«

Frankie sah, wie mit einem Schlag alle Lichter erloschen. Sie flackerten noch einmal auf, dann war es finster. Er schloss die Augen. Ob Vater jetzt immer noch auf dem Schiff war, in der plötzlichen Dunkelheit, während sich das Heck in einen Turm verwandelte, der senkrecht aus dem Wasser ragte?

»Seht mal, sie hat sich gedreht! Jetzt schwimmt sie wieder!«

Mrs Golding ließ Frankies Kopf los. Das Heck hatte sich tatsächlich wieder etwas gesenkt. Eine große schwarze Rauchsäule stieg auf und breitete sich oben pilzförmig aus. Frankie starrte auf die eigenartige Silhouette des sich vor dem Himmel abzeichnenden Ruders. Viele Herzschläge lang stand das, was von der *Titanic* noch zu sehen war, reglos in der Luft, dann glitt es sanft und langsam in die Tiefe. Tief unter dem Wasserspiegel ertönte ein dumpfes Grollen. Als zuletzt der Flaggstock am Heck verschwand, kräuselte nur ein leichter Wellenring die Oberfläche.

Nachdem das Rettungsboot mit Ruth und den anderen Passagieren sich etwas von der *Titanic* entfernt hatte, fand die dicke Frau ihre Sprache wieder.

»Wie wollen Sie denn so vom Fleck kommen?«, fuhr sie einen Steward in weißer Jacke an.

»Sie müssen den Riemen in den Halter stecken, das weiß sogar ich.«

»Ich habe noch nie ein Ruder in der Hand gehabt«, sagte der Mann entschuldigend und die anderen Ruderer murmelten im Chor: »Ich auch nicht. Ich auch nicht.«

»Warum hat man uns bloß nicht auf dem warmen, sicheren Schiff gelassen, statt uns in diesen Nussschalen der Kälte auszusetzen, mit Leuten, die keine Ahnung haben?«, nörgelte die Frau.

»Ich weiß nicht, ob das Schiff sicher ist, Madam«, sagte Mr Hitchens. »Sehen Sie nicht, dass der Bug immer tiefer sinkt und das Heck sich immer höher aus dem Wasser hebt?«

Einige Augenblick lang verschlug es der Frau die Sprache. Von der *Titanic* klangen Musikfetzen.

»Soll das etwa heißen – wollen Sie damit sagen, dass –, dass sie untergehen könnte?«

»Ich fürchte, es sieht ganz danach aus.«

»Aber . . . aber, das ist nicht möglich. Sie kann nicht untergehen. Sie hat wasserdichte Abteilungen und sie kann sich tagelang über Wasser halten, selbst wenn ein paar voll gelaufen sind. Das hat in allen Zeitungen gestanden.«

»Dann haben die Zeitungen sich eben geirrt. Wenn ein Eisberg das halbe Schiff aufreißt, dann sind alle Schotten nutzlos.«

Vom Schiff her dröhnte das Megafon: »Alle Boote mit freien Plätzen zurück zur *Titanic*! Alle Boote mit freien Plätzen zurück zur *Titanic*!«

»Das ist Kapitän Smith«, sagte Major Peuchen. »Er beordert uns zurück. Wir müssen umkehren.«

»Ich habe den Befehl, zu dem Schiff am Horizont zu rudern und die Passagiere dort abzusetzen«, sagte Mr Hitchens.

»Aber der Kapitän...«, begann Major Peuchen.
»Halten Sie den Mund!«, befahl der Quatermaster scharf.
»Sie sind lediglich zum Rudern an Bord gelassen worden. Ich habe hier das Kommando. Und ich sage, dass wir so schnell wie möglich wegmüssen. Wenn sie wirklich ganz untergeht, wird uns der Sog in die Tiefe reißen.«
»Aber der Kapitän...«, sagte Major Peuchen noch einmal.
»Ruhe!«, donnerte Mr Hitchens. »Weiterrudern! Sie haben ja keine Ahnung! Wissen Sie, ob alle Kessel gelöscht sind? Wenn sie explodieren, fliegt gleich der ganze Kasten in die Luft. Wollen Sie etwa mitfliegen? Ich nicht!«
Major Peuchen gab keine Antwort.
»Haben Sie nicht mitgekriegt, was in Southampton passiert ist? Wie uns die *New York* fast gerammt hat, allein von dem Sog unserer Schraube? Was glauben Sie, was für ein Sog entsteht, wenn dieses Mammut untergeht? Oder es könnte eine gewaltige Welle entstehen, die uns überschwemmt.«
Wieder dröhnte der Befehl über das Wasser. »Alle Boote mit freien Plätzen zurück zur *Titanic*.«
»Ich werd den Teufel tun!«, brummte der Quartermaster.
»Wir müssen weg, so schnell wie möglich. Rudern!«
Die weißen Jacken der Stewards leuchteten in der Dunkelheit, als sie schweigend dem Befehl folgten. Sie schienen tatsächlich keine Ahnung vom Pullen zu haben, denn sie fanden keinen Takt, die Riemen schlugen gegeneinander oder kreuzten sich oder wurden zu flach aufgesetzt, sodass sich in regelmäßigen Abständen ein Sprühregen über die Insassen ergoss.
»Es ist schon bald Viertel nach zwei«, flüsterte Mr Beesley Ruth zu. »Und wir sind höchstens eine gute Meile weggekommen.«
Die Bullaugen im Bug waren inzwischen verschwunden

und schimmerten grünlich durch das Wasser. Das Heck hob sich immer steiler. Dann hatte das Wasser die Kommandobrücke erreicht. Das Heck richtete sich langsam bis in die Vertikale auf und verharrte bewegungslos. Alle Lichter verlöschten, flackerten noch einmal kurz. Ein grauenvoller Lärm erklang, ein Brüllen, ein Ächzen, ein Röhren, ein Krachen – wie von einem riesigen Tier im Todeskampf. Es war ein Getöse, wie Ruth es noch nie gehört hatte und auch nie wieder hören wollte, gleichzeitig Schrecken erregend und überwältigend. Dann stand das Heck der *Titanic* aufrecht wie ein Komma gegen den sternenübersäten Himmel, verharrte in dieser Position fast fünf Minuten lang, senkte sich dann hinten etwas schiefer, glitt schräg ins Wasser und verschwand.

Kam jetzt die riesige Welle, die sie verschlingen würde, fragte Ruth sich zitternd. Oder der Sog, der sie in die Tiefe reißen wollte? Doch das Meer schloss sich und alles war still. Alle Menschen im Boot warteten angstvoll. Die Wasseroberfläche lag so ruhig wie zuvor.

Es war, als ob alle Sinne von diesem gewaltigen schauerlichen Schauspiel gefangen genommen worden wären und nichts anderes Platz gehabt hätte. Aber jetzt spürte Ruth auf einmal die scharfe Kälte und sie sah das grelle Funkeln der Sterne, sie schmeckte das Salz des Wassers auf den Lippen und vor allem hörte sie etwas, das noch viel grässlicher war als das Zerbersten des Schiffes. Die Luft war erfüllt von den Schreien der Menschen, die im Wasser trieben. Es mussten dutzende sein, nein, hunderte, nein, viele hunderte, denn die unzähligen Stimmen schlossen sich zu einem gewaltigen Chor zusammen. Das Heulen der armen gemarterten Seelen im Fegfeuer konnte nicht schlimmer sein. Manchmal konnte Ruth einzelne Worte unterscheiden: »Hilfe!«, oder »Hierher!«, oder: »Rettet mich!«, und wieder »Hilfe!«, und sie wusste nicht, was schrecklicher war, das vielstimmige Geheul oder die verständlichen Bitten.

Aber warum waren sie nicht in die Rettungsboote gestiegen? Sie hatte auf einmal den Ruf »Nur Frauen und Kinder in die Boote!« in den Ohren. Sollte das etwa heißen, dass dort nur Männer im Wasser schrien? Ein Gedanke durchfuhr sie: Wenn Vater mit ihnen gefahren wäre, so wie sie sich das alle gewünscht hatten, dann würde er jetzt vielleicht auch hilflos im Wasser treiben, den sicheren Tod vor Augen. Und Jack? Wo war Jack? Etwa nicht in einem Boot? Sie drehte sich zu Mr Beesley um. »Ich verstehe das nicht, Sir. Wo sind denn all die Rettungsboote?«

»Es gibt nur sechzehn. Und vier Faltboote.«

Ruth glaubte zunächst, dass sie sich verhört hatte, und schwieg eine Zeit lang verdutzt. »Sechzehn Rettungsboote?«, wiederholte sie dann fassungslos. »Aber ich denke, es passen 3 000 Menschen auf die *Titanic*.«

»Ja, das stimmt, das haben Sie gut behalten. Aber es müssen trotzdem nur sechzehn Rettungsboote an Bord sein.«

»Ich halte das nicht aus«, rief auf einmal eine Frau mit überschnappender Stimme. »Ich kann das nicht mehr hören. Warum tun wir denn nichts? Warum helfen wir nicht? Wir müssen doch irgendetwas tun!« Sie brach in lautes Weinen aus.

»Wir können nicht helfen, Madam«, sagte Mr Hitchens entschieden. »Wenn wir näher heranfahren, werden sich alle an unser Boot hängen und uns umwerfen.«

»Wir müssen trotzdem umkehren!«, rief Ruth. »Hier ist noch so viel Platz. Wir können sie doch nicht ertrinken lassen.«

»Aber das ist ja schrecklich!« Die dicke Frau überschrie Ruth. »Dann sind wir ja selbst in Gefahr. Oh bitte, Mr Kapitän, lassen Sie uns schnell wegrudern, ehe sie uns zum Kentern bringen.«

»Nein!«, rief Ruth. »Nein! Wir müssen ihnen helfen!«

»Das Mädchen hat Recht«, sagte der Major und auch Mr Beesley unterstützte Ruth, aber sie wurden überstimmt und die Männer begannen wieder mit ihrem ungeschickten Rudern. Die Schreie gellten hinter ihnen her.

»Die Musiker haben gespielt bis ganz zum Schluss, haben Sie das gehört?«, fragte ein Mann. Er sprach so laut, als ob er alles andere übertönen wollte. »Erst als das Deck so schräg war, dass man nicht mehr stehen konnte, da haben sie aufgehört.« Er begann heiser zu singen: »Oh Susanna, oh weine nicht um mich, denn ich fahre jetzt nach Mexiko und da warte ich auf dich.«

Ein paar andere fielen ein und einen Augenblick lang war Ruth ihnen fast dankbar, denn ihre Stimmen überdeckten das herzzerreißende Geschrei. Aber schon am Anfang der zweiten Strophe brach der Mann wieder ab und sagte: »Es geht nicht. Mir bleiben die Worte im Hals stecken.«

Auch die anderen hörten auf und die flehenden Hilferufe waren wieder deutlich zu hören.

»Vielleicht sollten wir lieber einen Choral singen«, schlug eine zaghafte Stimme vor und nach einigen Vorschlägen einigte man sich auf »Näher, mein Gott, zu dir«. Sie kamen bis zur dritten Strophe, obwohl die Stimmen bei jeder Zeile dünner wurden, aber dann verstummten auch die Letzten. Ruth hatte schon in der ersten Strophe keinen Ton mehr herausgebracht. Wir singen, damit wir nicht hören müssen, wie sie alle sterben, dachte sie unablässig. Sie hielt sich die Ohren zu, aber das verzweifelte und langsam ersterbende Rufen und Wimmern war stärker. Sie wusste auf einmal, dass sie nie, niemals in ihrem Leben, diese Klagelaute vergessen würde.

Von dem umgeschlagenen Boot aus sah Jack, wie sich das Heck der *Titanic* senkrecht aus dem Wasser hob wie ein riesenhafter Wal, der mit dem Kopf voran in die Tiefe taucht. In dichten Trauben hingen die Menschen an der Reling und wurden in die Tiefe geschleudert. Fast fünf Minuten lang stand das Heck reglos und schwarz gegen den Sternenhimmel wie ein gigantischer Finger, dann sank es langsam in die Tiefe.

Jack schloss die Augen. Er war auf einmal so müde, als ob Blei durch seine Adern flöße und jede kleinste Bewegung eine ungeheure Anstrengung wäre. Sein Kopf sank vornüber, sein Gesicht tauchte ins eisige Wasser. Mit einem Ruck kam er wieder zu sich. Er schwamm gar nicht in dem kleinen See hinter dem Sommerhaus seiner Eltern in den Hügeln von Philadelphia, sondern im kalten Atlantik, und das durchdringende Geräusch um ihn herum war nicht das schrille Sägen der Grillen, sondern das Stöhnen, Schreien und Weinen aus hunderten von Kehlen, das sich zu einem schauerlich auf und ab schwellenden Chor verdichtet hatte.

Jack hob den Kopf. In ein paar hundert Metern Entfernung sah er schemenhaft die Umrisse von Rettungsbooten. Warum kamen sie nicht zurück? Wie konnten Menschen es fertig bringen, solche Schreie zu überhören? Er hatte das Gefühl, als ob dutzende, nein, hunderte in seiner Nähe trieben und als ob alle zu dem umgeschlagenen Boot strebten. Mit jedem eiskalten, durchnässten Schwimmer, der sich emporzog, sank es tiefer ins Wasser. Inzwischen waren es schon fast zwanzig Männer, die darauf standen oder hockten. Niemand streckte eine helfende Hand aus, wenn einer sich näherte, und wenn es einem gelang, sich hinaufzuziehen, schwappte Wasser über den Kiel.

Eine Zeit lang hörte Jack ein lautes Pochen, von dem er sich einbildete, dass es unter dem Boot hervorkam, und tatsächlich tauchte auf einmal ein Mann daneben auf, der nach Luft schnappte und keuchte: »Ich habe in der Luftblase unter den Sitzen gehangen und bin ständig mit dem Kopf gegen die Bretter geschlagen.«

»Hau ab!«, schnauzte einer. »Wir sind kurz vorm Kentern.«

»Nein, lasst ihn rauf!«, befahl ein anderer. »Das ist Harold Bride, der zweite Funker. Ich hab gesehen, wie er noch SOS gefunkt hat, als der Bug schon nach unten ging.«

Wenig später näherten sich ein Steward und ein Heizer, die ebenfalls von den anderen mit rüden Worten verscheucht wurden, aber die beiden entdeckten Kollegen, schwammen um das Boot herum und überredeten sie sie hinaufzulassen. Schließlich schlingerte das Boot unter dem Gewicht von dreißig Männern. Es waren, wie Jack an ihrer Kleidung erkannte, fast ausschließlich Mitglieder der Besatzung. Ein paar hatten Planken aus dem Wasser gefischt, mit denen sie die Hilfesuchenden abwehrten, und jedes Mal, wenn sie wieder einen mit Geschrei und Schlägen vertrieben hatten, verbarg er seinen Kopf in den Händen und betete, dass sie ihn nicht als einen Erste-Klasse-Passagier erkennen und ins Meer werfen würden. Am Anfang hatte er versucht die Vertriebenen zu zählen, aber bei dreißig gab er es auf. Warum nur kamen die Rettungsboote nicht näher?

»Halt dich woanders fest, noch einer mehr und wir sinken«, schrie sein Nachbar einem Schwimmer zu, der die Hände flehend aus dem Wasser streckte.

»Schon gut, reg dich nicht auf. Ich bin schon weg! Viel Glück, Gott schütze euch!« Er drehte sich um und schwamm davon.

»Habt ihr das gehört? Habt ihr den tapferen Kerl gehört?«, fragte der andere mit brüchiger Stimme. »Das ist ja nicht zum Aushalten. Wir können ihnen doch nicht helfen, wir können einfach nicht! Warum rudern wir nicht weg, verdammt? Hier sind einfach zu viele.«

Ein paar Männer versuchten mit den Planken zu rudern. Das Boot bewegte sich schwankend und langsam von der Stelle.

»Gut, Jungs! Macht weiter so! Gut so, Kinder!«

Die Stimme im Wasser klang militärisch und bat nicht um Hilfe.

»Mein Gott!«, stöhnte einer der Männer. »Oh mein Gott.«

Er hielt dem Mann im Wasser seine Planke hin, aber als sie ihn berührte, drehte er sich wie ein Korken und war stumm.

»Das war der Skipper!«, schrie der Mann. »Das war der Käpten.«

»Quatsch!«, sagte ein anderer. »Ich hab den Käpten gesehen, als die Brücke unterging, und er war ohne Schwimmweste.

»Und ich sage dir, es war der Käpten!«

Die anderen schwiegen und das Boot entfernte sich mühsam von der Unglücksstelle, verfolgt von dem vielstimmigen Klageschrei. Der schmierige Heizer, der neben Jack auf dem Bauch lag, fragte zögernd: »Glaubt ihr nicht, dass wir beten sollten?«

Alle stimmten zu. Der Heizer faltete seine Hände. »Vater unser«, begann er.

»Vater unser«, wiederholten die anderen.

»Der du bist im Himmel.«

»Der du bist im Himmel.«

Jack schämte sich auf einmal, dass er Angst vor ihnen gehabt hatte.

Emmy versuchte sich zu besinnen, wo sie war und warum sie so schrecklich fror. Ein dumpfer, dröhnender Schmerz pochte in ihrer Stirn, der ihr das Denken schwer machte. Etwas Feuchtes drückte gegen ihre Lippen, und als sie unwillkürlich den Mund öffnete, drang ein Schwall Salzwasser herein. Sie hustete, würgte, spuckte und mit der Anstrengung kam auf einmal die Erinnerung wieder, die Erinnerung an die große Welle, die hinter ihnen hergerast war wie ein zischender, lebendiger Berg und sie gepackt und umgerissen hatte.

Alfred!, dachte Emmy. David! Sie hatte gesehen, wie sie von der Welle gepackt und in hohem Bogen über Bord geschleudert worden waren. Und dann hatte ihr etwas die Füße weggezogen und sie war mit dem Kopf gegen etwas Hartes gekracht und ab da wusste sie nichts mehr. Aber Rose! Wo war Rose?

Sie spürte ein Gewicht auf ihrer Schulter und merkte, dass ihre Finger sich in Roses Schwimmweste verkrallt hatten und dass sie Rose an sich gepresst hielt. Ihr kleiner Kopf lag auf ihrer Schulter. Dann waren sie also auch ins Wasser gespült worden und die eisige Nässe um sie herum war der Atlantik. Ihr war so schrecklich kalt, dass sie kaum noch Luft bekam. Am besten beeilte sie sich so schnell wie möglich wieder an Bord zu kommen.

Sie ließ die Augen wandern, was sehr weh tat, aber die *Titanic* war nicht mehr zu sehen. Sie drehte den Kopf von einer Seite auf die andere, so weit sie konnte. Das tat noch mehr weh, aber die *Titanic* war und blieb verschwunden. Ob sie fortgefahren war, um Hilfe zu holen? Aber Mutter und Vater würden doch sie und Rose nicht einfach in dem eisigen Wasser zurücklassen! Dann fiel ihr ein, dass die *Titanic* ja gar nicht mehr fahren konnte und dass fremde Schiffe kommen sollten, um alle Menschen an Bord zu nehmen.

Aber wo war die *Titanic*? Es stand kein Mond am Himmel, doch die Sterne waren so groß und leuchtend wie tausende von kleinen Lampen und gaben genug Licht, dass man weit über das Wasser sehen konnte. Als sie in Southampton an Bord gegangen waren, da hatte die *Titanic* fast den ganzen Himmel verdeckt und das Hafenbecken dazu. Aber hier wurde gar nichts verdeckt, kein Stern, keine Welle. Das Wasser dehnte sich dunkel und leer bis zum Horizont.

Nein, ganz leer war es nicht. Gleich neben ihr schwamm etwas, das sah aus wie eine Kiste. Oder eine Tür. Aber was hatte das mit der *Titanic* zu tun? Und daneben schwamm ein hölzerner Deckstuhl. Ob die Welle den auch von Bord gespült hatte? Sie merkte, dass das Denken ihr immer schwerer fiel.

»Rose!«, sagte sie. »Rose! Siehst du die *Titanic*?«

Rose gab keine Antwort.

»Du musst wach werden, Rose!«

Aber Rose rührte sich nicht. Vielleicht schlief sie gar nicht, vielleicht war sie ohnmächtig, so wie sie selbst ohnmächtig gewesen war, sie wusste nicht, wie lange. Emmy ließ den Kopf nach hinten sinken. Das Wasser war wie ein Kissen, ein sehr kaltes Kissen, und die Kälte drang in ihren Kopf und nahm die Schmerzen weg, aber trotzdem wurde das Denken immer schwerer. Sang da nicht jemand? Da waren doch Stimmen in der Luft, auf und ab schwellend wie eine Melodie.

»Hörst du das auch, Rose? Das sind die Robben, die singen. Oder vielleicht gibt es auch Nixen hier. Die singen so schön, damit wir mit ihnen nach unten gehen. Aber das tun wir nicht, wir bleiben bei Mutter und Vater und bei Tom und George und David.«

David. Sie riss die Augen auf. Er hatte keine Schwimmweste gehabt. Und Alfred auch nicht. Ihr Blick fiel auf den hölzernen Stuhl, der neben ihr im Wasser schaukelte. Die beiden würden sich an etwas festhalten, das auch von Bord geschwemmt worden war. Die Augen fielen ihr wieder zu. Sie spürte ihre Füße nicht mehr und ihre Hände auch nicht. Aber sie würde Rose nicht loslassen, das hatte sie Mutter versprochen. Mutter verließ sich auf sie. Nimm Rose, Emmy, lass sie nicht los, ich bitte dich, hatte sie gesagt. Sie wusste, dass Rose bei ihr sicher war.

Die Stimmen wurden lauter. Das waren die Sirenen der Schiffe. Emmy lächelte, während die Kälte ihr Blut zum Erstarren brachte, und hielt den leblosen kleinen Körper ihrer Schwester umklammert. Die Schiffe waren schon unterwegs, um sie zu holen.

17

Warum kommt ihr nicht, verdammt, warum kommt ihr denn nicht, dachte Olav. Ich will noch nicht sterben. Ihr brauchtet bloß etwas näher zu rudern!

Sie hatten sich alle fünf an den Händen gehalten und waren gesprungen und wie durch ein Wunder waren sie gleich neben dem Faltboot wieder aufgetaucht, das von Bord gespült worden war. Sie hatten einer Frau und ihren beiden Söhnen geholfen auch hineinzuklettern. Und dann war mit einem fürchterlichen Krachen der vordere Schornstein explodiert und in die Luft geschossen und gleich neben ihrem Boot auf Wasser geschlagen. Sie waren alle geblendet gewesen von Ruß und heißer Asche, sie hatten ein Donnern gehört wie von Kanonenschüssen, und als sie wieder sehen konnten, war die *Titanic* verschwunden. Es war unglaublich. Es war nicht zu fassen. Das riesige Schiff war fort.

Sie hatten nicht lange Zeit gehabt sich darüber zu entsetzen, denn das Meer um sie herum war übersät mit schreienden, weinenden, betenden Gestalten in Schwimmwesten, die sich an ihr Boot hängten und hineinklettern wollten.

»Nicht alle auf einmal! Nicht alle auf einer Seite!«, hatte Olav geschrien, aber es war schon zu spät gewesen. Die eine Seite des Bootes hatte sich in die Höhe gehoben und Olav war ins Wasser geschleudert worden und mit dem Kopf auf einen Deckstuhl geschlagen.

Als er wieder zu sich kam, war seine erste Empfindung die

einer fürchterlichen Kälte, die wie mit Messern in seinen Körper schnitt. Benommen versuchte er zu erkennen, wo er war. Er lag auf dem Rücken und über ihm funkelten zahllose Sterne so hell, wie er das noch nie erlebt hatte. In ihrem Licht sah er, dass er nicht auf der Wasseroberfläche, sondern auf zwei ineinander verschlungenen Leibern lag. Er ließ sich hinuntergleiten, aber die beiden änderten ihre Lage nicht. Er versuchte ihre Gesichter zu erkennen.

»Knut!«, rief er. »Ragnhild!«

Die beiden rührten sich nicht. Er fasste nach ihren Schultern und rüttelte sie, aber nur ihre Köpfe schwankten hin und her, die Augen blieben starr und blickten durch Olav hindurch. Entsetzt ließ er sie los und sah sich um. Über dem Wasser lag ein dünner Dunst. Die glatte See war übersät mit Bier- und Weinkisten, mit Palmen und Gummibäumen, mit Stühlen, Tischen, Kommoden und Koffern. Und immer noch mit verzweifelten Schwimmern, die sich an diesen Gegenständen festklammerten.

Aber die Hilferufe, die eben wie ein vielstimmiger Schrei über dem Wasser gegangen hatten, waren schwächer geworden und hatten sich in ein durchdringendes Wimmern verwandelt. Und es trieben viele Gestalten um ihn her, die genauso starr und leblos waren wie Knut und Ragnhild. Wie lange mochte er ohnmächtig gewesen sein?

Olav hob langsam die Hand und machte seinen beiden Freunden ein Kreuzzeichen auf die Stirn. Dann wandte er sich ab und versuchte zu schwimmen. Seine Glieder waren so steif, dass sie sich nur mühsam bewegen ließen, aber nach einiger Zeit wurde es besser. Ich muss ein Boot finden, dachte er unablässig. Ich will nicht hilflos und allein auf einem Stuhl oder Tisch treiben und erfrieren. Er schwamm langsam, aber gleichmäßig, getrieben von dem Gefühl, dass er irgendwann auf eines der Rettungsboote treffen musste. Einmal griff eine Hand nach ihm und klammerte sich an seinem Arm fest, aber es gelang ihm sie abzuschütteln.

»Ich kann dich nicht retten. Ich bin selbst schon halb tot«, murmelte er und schwamm ein paar Minuten lang schneller, um sich aus der Reichweite des Ertrinkenden zu bringen, aber das ermüdete ihn so, dass er sich anschließend treiben lassen musste.

Erschöpft sah er sich um. Dieser Schatten dahinten, war das nicht ein Boot? Warum kommt ihr nicht, verdammt, warum kommt ihr nicht?, dachte er. Ich will nicht sterben. Ihr brauchet bloß etwas näher zu rudern. Der Schatten rührte sich nicht und mit der Kraft der Verzweiflung fing Olav wieder an zu schwimmen. Als er näher kam, erkannte er ein Faltboot. Es schien eine Ewigkeit zu dauern, bis er es endlich erreicht hatte, aber schließlich fasste er mit schmerzenden Armen nach dem Rand und zog sich daran hoch.

Er brauchte einige Zeit, bis er begriff, dass es dasselbe Boot war, in dem er eben gesessen hatte. Der Frau, die zitternd neben ihm saß, hatten sie geholfen hineinzukommen und auch ihren beiden Söhnen, die sie jetzt an sich gepresst hielt. Die fünf Männer kannte er nicht, doch da, dicht am Rand, hockte Edvard, sein alter Freund Edvard. Aber wo war Sigrun? Er schob sich zu Edvard hinüber und dabei merkte er mit Entsetzen, dass der Boden des Bootes mit Wasser bedeckt war. Es schwappte über seine Füße, über seine Knöchel, bis an seine Waden und Olav verstand genug von Booten, um zu erkennen, dass dieses hier nur durch die umlaufende Korkverkleidung über Wasser gehalten wurde. Er hockte sich neben seinen Freund.

»Wo ist Sigrun?«

Edvard machte nur eine kleine Bewegung mit dem Kopf und Olav sah, dass Sigrun neben dem Boot im Wasser trieb und Edvard ihre Hand festhielt. »Sie kommt nicht über den Rand und ich schaffe es auch nicht, ihr zu helfen«, flüsterte er.

»Lass mich es versuchen. Gib mir deine andere Hand, Sigrun!«

Sigrun blickte ihn an und bewegte die Lippen, aber es kam kein Ton heraus. Olav sah, dass sie sich bemühte die Hand zu heben, er sah die Finger schon unter dem Wasser, aber noch ehe sie die Oberfläche durchbrochen hatten, sanken sie wieder herab.

»Gib sie mir, Edvard. Vielleicht kann ich sie hochziehen.«

Edvard überließ ihm wortlos Sigruns Hand und Olav zog daran mit aller Kraft, die ihm geblieben war, aber vergebens. Ein Sack mit Steinen hätte nicht schwerer sein können. Er versuchte es noch einmal und noch einmal, aber Sigrun kam nicht einmal bis zur Taille aus dem Wasser heraus.

»Ich schaff es nicht. Ich bin zu schwach und sie ist zu schwer.«

»Halt du sie fest!«, flüsterte Edvard. »Ich kann nicht mehr.«

Nach einiger Zeit hatte Olav ein Gefühl, als ob seine Hand sich in einen Eisklumpen verwandelt hätte. Er hätte nicht sagen können, wie viele Minuten vergangen waren, ob fünfzehn oder zwanzig oder dreißig, als Sigrun seinem Griff entglitt. Ihr Kopf war vornüber gesunken, ihr Gesicht lag im Wasser, nur die hellen Zöpfe, die sie am Hinterkopf zu einem Knoten hochgesteckt hatte, schauten heraus. Verzweifelt drehte Olav sich zu Edvard um. Im ersten Augenblick erkannte er ihn nicht. Er sah aus wie ein uralter Mann, das Gesicht durchzogen von tief gekerbten Falten. Seine Augen starrten in die Ferne. Als Olav nach ihm greifen wollte, sank er zur Seite. Auch er war tot, erfroren wie seine Frau.

»Wo ist Vater jetzt?«, fragte Frankie leise.

Seine Mutter unterdrückte ein Schluchzen. »Ich bete die ganze Zeit, dass ihn ein Rettungsboot aufnimmt.«

Anna, die neben ihnen saß, zeigte nach vorne. »Da ist ein Boot! Und da ist noch eines!«

»Nun mal ein bisschen dalli, ihr Lahmärsche!«, klang eine laute Stimme über das Wasser. »Seid ihr Matrosen oder alte Tunten?«

Der Seemann neben Frankie grinste. »Dem Himmel sei Dank! Das ist der Fünfte! Der wird die Sache schon deichseln. Hat ein Schandmaul, aber es gibt keinen besseren Seemann.«

»Fünfter Offizier Lowe meldet sich mit Boot 14«, rief die Stimme. »Wer seid ihr? Meldet euch!«

»Boot 10 ohne Offizier!«

»Boot 12 ohne Offizier!«

»Boot D ohne Offizier!«

»Boot 4 ohne Offizier mit Quartermaster Perkis!«

»Verdammt!«, sagte die Stimme vernehmlich. »Wir müssen auf alle Fälle zusammenhalten. Nehmt die Leinen und bindet Heck und Bug aneinander! Und dann zählt die Insassen! Bei mir passt keine Ratte mehr rein.«

»In Boot D auch nicht!«, rief der Matrose neben Frankie.

»Boot 10 hat 20 Frauen und zehn Mann vom Personal.«

»Boot 12 hat 24 Frauen und vier Mann Besatzung.«

»Boot 4 hat 26 Frauen und fünf Mann Besatzung. Aber wir

sind eben zurückgefahren und haben noch acht Männer rausgefischt.«

»Bravo! Sehr gut. Das habe ich auch vor. Also kommt so dicht ran, wie ihr könnt, dann werden wir unsere Schäfchen umladen.«

»Umladen?«, kreischte eine Frau. »Was soll das heißen?«

»Das soll heißen, mein Schätzchen, dass du deinen hübschen Hintern lüftest und einen großen Sprung in das Boot neben uns machst, direkt in die Arme von Mr Perkis.«

»Was fällt Ihnen eigentlich ein, Sie unverschämter Kerl!«, keifte die Frau. »Wissen Sie eigentlich, wer ich bin?«

»Nein, das weiß ich nicht und es interessiert mich auch nicht im Geringsten. Ich weiß nur, dass da vorne Menschen im Wasser treiben, die bald erfrieren, und dass wir welche retten wollen.«

Die beiden Frauen neben Kate warfen sich über das Ruder und klammerten sich daran fest. »Wir wollen nicht zurück! Wir wollen nicht zurück! Sie werden uns zum Kentern bringen.«

»Ihr sollt doch gar nicht zurück, ihr blöden Heulsusen! Ich will nur dieses Boot leer haben und ein paar Seeleute reinsetzen.«

Ein paar Augenblicke waren die beiden sprachlos vor Empörung. Kate stand auf. »Ich gehe«, sagte sie laut.

»Na also! Endlich eine, die vernünftig ist. Komm her, Mädchen, gib mir deine Hand. So, und jetzt mach einen großen Schritt. Hast du sie, Perkis? Ausgezeichnet. Die Nächste, bitte. Nun hopp, spring schon! Wird's bald?«

»Rühren Sie mich nicht an, Sie Rüpel!«

»Sei froh, wenn dich einer anrührt, du Schreckschraube!«

»Der Junge hat Nerven«, sagte der Matrose neben Frankie

schmunzelnd. »Treibt mitten in der Nacht auf dem Atlantik und lädt die Boote um. Aber er wird's schon schaffen.«

»Vielleicht findet er Vater«, flüsterte Frankie seiner Mutter zu.

Vielleicht findet er Olav, dachte Anna.

Olav saß reglos in dem mit Wasser halb gefüllten Notboot und spürte, wie der Tod immer näher kam. Immer noch heulten und wimmerten Erfrierende und Ertrinkende im Wasser. Mit jedem Schwimmer, der sich an Bord schob, schwappte eine Welle herein und der Boden sank tiefer. Keiner hatte die Kraft, einen anderen abzuwehren. Wenn ein Kopf sich über den Rand hob, murmelten sie nur: »Nicht das Boot kentern! Nicht das Boot kentern!«

Ab und zu griff Olav mit der Hand ins Wasser, um festzustellen, ob seine Füße noch da waren. Ja, das waren seine alten Stiefel mit dem rissigen Leder und den verknoteten Schnürsenkeln, aber seine Füße spürten die Berührung nicht. Er wusste, dass Gliedmaßen durch die Kälte absterben und abfallen konnten, aber er konnte sich zu keiner Bewegung aufraffen.

Ein riesiges Pelztier kroch über den Rand und hockte sich an seine Füße. Jetzt würde er sterben. Großvater hatte immer erzählt, dass die Trolle kamen, wenn ein Mensch im Sterben lag, um seine Seele zu stehlen.

»Verschwinde!«, krächzte Olav. »Ich will nicht mit dir gehen.«

Er schloss die Augen und versuchte nach dem Pelztier zu treten, aber sein Fuß gehorchte ihm nicht. Er machte die Augen wieder auf. Das Pelztier hatte sich aufgerichtet.

»Tut mir Leid«, sagte es. »Ich verstehe nicht. Das war Norwegisch, oder? Das kann ich nicht. Ich heiße Norman.«

»Olav«, sagte Olav nur. Gott sei Dank, das Pelztier war kein Troll, sondern ein junger Mann in einem Pelzmantel.

Als alle Klagelaute im Wasser verstummt waren, saßen außer Olav und Norman fast dreißig Männer und Frauen im Boot, hilflos der bitteren, beißenden Kälte ausgesetzt. Es gab keine Ruder. Sie trieben schweigend durch die Nacht, nur ein Heizer mit verbrühten Händen jammerte leise vor sich hin, oder Mrs Weaver sprach mit unnatürlich hoher Stimme zu ihren Söhnen, die sie immer noch im Arm hielt.

»Das hast du gut gemacht, Phil, deine Knoten waren fantastisch. Wenn du uns nicht aneinander gebunden hättest, wer weiß, wo wir jetzt wären. Dein Vater wird stolz auf dich sein, Junge, da bin ich ganz sicher. Und du gehst auch zu den Pfadfindern, Tim, du siehst ja, wie wichtig es ist, was sie einem beibringen. Das möchtest du doch gerne, Tim, nicht? Gibt es in Amerika überhaupt Pfadfinder, Phil? Klatscht in die Hände, Jungs, so fest ihr könnt, dann werden sie warm. Kommt, ich helfe euch!«

Die Jungen gaben keine Antwort und rührten sich nicht, aber das schien Mrs Weaver nicht zu stören. Sie redete unentwegt weiter, während sie die Handgelenke ihrer Söhne nahm und die Hände gegeneinander schlug. Dann legte sie wieder die Arme um sie und drückte sie an sich, während ihr Kopf auf die Brust sank.

»Mir ist so schrecklich kalt«, flüsterte eine Stimme an Normans Ohr. »Und ich habe solche Krämpfe. Hier, siehst du, wie meine Finger sich spreizen. Und das hab ich im ganzen Körper.«

Ein Kopf legte sich auf Normans Schulter, etwas sackte gegen seinen Rücken, zwei Arme mit grotesk gespreizten Fingern umklammerten ihn von hinten.

»Lass mich los!«, keuchte Norman. »Du drückst mir die Luft ab.«

»Nein! . . . nein! Tu ich nich, ich will mich nur . . . will mich nur . . . bisschen wärmen.« Die Sprache wurde immer undeutlicher, die Pausen größer. »Weißunoch . . . das Endspiel . . . das Endspiel umn Pokal . . . umn Fußballpokal . . . wie sie da geschrien haben? . . . So wie eben! . . . ein ganzes Stadion . . . un ein Schrei! . . . So wie eben!«

Das Gewicht gegen Normans Rücken wurde stärker. Er versuchte es abzuschütteln, aber der Mann hielt ihn umklammert. Er sprach nicht mehr und rührte sich auch nicht. Norman ächzte vor Entsetzen. Wie hieß bloß der Junge neben ihm. Olav?

»Olav«, keuchte Norman. »Was ist mit dem Kerl hinter mir?«

Eine Pause folgte, die Norman endlos vorkam.

»Er ist tot.«

»Aber er hält mich fest.«

»Dann bieg ihm die Finger auf!«

Als Norman sich befreit hatte, plumpste der Mann auf den Boden. Das Boot schwankte.

»Werft ihn über Bord, Jungs!«, sagte der Heizer mit den verbrühten Händen. »Jeder Mann weniger macht das Boot leichter. Mich könnt ihr gleich hinterherschicken, ich mach's nicht mehr lang.«

»Ist der Mann neben dir auch tot?«, fragte Norman Olav leise.

»Das ist mein Freund Edvard. Ja, er ist auch tot«, sagte Olav zögernd. Aber der Heizer hatte Recht. Jedes Gewicht, das von Bord ging, brachte ein bisschen mehr Abstand zwischen sie und den eiskalten Atlantik, der sie verschlingen wollte. Sie schlugen das Kreuzzeichen über den Mann mit den Krämpfen, dann über Edvard und hievten beide über Bord. Bald starb auch der Heizer und ein wenig später der Steward. Wieder hob sich das Boot ein wenig. Olav merkte, dass die Anstrengung etwas Gefühl in seine tauben Glieder zurückbrachte. Von nun an bewegte er sich unablässig, klatschte in die Hände, schlug die Arme um den Körper, trampelte mit den Füßen. Der Anblick der stillen Gestalten, die im Meer versunken waren, hatte ihn aufgerüttelt.

Mrs Weaver hatte wieder zu sprechen begonnen. »Du gibst nicht auf, Tim, du willst doch ein Pfadfinder werden, nicht wahr, Tim, das willst du doch! Du hältst durch, mein Schatz, das weiß ich. Gleich kommt ein Schiff und dann kriegst du eine heiße Milch, ganz heiß mit viel Honig, und Mama tut dir einen Tropfen Whiskey rein, dann wird dir ganz warm. Tim! Hörst du, Schatz?«

Sie merkte, dass Olav und Norman sie ansahen, und begann zu schreien. »Rührt ihn nicht an! Ich lasse es nicht zu, dass ihr ihn ins Wasser werft, ihr Tiere! Rührt ihn nicht an!«

Sie nahm den leblosen Körper auf den Schoß, streichelte ihn, wiegte ihn und begann ein Kinderlied zu summen. »My bonny is over the ocean, my bonny is over the sea.«

Oh Gott, dachte Norman, das hatte Mummy früher immer gesungen, wenn ich nicht einschlafen wollte. Ich weiß noch, wie es weiter geht. »Last night when I lay on my bed, I dreamt that my bonny was dead.« Er presste die Hände auf die Ohren. Aber ich will nicht sterben, lieber Gott, lass mich nicht sterben!

Olav kannte das Lied nicht und war deshalb nicht so erschüttert.

»Ich wollte ihn nur reiben«, sagte er und zeigte auf den Älteren. Mrs Weaver nickte zögernd und Olav nahm Phils Arme und massierte sie kräftig. Das war schließlich auch eine Art, in Bewegung zu bleiben. Der Junge öffnete nur kurz die Augen, sah Olav ausdruckslos an und schloss sie dann wieder. Im Sternenlicht wirkte sein Gesicht so weiß und starr wie das einer Leiche.

Es dauerte mehr als eine Stunde, bis der Fünfte Offizier Lowe zu den wartenden Rettungsbooten zurückkam.
»Wir haben nur drei«, antwortete er auf Mr Perkis' Frage. »Es waren einfach zu viele. Ich musste warten, bis die Schreie weniger wurden. Und dann haben wir einen nach dem anderen umgedreht, aber sie waren alle schon erfroren. Wir hörten noch Hilferufe, aber wir konnten nicht sehen, woher sie kamen.«
»Und wen habt ihr?«
»Einen Passagier aus New York. Aber er muss mit der *Titanic* nach unten gegangen sein, denn das Blut läuft ihm aus Mund und Nase. Er ist immer noch ohnmächtig und ich glaub nicht, dass er durchkommt. Einen Steward haben wir noch, der war schon ganz steif, aber er erholt sich. Und einen Japaner, der hatte sich an einer Türe festgebunden. Erst hab ich gedacht, wir könnten hier bessere Leute retten als ausgerechnet einen Japaner, aber kaum hatten wir ihn im Boot, fing er an zu hopsen und zu springen und fünf Minuten später saß er am Riemen und pullte wie der Teufel. Ich schämte mich direkt, dass ich erst so abfällig über den kleinen Satan geredet hatte. Solche Burschen rette ich liebend gern.«
Die Passagiere hörten ihm beklommen zu. Von den hunderten, die im Wasser geschrien hatten, waren nur drei gerettet worden? Frank sah, dass seiner Mutter die Tränen übers

Gesicht liefen. In seiner Kehle bildete sich ein dicker Klumpen.

»Melde, Sir, Boot D ist überladen«, rief der Matrose neben ihm. »Wir können nicht rudern.«

»Okay, ich nehme welche. Wer kommt zu mir?«

»Lass uns gehen, Mutter!«, flüsterte Frank. »Er hat noch viel Platz. Wenn noch Leute gefunden werden, kommen sie in sein Boot.«

Die Mutter nickte und Frank stand auf.

»Okay, Kleiner, spring! Und dann deine Mutter.«

Anna hatte inzwischen ähnliche Gedanken gehabt. Wenn sie Olav entdecken würden, dann würde er in dieses Boot kommen. Sie reichte die Kinder hinüber und sprang dann. Ein paar Frauen folgten ihr. Offizier Lowe befahl dem Matrosen die beiden Boote zusammenzubinden.

»Ich werde jetzt Segel setzen und versuchen euch abzuschleppen. Legt euch trotzdem in die Riemen! Und die anderen auch!«

Geschickt setzte er einen Mast und zog ein Segel auf. Dann schob er sich einen dünne Zigarre in den Mundwinkel und zündete sie an.

»Verdammt! Fast kein Wind. Los, ihr faulen Säcke! Pullt! Pullt!«

»Was fällt Ihnen ein? Wissen Sie nicht, dass es unerhört ist, in Gegenwart einer Dame zu rauchen? Sie müssen betrunken sein!«

»Maul halten!«, schnauzte Mr Lowe. »Ich glaube, ihr Damen macht am besten ein Nickerchen. Dann ist wenigstens Ruhe an Bord.«

Langsam glitt die Reihe der Boote über das dunkle, glatte Wasser. Frank zitterte vor Kälte, trotzdem sank sein Kopf immer wieder gegen die Schulter seiner Mutter und er schlief ein. Die beiden kleinen Jungen hatten ihre Köpfe auf Annas Schoß gelegt und sich in den Schlaf geweint. Plötzlich peitschte ein Schuss durch die Nacht.

»Wagt nicht unser Boot zu stürmen!«, schrie Offizier Lowe.

Es blieb alles still.

»Verflucht, das ist doch ein Boot. Hey, ihr! Gebt Antwort! Wie viele seid ihr?«

»Hilfe! Hilfe!« Die schwachen Stimmen waren kaum zu hören.

»Nehmen Sie meinen Strohhut«, bot Mrs Golding schüchtern an.

»Danke. Das ist eine gute Idee.«

Mr Lowe hielt seine brennende Zigarre an den Hut, der aufflammte wie eine Fackel. Vor ihnen trieb ein Faltboot mit zerrissenen Seiten, das nur durch die Korkumrandung über Wasser gehalten wurde. In dem Boot saßen elf Männer und eine Frau, die ihre Arme um zwei Jungen gelegt hatte, alle bis über die Knie im Wasser. Anna sprang in die Höhe.

»Olav!«, schrie sie. »Olav!«

Die beiden Kinder rutschten von ihrem Schoß und fingen wieder an zu weinen. Olav hob den Kopf und lächelte. Das sah Anna noch, bevor die Fackel verlöschte.

18

Jack fühlte, wie sich ein Ring aus kaltem Feuer um seinen Kopf legte, der langsam jeden Gedanken aus seinem Hirn presste. Seine Haare waren steif gefroren, eine dünne Eisschicht überzog sein Gesicht, seine Hände, seine Kleider. Sein ganzer Körper schien aus einem einzigen Schmerz zu bestehen, der gleichzeitig brannte und biss. Längst waren die Gebete verstummt. Das umgeschlagene Rettungsboot trieb hilflos auf dem eisigen, dunklen Meer. Plötzlich ertönte eine Stimme aus dem Wasser.

»Hey, Maynard, ich bin's. Jones.«

Der Mann neben Jack hob den Kopf. »Jones? Ist das die Möglichkeit? Wo kommst du denn her?«

»Hab mich an eurem Bug festgehalten und bin neben euch hergepaddelt. Fett schwimmt oben.«

»Ich kann dich nicht hochziehen, Jones, du bist zu schwer.«

»Und selbst wenn du's könntest, wir lassen dich nicht. Der Kerl bringt das Boot zum Kentern.«

»Ich weiß, ich weiß. Regt euch ab, Jungs, ich bleib im Wasser, das macht mir nichts. Aber nehmt den Jungen!«

Er hob seinen linken Arm in die Höhe und Jack sah im flimmernden Licht der zahllosen Sterne ein bleiches, mageres Gesicht mit schwarzen Haaren hinter der mächtigen Gestalt im Wasser auftauchen.

»Zieh ihn hoch, Maynard! Er ist die reinste Bohnenstange. Wiegt so gut wie nichts.«

»Lebt er denn noch?«, fragte einer misstrauisch. »Für 'ne Leiche wollen wir nichts riskieren.«

»Na klar lebt er noch. Sonst würd ich ihn nicht mitschleppen. Los, Langer, gib Laut!«

Er schüttelte den Jungen und der öffnete die Augen. »Mutter«, lallte er. »Mutter! Mir ist so schlecht!

Seufzend streckte Mr Maynard die Hand aus und zog die lange, magere Gestalt neben sich auf den Kiel. Der Junge lag kaum neben ihm, als er sich krümmte, würgte und sich übergab. Ein durchdringender Geruch nach Alkohol breitete sich aus.

»Was hast du mit ihm gemacht, Jones?«

»Hab ihn voll laufen lassen. Ist das beste Mittel gegen Kälte.«

Wieder kam ein Schwall aus Chris' Mund.

»Na«, sagte Mr Maynard, »wenn ihn der Schnaps nicht umbringt, dann bringt ihn die Kälte auch nicht um.«

Sie trieben weiter durch die Nacht. Eine leichte Strömung hatte das Boot erfasst.

»Verdammt«, sagte jemand. »Es frischt auf. Wir schaukeln. Das treibt die Luft aus der Luftblase, die das Boot trägt.«

»Sir?«, fragte eine ungläubige Stimme. »Sind Sie das, Sir? Zweiter Offizier Lightoller, Sir?«

»Das bin ich. Wer spricht?«

»Zweiter Funker Harold Bride, Sir.«

»Bride! Gott sei Dank! Wen haben Sie erreicht?«

»Vier Schiffe insgesamt, Sir. Die *Carpathia* war uns am nächsten. In 58 Seemeilen Entfernung.«

»Tatsächlich? Dann kann sie am Morgen hier sein.«

Dieser Satz hob die Stimmung.

»Wir wollen jetzt alles tun, was der Zweite sagt«, rief ein Matrose.

»Stellt euch alle aufrecht, Gesicht zum Bug. Wir müssen versuchen mit den Wellen zu gehen, damit wir nicht schaukeln.«

Sie erhoben sich schwankend und versuchten auf dem Boot zu stehen.

»Ich komme nicht hoch, Sir«, sagte der Funker Bride.

»Jemand hat die ganze Zeit auf meinen Füßen gelegen. Sie sind abgestorben.«

»Dann bleiben Sie sitzen und halten den Jungen fest! Die anderen richten sich nach den Bewegungen der Wellen. Nach rechts lehnen! Aufrecht stehen! Nach links lehnen!«

»Boot ahoi! Boot ahoi!«, schrien ein paar.

»Haltet den Mund! Spart eure Kräfte! Nach rechts lehnen! Aufrecht stehen! Nach links lehnen!«

Mit der Zeit verflog die bessere Stimmung. Die See wurde rauer. Bitterkalte Wellen schwappten über Füße, Waden und Knie. Eine Brise kam auf und blies die Gischt hoch. Sie durchnässte die Kleidung und ließ die Augen blind werden. Ein Mann sank zu Boden, rutschte über den Rand und verschwand in den Wellen. Die erste Morgendämmerung färbte den Himmel fahl. Die Sterne verblassten. Die Brise wurde stärker. Unermüdlich schrie Offizier Lightoller seine Kommandos. Ein zweiter Mann ließ sich fallen und versank. Ich kann nicht mehr, dachte Jack. Er ging in die Knie und legte sich neben den Jungen.

»Nimm du ihn!«, sagte der Funker. »Meine Hände sind so steif, dass ich ihn nicht mehr halten kann.«

Auch Jack hatte kein Gefühl mehr in den Fingern. Er legte seinen Arm um den Rücken des Jungen. Der drehte den Kopf und sah ihn an. »Wo ist die *Titanic*?«

Was sollte denn das heißen? Wieso wusste der Junge nichts von der Katastrophe?

»Untergegangen«, sagte Jack bloß.

Der Junge starrte ihn an. »Und Tony? Und Henry?«

Jack hob nur die Schultern.

»Schiff ahoi! Schiff ahoi!«, schrien die Männer.

Jack kam auf die Knie. Auch Chris richtete sich auf. Gegen den sanftroten Horizont sah man eine Kette von vier Rettungsbooten.

»Schiff ahoi! Schiff ahoi!«

Mit den anderen schrien Jack und Chris aus Leibeskräften.

»Sie sind zu weit weg!«, sagte der Offizier. »Sie können uns nicht hören.«

»Aber sie müssen uns hören! Wir gehen gleich unter!«

Mr Lightoller zog eine Offizierspfeife aus der Tasche und trillerte so laut er konnte. Der Ton zischte über das stille Wasser.

Ein Heizer in Boot 4 blickte sich um. »Männer auf Eisscholle gesichtet!«, schrie er. »Männer auf Eisscholle gesichtet.«

In Boot 12 sah ein Matrose hoch. »Das darf doch nicht wahr sein. Da kommen zwanzig Mann auf 'nem Schornstein!«

Wieder trillerte die Pfeife.

»Pullt, Leute!«, schrie Offizier Lowe. »Pullt, so schnell ihr könnt. Wir müssen sie holen.«

Alle Boote änderten die Richtung und näherten sich.

»Macht schon!«, schrie Mr Lightoller. »Kommt und holt uns!«

»Aye, aye, Sir!«, antwortete die Besatzung im Chor.

Als die Boote nur noch wenige Meter entfernt waren,

schwemmten ihre Wellen über den Kiel des umgeschlagenen Bootes und spülten die erschöpften Männer beinahe ins Wasser. Mr Jones ließ den Bug los und paddelte der kleinen Flotte entgegen. Er war der Erste, der an Bord gehievt wurde.

»Um Gottes willen, Männer, drängt nicht! Einer nach dem anderen, sonst schlagen wir um.«

Das Boot schaukelte beängstigend, wenn einer sprang. Jack schob Chris über den Bootsrand und kroch auf allen vieren hinterher. Mr Lightoller ging als Letzter.

»Fünfter Offizier Lowe meldet sich zur Stelle, Sir. Haben eben Schiff gesichtet. Südöstliche Richtung. Pullen darauf zu.«

»Gut. Pullen Sie weiter und nehmen Sie die zwei Boote mit! Ich übernehme das Kommando in diesem Boot.«

Das Wasser bewegte sich sanft wie ein Ölsee, man hörte kaum das Klatschen der Wellen gegen die Planken. Auch die Luft war still, aber beißend kalt und der Heizer hinter Ruth klapperte laut mit den Zähnen. Sie merkte auf einmal, dass sie immer noch die Decken an sich presste, die sie vor einer Ewigkeit aus ihrer Kabine mitgenommen hatte, aus dieser wunderbaren, luxuriösen Kabine auf der unsinkbaren *Titanic* – und ein paar Wolldecken waren alles, was davon übrig geblieben war. Sie reichte ihm die Decken und er nahm nur eine und gab die anderen weiter an eine zitternde, verschleierte Frau und an eine Mutter, die vergebens versuchte ihr schreiendes Baby zu beruhigen. Sobald es warm eingepackt war, wurde es still und stieß glucksende, zufriedene Laute aus.

»Da ist ein Lichtschein am Horizont, Mr Beesley«, sagte Ruth. »Ob das schon die Morgendämmerung ist?«

Mr Beesley zog seine Taschenuhr heraus. »Drei Uhr. Das ist zu früh, glaube ich.«

»Seht nur, da geht die Sonne auf«, rief jemand und Ruth atmete auf. Jetzt würde man endlich sehen, wie viele andere Boote auf dem Meer waren. Mr Beesley war schließlich kein Seemann und er hatte sie bestimmt nicht gezählt. Vielleicht gab es doch mehr als zwanzig und die Ertrinkenden waren gerettet worden. Vielleicht waren die schauerlichen Stimmen, die jetzt alle verstummt waren, durch einen Widerhall verstärkt worden und es hatte nur so geklungen, als ob hunderte um Hilfe riefen? Das schwache Licht verschwand wieder, kam erneut, verstärkte sich und war wieder fort.

»Ich fürchte, das ist nicht die Morgendämmerung, das ist das Nordlicht«, sagte Mr Beesley. »Es zieht sich wie ein Fächer über den Himmel mit schwachen Streifen zum Polarstern. Das kann nur das Nordlicht sein.« Ein Seufzer der Enttäuschung ging durch die Reihen.

»Aber da ist ein Schiff! Das ist ganz sicher ein Schiff. Vielleicht ist es das, was von der *Titanic* aus zu sehen war«, rief Major Peuchen.

Ruth starrte angestrengt durch die Dunkelheit. Ja, der helle Punkt gleich über dem Horizont, das musste ein Schiff sein. Er warf einen langen Lichtstrahl über das Meer, der nur von einem Scheinwerfer kommen konnte. Alle beobachteten atemlos, ob er sich näherte, und trauten ihren Augen nicht, als er nach einiger Zeit verschwunden war.

»Es muss doch ein Stern gewesen sein«, sagte Major Peuchen kleinlaut. Noch zweimal während der nächsten halben Stunde waren sich alle sicher ein Schiff entdeckt zu haben und Ruth weinte fast vor Enttäuschung, dass es wieder nur ein Stern war.

»Das liegt an den außergewöhnlichen Wetterbedingungen«, versuchte Major Peuchen zu erklären. »Ich habe noch nie eine derartig klare Nacht erlebt, ohne eine einzige Wolke am Himmel, ohne einen Hauch von Dunst. Die Sterne stehen so dicht und funkelnd, dass man mehr Lichtquellen als Hintergrund sieht. Selbst tief stehende Sterne blitzen noch beim Verschwinden hinter dem Horizont so klar und intensiv, dass man sie für Scheinwerfer hält.«

»Hören Sie auf zu quatschen«, unterbrach Quartermaster Hitchens ihn grob. »Sie sind zum Rudern an Bord und nicht, um große Sprüche zu klopfen. Ich bin hier der Seemann und ich sag Ihnen, dass wir nicht lebend aus diesem Boot kommen werden. Wir haben kein Wasser, keine Laterne, keine Lebensmittel. Bisher war die See wie aus Öl, wie bei 'nem Picknick auf 'nem verfluchten Dorfteich, aber sobald ein Wind aufkommt, von 'nem Sturm gar nicht zu reden, dann sind wir geliefert.«

»Statt defätistische Reden zu führen würden Sie besser einer Dame das Steuer überlassen und mitrudern«, sagte Major Peuchen.

»Spielen Sie sich nicht auf!«, schrie Mr Hitchens. »Ich bin hier der Kapitän. Und ich rede, wie ich will, egal wie defä-, defä...«

»Sie nehmen uns die Hoffnung!«, schrie Major Peuchen zurück.

»Hoffnung? Worauf sollen wir denn hoffen? Wir treiben mitten im Atlantik, bei Minustemperaturen, wer weiß wie viele hundert Meilen von der nächsten Küste entfernt, mutterseelenallein.«

»Vergessen Sie Herrn Marconi nicht«, rief Mr Beesley dazwischen. »Herrn Marconi und seine wunderbare Entdeckung, die Telegrafie. Wir leben ja nicht mehr in Robinsons Zeiten. Ich bin überzeugt, dass alle Schiffe in weitem Umkreis von unserem Unglück erfahren haben. Spätestens morgen wird das Meer wimmeln von Schiffen, die uns zur Hilfe eilen.«

»Da haben Sie Recht, Sir«, sagte Mr Hitchens spöttisch. »Das ist gewiss eine sehr segensreiche Erfindung. Aber ein Licht brauchen wir trotzdem. Wie sollen die Schiffe uns sonst sehen? Sie werden an uns vorbeifahren. Und schlimmstenfalls sogar über uns weg.«

Eine Zeit lang herrschte beklommenes Schweigen.

»Wir müssen auf jeden Laut horchen. Und dann müssen wir alle zusammen aus Leibeskräften schreien, damit sie uns hören.«

»Gewiss, Sir, das müssen wir.« Mr Hitchens' Stimme klang noch spöttischer und Ruth stellte sich die vielen Schiffe vor, die sie auf ihrer Reise bisher gesehen hatte. Selbst die, die nur halb so groß waren wie die *Titanic*, würden sich wie ein Turm vor ihrem Rettungsboot erheben. Wie sollte man an Bord eines Atlantikkreuzers die Stimmen von zwei Dutzend Menschen hören, die dicht über dem Wasser saßen?

Die Kälte hing über dem Boot wie eine Glocke aus gefrorener Luft, man konnte sie fast mit den Händen greifen. Alle rieben sich die Arme und trampelten mit den Füßen.

»Ich werde eine Lungenentzündung bekommen«, jammerte die Dicke. »Ich werde erfrieren.«

»Ich habe eben sehr viele Menschen gehört, die froh gewesen wären Ihren kalten Platz zu haben«, sagte eine Dame mit einem großen Federhut. Die Dicke zog den Kopf ein und war still. Eine Zeit lang war nichts zu hören außer den leisen Geräuschen der Ruder.

»Ich kann nicht länger mit ansehen, wie wir kaum vom Fleck kommen. Zwei Männer an den Rudern sind einfach zu wenig«, erklärte die Dame resolut und wandte sich an Mr Beesley. »Wenn Sie zusammen mit dem Heizer das eine Ruder übernehmen würden, Sir, dann würden schon vier Männer rudern. Und ich schlage vor, dass die Damen ebenfalls mitmachen. Dann wird uns wenigstens warm.«

»Was fällt Ihnen ein?«, schrie Mr Hitchens. »Hier bestimme ich.«

»Das tun Sie eben nicht mehr«, sagte die Dame ruhig. »Sie sitzen nur da und lamentieren und trinken heimlich aus einer Flasche, ohne uns etwas anzubieten. Und außerdem haben Sie sich zwei Decken genommen, obwohl noch mehrere Frauen keine haben.«

Mr Hitchens schnappte nach Luft. »Sie sind wohl eine von diesen wild gewordenen Weibern, die genauso viel zu sagen haben wollen wie die Männer, was? Aber nicht mit mir! Nicht auf meinem Boot!«

»Ich bin Mrs Molly Brown aus Denver. Und ich übernehme jetzt das Kommando!« Sie drehte ihm betont den Rücken zu und auch die anderen beachteten sein lautes Schimpfen nicht und wechselten nach Mrs Browns Anweisungen die Plätze. Bald tauchten alle sechs Ruder im Takt ihres Kommandos ins Wasser.

»Rudert ihr nur«, sagte Mr Hitchens höhnisch. »Das nutzt euch gar nichts. Wir haben ja nicht mal einen Kompass.«

»Aber wir haben die Sterne«, antwortete eine Frau. »Der helle da oben ist der Nordstern. Und in dieser Richtung liegt Amerika.«

Ruth folgte ihrer Hand mit den Blicken und sah am Horizont einen schwachen Schein, weit, weit fort, der stärker wurde und dann verschwand. Wieder nur ein Stern, dachte sie, aber sie behielt die Stelle im Auge. Da war der Schein wieder, wurde wieder stärker und erstarb. Und noch einmal und noch einmal. Das konnte kein Stern sein. Die Sterne hatten klar und stetig geleuchtet und waren dann verschwunden. Wenn sich an derselben Stelle ein Lichtschein in regelmäßigen Abständen wiederholte, dann konnte das – dann musste das ein Scheinwerfer sein. Sie zupfte ihre Nachbarin am Ärmel.

»Ich will noch nichts laut sagen«, flüsterte sie. »Wir haben uns schon so oft geirrt. Aber sehen Sie das auch?«

Die Frau starrte lange in die Richtung, die Ruth ihr zeigte.

»Ich glaube wirklich, Sie können es laut sagen: ›Schiff in Sicht.‹«

Ruth sprang auf. »Schiff in Sicht! In Südosten!«, schrie sie.

Alle Köpfe fuhren herum und drehten sich in die Richtung ihrer ausgestreckten Hand, alle Ruder klatschten ins Wasser.

»Es ist wie ein Blitz. Das könnte eine Rakete sein.«

Angespannt, mit aufgerissenen Augen, die Ohren geöffnet für den leisesten Laut, warteten alle in der absoluten Stille der Nacht. Und alle hörten bei dem nächsten Blitz ein leises, pfeifendes Dröhnen. Sie saßen immer noch bewegungslos und stumm. Dann tauchte ein Licht an der Stelle auf, wo vorher der Blitz gewesen war, und bald ein zweites. Noch immer wagten sie nicht ihren Augen zu trauen und warteten schweigend endlos scheinende Minuten, bis Ruth die Arme in die Höhe riss: »Es ist ein Schiff!«

Einige brachen in Tränen aus, andere lachten und jubelten, alle umarmten sich und riefen durcheinander. Als sich die erste Aufregung gelegt hatte und langsam wieder Ruhe einkehrte, sagte Mr Hitchens düster: »Jetzt ist es aus mit uns. Sie wird uns rammen.«

»Das wird sie nicht!«, erklärte Mrs Brown. »Wir werden ein Feuer anzünden. Wer hat Papier? Und Streichhölzer?«

Alle suchten in ihren Taschen. Eine Frau überreichte ein Bündel Briefe, Major Peuchen ein Päckchen Visitenkarten, Mr Beesley sein Feuerzeug. Mrs Brown zog ihren eleganten Hut vom Kopf, kippte das Papier hinein und zündete nur ein Kärtchen zur Probe an. Der Schein huschte einen Augenblick über die Gesichter im Boot und warf eine goldene Spur auf das dunkle, ölige Wasser, in dem faustgroße Eisbrocken trieben.

»Wenn wir näher sind, werde ich ihn anzünden. An die Ruder!«

»Ich verbiete Ihnen weiterzupullen!«, schrie Mr Hitchens. »Wir müssen uns treiben lassen.«

»Wollen Sie, dass wir erfrieren? Wir rudern.«

»Sie haben ja keine Ahnung, Sie aufgetakelte Fregatte! Haben Sie das Eis nicht gesehen? Rudern ist zu gefährlich.«

Er war aufgestanden und kam drohend auf Mrs Brown zu. Die richtete sich zu ihrer vollen Höhe auf.

»Wenn Sie noch einen einzigen Schritt machen, dann werfe ich Sie über Bord, Sie Feigling. Wir rudern. Achtung, Leute! Zieht – durch! Zieht – durch!«

Alle Ruder setzten sich wieder in Bewegung. Als Mr Hitchens sah, dass er das ganze Boot gegen sich hatte, zog er den Kopf ein und verkroch sich unter seine Decke, wo er pausenlos Verwünschungen ausstieß.

»Wie redest du denn mit einer Dame?«, rief der Heizer empört. »Halt 's Maul, du Flegel!« Der Quartermaster murmelte noch eine Zeit lang vor sich hin, dann war er still.

Am Himmel begann ein sanftes, goldenes Glühen, der Horizont färbte sich schwach rosa, dünne, wollige Wolkenbänder wehten in die Höhe. Die Sterne verblassten langsam. Das rosige Leuchten breitete sich aus und färbte sich röter. Wer nicht an den Rudern saß, starrte dem Schiff entgegen.

»Sie haben uns gesehen! Sie drehen bei!«

Der Anblick trieb allen die Tränen in die Augen: ein großer Dampfer mit Reihen von leuchtenden Bullaugen. Und neben dem Dampfer tauchten im schwachen Licht der Dämmerung zwei große Segelschiffe in voller Takelage auf. Wenige Minuten später wurde das Licht heller und verwandelte die Segelschiffe in zwei mächtige Eisberge, die mit steigendem Licht die Farbe wechselten und in allen Schattierungen von Rot und Gold schillerten, bis sie sich schließlich in funkelndes, glitzerndes Weiß verwandelten. Und die beiden Kolosse waren nicht die einzigen. Soweit das Auge reichte, war das Boot umgeben von Eisbergen in allen Größen und Formen. Es war ein Anblick von schauriger Schönheit, der sogar Mr Hitchens dazu trieb, unter seiner Decke hervorzukommen und wieder das Steuer zu übernehmen.

»Da sind die anderen!«, rief Ruth. »Ich sehe Rettungsboote! Und ich kann den Namen erkennen. Das Schiff heißt *Carpathia*.«

Seit in der ersten Morgendämmerung das Schiff am Horizont aufgetaucht war, hatte Frankie alle Müdigkeit vergessen. Wie weit mochte es entfernt sein? In dem grauen Zwielicht war das schwer zu schätzen. Plötzlich stieß er seine Mutter an.

»Sieh nur, da sind ganz viele Boote. Vielleicht ist Vater da drin.«

Die Dämmerung wurde heller. Aber das waren gar keine Boote, das waren Eisberge. Eisberge in allen Größen, manche klein wie ein Kahn, manche groß wie ein Haus, ein paar so riesig wie eine Kathedrale.

»Guck mal, Mama, all das viele Eis«, rief ein kleiner Junge. »Kommt gleich der Weihnachtsmann mit seinen Rentieren und dem Schlitten?«

»Nein, Herzchen, der Weihnachtsmann wohnt doch am Nordpol.«

»Aber das sieht doch hier aus wie der Nordpol.«

»Ja, das stimmt. Dann pass gut auf, vielleicht siehst du den Weihnachtsmann tatsächlich.«

Frankie betrachtete die Eisberge voller Unruhe. Wenn solch ein Ungeheuer es fertig gebracht hatte, die *Titanic* zu versenken, was würde es dann mit ihrem kleinen Rettungsboot machen, wenn es ihm zu nahe kommt? Ob man sich wohl auf das Packeis retten könnte, wenn mit dem Boot etwas passierte? Er taxierte die geschlossene Eisdecke, die seitlich den Horizont begrenzte. Sie war ein paar Meter hoch und so steil wie eine Mauer. Kein Mensch würde da hinaufkommen. Frankie drehte den Kopf zur Seite. Er wollte jetzt weder die Eisberge noch das Packeis betrachten, sondern nur das Schiff, das langsam näher kam.

Die zartlila Dämmerung verfärbte sich korallenrot. Am Horizont ging die Sonne auf. Das stumpf Grau des Wassers wandelte sich in ein leuchtend helles Blau, gefleckt von zahllosen faustgroßen Eisbrocken und von den Gischtkämmen der Wellen. Offizier Lightoller presste die Lippen zusammen. Er fuhr seit mehr als zwanzig Jahren zur See und hatte noch nie eine derartig windstille Nacht erlebt. Er wusste, dass die Rettungsboote, die jetzt von allen Seiten auf den Dampfer zustrebten, einen Sturm nicht überstanden hätten. Aber jetzt blies eine steife Brise und die See wurde immer rauer. Als es hell genug war, hatte er die Insassen gezählt: 75 Menschen in einem Boot, das für 65 berechnet war! Sie saßen dicht gedrängt, einige hockten auf dem Boden zwischen den Bänken. Der Rand des Bootes ragte kaum eine Handbreit aus dem Wasser.

Um Viertel nach acht, genau sechs Stunden, nachdem die *Titanic* versunken war, hatten alle Rettungsboote bis auf eines die *Carpathia* erreicht. Frank und Ruth und Anna waren die Strickleiter emporgeklettert. Jack und Chris, Norman und Olav waren so erstarrt, dass sie die Stricke nicht greifen konnten, ihnen band Offizier Lowe ein Seil um die Brust, mit dem sie an Bord gezogen wurden. Nur Boot 12 schwankte immer noch mehr als 200 Meter entfernt auf den Wellen. Kate hatte die Hände ineinander verkrampft. Oh Gott, lass es uns bis zum Schiff schaffen!, betete sie lautlos. Lass uns nicht jetzt noch ertrinken!

Es herrschte eine tödliche Stille. Nur die Kommandos von Mr Lightoller waren zu hören und das Keuchen der Ruderer, aber obwohl sie ihre letzten Kräfte anstrengten, kam das Boot kaum vorwärts. Alle Blicke hingen an dem Offizier, der in seiner steif gefrorenen Uniform mit eisverkrusteten Haaren am Steuer stand, das Cape einer mitleidigen Dame um die Schultern, und mit unbewegtem Gesicht versuchte den überladenen Kahn so zu steuern, dass der Bug die Wellen durchschnitt. Trotzdem schwappte immer wieder Wasser über Bord.

Kapitän Rostron stand auf der Brücke der *Carpathia*, umgeben von seinen Offizieren. Hatten sie ihre wahnwitzige, nächtliche Fahrt durch Dunkelheit und Eis überstanden, um beim Wettlauf mit dem Tod auf den letzten Metern geschlagen zu werden? Schon beim ersten Hilferuf der *Titanic* hatte

Kapitän Rostron den Kurs geändert und hatte sein Schiff in Rekordtempo zu der Unglücksstelle gejagt. Selbst als die SOS-Signale abgebrochen waren, hatte niemand auf der *Carpathia* an eine Katastrophe geglaubt. Erst als Offizier Lowe an Bord gekommen und seine Meldung erstattet hatte, war das Ausmaß der Tragödie offenbar geworden. Die *Titanic* war untergegangen und mit ihr hunderte von Menschen. Würde sich der Atlantik jetzt auch noch das letzte Rettungsboot holen? Kapitän Rostron griff zum Megafon.

»Ich versuche näher zu kommen.«

Offizier Lightoller hob die Hand, zum Zeichen, dass er verstanden hatte. Alles hing jetzt von der Geschicklichkeit ab, mit der die *Carpathia* manövriert wurde. Meter für Meter schob sich der Dampfer näher.

Gut so! Weiter so!, dachte Lightoller. Noch hundert Meter und wir sind am Bug vorbei und im Windschatten. Gut so! Weiter so!

Plötzlich fuhr eine starke Bö über das Wasser und peitschte die Oberfläche auf. Eine schaumgekrönte Welle fegte über das Boot. Die Menschen klammerten sich schreiend aneinander fest.

»Weiterrudern!«, schrie Lightoller. »Zieht – durch! Zieht – durch!«

Das Boot zitterte und schwankte, aber es schlug nicht um. Und das kann es auch gar nicht, erkannte Kate. Es liegt so tief im Meer, dass es einfach sinken wird wie ein Stein. Sie wischte sich das Salzwasser aus den brennenden Augen. Sie war nass bis auf die Haut, aber das kümmerte sie nicht. Sie starrte nach vorn. Da hob sich schon die nächste Welle und raste auf sie zu. Einige Sekunden lang bestand die Welt aus nichts als beißender Gischt und eisiger Nässe.

»Zieht – durch! Zieht – durch!« Offizier Lightoller gab den Kampf nicht auf.

Das Boot sackte in das Wellental. Kate war auf einmal ganz ruhig. Bei der nächsten Welle gehen wir unter, dachte sie und sah fast unbeteiligt, wie das Wasser sich wieder hob. Doch wenige Meter bevor die Welle das Boot erreicht hatte, überschlug sie sich und brach zusammen. Und ehe die nächste heran war, bog die Nr. 12 um den Bug der *Carpathia* und war in Sicherheit, geschützt vom Körper des großen Schiffes. Am Montagmorgen um acht Uhr dreißig, am 15. April 1912, rollte die Strickleiter in das letzte Rettungsboot der *Titanic*.

Um neun Uhr versammelten sich die 712 Überlebenden in der großen Hall der *Carpathia*, dankten Gott für ihre Errettung und gedachten der Toten. Der Dampfer kreuzte über der Unglücksstelle, fand aber nur Korkbrocken, Deckstühle und leere Schwimmwesten. Um neun Uhr fünfzig gab Kapitän Rostron das Kommando: »Volle Kraft voraus«. Die *Carpathia* machte sich auf den Weg nach New York. Noch immer hofften die meisten Geretteten, dass ihre Angehörigen von anderen Schiffen aufgenommen worden wären. Erst nach Tagen stand fest, dass niemand der restlichen 1495 Insassen die Katastrophe überlebt hatte.

„Zeppelin marsch!"

Es ist der dritte Mai 1937. Das Luftschiff Hindenburg ist auf dem Weg nach Amerika. Thea schaut aus dem Fenster. Sie lässt Deutschland hinter sich, das Land, aus dem sie vertrieben wurde. Doch es soll noch drei lange Tage dauern, bis der Zeppelin New York erreicht hat. Tage, die von einer Bombendrohung überschattet werden. Für Thea und die anderen Passagiere beginnt ein Wettlauf gegen die Zeit. Endlich erreicht das Luftschiff die amerikanische Küste und nähert sich dem Landeplatz Lakehurst.
Die Motoren verstummen.
Ein leiser Knall zerreißt die Stille ...

Christa-Maria Zimmermann
DIE LETZTE FAHRT DER HINDENBURG

Loewe